Heiko Kendziorra

Existenzgründung in Spanien

-Anleitung zum Auswandern

www.spanienclub.de

Viel Erfolg beim Realisieren Ihres Traums!

Ein Spanienclub Buch

Heiko Kendziorra

Existenzgründung in Spanien
- Anleitung zum Auswandern

- Informationen für Spanieninteressierte
- Entscheidungshilfe für Auswanderungsträumer
- Leben - Wohnen - Immobilienkauf
- Arbeitssuche
- Unternehmensgründung

www.spanienclub.de

Bibliografische Information Der Deutschen Bibliothek:
Die Deutsche Bibliothek verzeichnet diese Publikation in der Deutschen Nationalbibliografie; detallierte bibliografische Daten sind im Internet über http://dnb.ddb.de abrufbar.

Umschlaggestaltung, Satz und Layout:
Heiko Kendziorra

Herstellung und Verlag: Books On Demand GmbH, Norderstedt

ISBN 3-8334-2721-3

Inhaltsverzeichnis

Einleitung ... 11
Einen Traum wahr machen ... 11
Powerfrauen ... 12
Mit der Realität auseinander setzen ... 12
Fliehen Sie nicht vor sich selbst ... 13
Finanzielle Unabhängigkeit ... 14
Integration ... 14
Wir werden es schon irgendwie schaffen ! ... 15

Deutsche in Spanien schuldenfrei in sechs Jahren ... 16

Behördliche Anmeldung ... 17
Wählen in Spanien ... 20

Erledigung von Behördengängen durch Gestorias ... 20

Konsulate - Was das Konsulat für Sie tun kann ... 21

Aussteigen auf Zeit ... 25
„Schnupperreisen" für Auswanderungswillige ... 26
Auslandsaufenthalt als Entsandter – Expatriat ... 26
Jobs & Praktika ... 28
Als Rentner nach Spanien ... 29

Warum gerade nach Spanien ? ... 29
Pro ... 29
Das Klima ... 30
Die Playas ... 30
Die Lebensart ... 30
Das Essen ... 31
Der Sport ... 31
Die Kultur ... 31
Die Erreichbarkeit ... 31
Der Euro ... 31
Das Nachtleben ... 31
Contra ... 32
Arbeitsmarkt ... 32
Mentalität ... 32
Rassismus ... 32
Miete ... 33
Die Post ... 33
Stromversorgung ... 33
Tierliebe ... 33
Kriminalität ... 33
Lärm ... 35

Die spanische Sprache - Es geht nicht ohne ! 36

Wohin in Spanien ? 37

Spanien - Land & Leute 38
Die 17 Autonomem Regionen 38
Spaniens Geschichte und Politik 47
Kulturelles und gesellschaftliches Leben 49
Stierkampf 50
Spanische Küche 51
Geographie 52
Daten + Fakten 53
Arbeitsmarkt 54
Hauptstadt Madrid 54
„Stadtrundgang mit Demo“ 55

Die Spanier 57
Mentalität 57
Siesta 58
Die Spieler 58
ONCE 58
Patriarchat 59
Politik & Gesellschaft 60
Familienzusammenhalt 60
Die spanische Wohnkultur 61
Die Plaza - Treffpunkt 62
Die Bar - das spanische Wohnzimmer 63
Umgangsformen 63
Begrüßungszeremoniell 64
Floskeln & Komplimente 64
Kinder 64
Kulturen im Vergleich 65

Andalusien 67
Geschichte 68
Andalusischer Dialekt 69
Geographie 70
Fakten : 70
Reisziele 71
Küsten 71
Die bekanntesten Städte 71
Andalusische Lebensart 72

Leben in Spanien ... 73
Lebensqualität ... 73
Gesundheit ... 74
Siesta ... 75
Alkoholismus ... 75
Strassenverkehr ... 76
Vorschriften im Verkehr ... 77
Bussgelder ... 78
Drastisch verschärfte Strafen für Verkehrssünder seit 1. Oktober 2004. ... 79
Fernsehen ... 80

Lebenshaltungskosten ... 80
Haus/Wohnungsmieten ... 80
Nahrungsmittel ... 80
Genussmittel ... 81
Arzneimittel ... 81
Auto ... 82
Kfz- und Motorrad-Versicherungen ... 83
Die KFZ-Steuern ... 83
Möbel und Einrichtungsgegenstände ... 84
Telefon ... 84
Internet ... 85

Wohnen - Mieten oder Kaufen ... 85
Mietwohnungen in Spanien ... 85
Saisonpreise ... 86
Mietrecht ... 86
Urbanisationen ... 87
Spanische Bezeichnungen der Wohnräume ... 88

Wenn die Kinder mitkommen ... 88
Kindergarten ... 89
Schule - Multikulturell ... 89
Zweisprachigkeit macht das Hirn fit ... 90
Kindergarten - Vorschule ... 90
Anmeldung zur öffentlichen Schule ... 91
Die öffentlichen Schulen ... 92
Universitätszulassung ... 93
Technische Fachausbildung ... 93
Berufsausbildung ... 93
Privatschulen ... 94
Auskünfte ... 94
Studium in Spanien ... 94
Hochschulsystem ... 94
Bewerbung ... 95
Alltag ... 95

Lebensunterhalt verdienen ... 96
Einen Job suchen ... 96
Selbstständigkeit ... 97
Bereiche mit Nachfrage nach Arbeitskräften ... 98
Stellensuche ... 99
Zeitarbeit ... 100
Informationsveranstaltungen ... 100

Das Arbeitsleben in Spanien ... 101
Arbeitszeiten ... 102
Urlaubsanspruch ... 102
Gehälter ... 102
Sozialversicherung ... 102
Behördenkram ... 103
Als Arbeitsloser auf Stellensuche ... 103
Anmerkung:Arbeitslosenunterstützung von Deutschland aus beziehen ... 104
Die Bewerbung ... 104
Das Anschreiben ... 105
Der Lebenslauf ... 106
Hilfreiche Vokabeln ... 107
Vorstellungsgespräch ... 107

Arbeitsvertrag ... 108
Anerkennung von akademischen Graden und Berufsabschlüssen ... 109
Freiberufler ... 112

Soziale Absicherung ... 113
Beitritt zur spanischen Sozialversicherung ... 113
Höhe des Beitrags ... 114
Versicherungspflicht für selbständig arbeitende Personen ... 114
Auswirkung von Trennung, Scheidung oder Verlassen der Familie ... 115

Medizinische Versorgung ... 115
Medikamente ... 116
Notdienst ... 116
Arbeitsunfähigkeitsbescheinigung ... 116
Informationen und Beschwerden ... 116
Die E-Formulare und die EKV/ Europäische Krankenvesicherungskarte ... 116
Übersicht über das Gesundheitswesen betreffende E-Formulare ... 117
Private Krankenversicherungen ... 118
Arbeitslosengeld - Sozialhilfe ... 118
Das Recht auf Arbeitslosenunterstützung betreffende E-Formulare ... 119

Altersrente ... 119
Zusammenrechnung ... 120
Wohn- oder Aufenthaltsort im Ausland ... 120
Vorruhestandsregelungen ... 120

Checkliste - Fit für den Ausstieg 120
Checkliste - Vor der Abreise 121
Krisenszenario Immobiliencrash - Wirtschaftskrise ? 121

Selbständig Arbeiten 123
Die wirtschaftliche Lage für Existenzgründer 123
Als Selbständiger in Spanien 124
Spanische Zahlungsmoral 125
Selbstcheck: Bin ich ein Unternehmertyp ? 125
Persönliche Eigenschaften 127
Persönliches Know How 127
Standortwahl 127
Der Zeitrahmen 128
Selbständigkeit - Partner - Lebenspartner 128

Geschäftsideen 129
Kopieren ist in 129

Franchising 130
Franchise Glossar 131

Spezielle Geschäftsideen in Spanien 133
Bereiche mit Zukunft 134

Der Business Plan 136
Die Struktur Ihres Businessplans 137
Die Geschäftsidee 137
Markt und Marketing 138
Der gute Name Ihrer Firma 139
Erfolgreiche Werbung 139
Werbestrategie 139

Risiken 141
Simulieren Sie mögliche Fehlentwicklungen 141
Organisation 141
Realisierung 142
Finanzierung 142
Mögliche Kosten 142
Einnahmen 143
Beteiligung eines Investors 143
Öffentliche Fördermittel 143
Grundsätzliches für Selbständige 144
Freier Mitarbeiter 144
Niederlassungsrecht 144
Dienstleistungsfreiheit 144

Gründung eines eigenen Unternehmens ... 144
Die wichtigsten Behördengänge für Unternehmensgründer ... 145

Traspaso - Geschäftsübernahme ... 146
Traspasorecht ... 147
Sinn des Traspasorechtes ... 147
Gefahren für den Geschäftsübernehmer ... 147
Was vom Geschäftsübergeber zu beachten ist ... 148
Mentalitätsunterschiede und unterschiedliche rechtliche Auffassungen ... 148
Die Alternative ... 148
Fehlerquellen ... 149
Nobody is perfect ... 149

Die richtige Gesellschaftsform ... 150
Die spanische S.L. ... 150
Aktiengesellschaft - S.A. ... 151
Umwandlung später möglich ... 151
Arbeitsrechtliche Aspekte ... 152
Steuerliche Gesichtspunkte ... 152
Heimische Insolvenz und Firmengründung in Spanien ... 153

Merkpunkte für Firmengründer in Spanien ... 153
Checkliste: Geschäftsidee ... 154

Immobilienkauf ... 157
Boom der Immobilien in Spanien ... 157
Spanische Besonderheiten ... 158
Rechtsanwalt ... 159
Vorvertrag ... 159
Grundbuch - „*Registro de la Propiedad*“ ... 160
Kaufvertrag ... 161
Bauland ... 162
Finca ... 162
Grundsteuer ... 163

Spanische SL für Immobilien ... 164

Quellennachweis ... 167

Links ... 167
Allgemeines ... 167
Arbeitssuche ... 168
Angebote von spanischen Firmen ... 170

Einleitung

Hunderttausende Frühaussteiger und Rentner packen ihre Ersparnisse ein mit dem Ziel, ihren dritten Lebensabschnitt in südlicher Sonne zu verbringen. Aber nicht nur Ruheständler denken an ein Leben in der Sonne. Etwa seit dem Jahr 2002 verzeichnet Deutschland einen bis dahin nicht gekannten Auswanderungsboom. Waren es früher 100.000 bis 250.000 die Deutschland verlassen wollten, so schätzt man, daß heute die Millionengrenze längst weit überschritten wird. Dieser neue Trend bringt auch einen neuen Auswanderer-Typ hervor.

Heute sind es zunehmend gut ausgebildete und motivierte junge Menschen, die eine berufliche Tätigkeit im EU-Ausland als Anregung, als Chance und als Herausforderung begreifen, sie gerne nutzen und bestehen wollen. Viele erwarten bessere Aufstiegschancen bzw. sicherere oder bessere Lebensbedingungen. Man ist es leid, das Sauwetter, die miese Laune am Arbeitsplatz, Mobbing und Stress sind an der Tagesordnung, die Chancen werden immer geringer, man will raus, allem den Rücken kehren, man ist reif für die Insel.

Die Chancen in Spanien können für manchen aus den verschiedensten Gründen besser sein als in Deutschland. Es gibt eine andere Nachfrage nach bestimmten Berufsgruppen. Vieles ist billiger, das Klima, das Leben einfach angenehmer.

Erst eher unbewusst, dann zunehmend klarer, entwickelt sich der Traum alles hinter sich zu lassen. Sich in einem klimatischen Traumland wie Spanien, das man vielleicht aus dem Urlaub kennt, unter angenehmeren Lebensbedingungen ein neues, nicht so hektisches Leben aufbauen.

Einen Traum wahr machen

Wie soll das gehen ? Bin ich wirklich ‚reif genug' für die Insel, also überhaupt der/die Richtige, um in einem anderen Land der Erde ein neues Leben zu beginnen?

Das globale Dorf wird für immer mehr Menschen Wirklichkeit. Immer mehr Menschen starten einen neuen Lebensabschnitt in einem anderen Land.

Spanien liegt in der Gunst der Auswanderer unter den europäischen Ländern ganz oben. Merkwürdig, daß gerade Spanien eines der wichtigsten Emigrationsländer der Deutschen, Schweizer, Engländer und anderer Nord-/ Mitteleuropäer geworden ist und nicht etwa Italien, Frankreich oder Griechenland. Ein ganzjährig angenehmes Klima, Lebenshaltungskosten die insgesamt unter den deutschen liegen, und eine gute Infrastruktur sind Vorteile Spaniens. Außerdem übte Spanien schon immer eine gewisse Faszination auf viele Menschen aus.

Schön zu wissen, daß es viel Toleranz und Offenheit der Spanier bezüglich Immigration gibt: Nur 24 Prozent der Bevölkerung sind laut einer Umfrage für Einwanderungsbeschränkungen, das sind fast dreimal weniger als in der Bundesrepublik, die mit 63 Prozent in diesem Punkt der Spitzenreiter unter den Europäischen Staaten ist.

Powerfrauen

Ihre Frauen waren meist die letzte Hürde, welche auswanderungseuphorische Männer zu nehmen hatten. Das hat sich inzwischen gewaltig geändert. In vielen deutschen Familien ist es jetzt ‚die Mama', die genug von Deutschland hat und den Anstoß zum Auswandern gibt. Immer mehr Frauen sind es heute, die nicht nur ihren Lebenspartner bei der Suche nach einem Neuanfang unterstützen, sondern die Sache selbst in Gang bringen.

Früher war das andersrum. Da wollten die Männer weg und die Frauen bremsten, zuviel „Abenteuer", Frauen waren schon immer mehr auf Sicherheit bedacht. Sie konnten der Heimat auch nicht so leicht „den Rücken zu kehren", denn Frauen hingen schon immer mehr an ihren traditionellen Bindungen zur Familie und zum Freundeskreis.

Es gibt natürlich auch mutige Frauen die sich ganz für sich allein, aber mit einer guten Ausbildung, auf den Weg in den Süden machen. Das ist nicht einfach, die Benachteiligung der Frauen in Spanien ist größer als in anderen EU-Staaten, in den Köpfen der „Machos" muß sich noch viel tun. Aber auch die spanischen Frauen selbst müssen noch an sich arbeiten. Mehr dazu im Kapitel Patriarchat.

Es kommen auch allein erziehende Frauen mit Kindern, wenn der Vater in Deutschland lebt und seiner Zahlungsverpflichtung nachkommt, ist schon mal eine finanzielle Basis gegeben. Das ist kein leichtes Leben, denn immer noch werden in diesem ehemals höchst katholischen Land allein erziehende Frauen in vielen Gegenden schief angesehen. So wie in Deutschland vor 20 oder 30 Jahren. Es scheint, die Emanzipierung der Frauen in Spaniens Gesellschaft zwischen der Zeit der Franco-Diktatur und heute ist so blitzartig vorangeschritten, daß es nicht alle mitbekommen haben.

Mit der Realität auseinander setzen

Man träumt vom Auswandern nach Spanien ...Viel Sonne, höhere Lebensqualität ...
Es kommt einem alles irgendwie festgefahren vor. Manchem stinkt die alte Heimat einfach. Neue Menschen und Aufgaben reizen. Ein Häuschen mit Palmen im Garten ...
Man will noch mal neu anfangen und die Ärmel hochkrempeln!

Und warum eigentlich nicht ? Nach dem Motto „Träume nicht dein Leben, lebe deinen Traum" gibt es genug Gründe, etwas Neues zu wagen und die Gedanken, die einen nicht mehr loslassen, endlich in die Tat umzusetzen. Aber Vorsicht, an diesem Punkt und dem ernsthaften Entschluß angekommen, muß man sich ernsthaft mit der Realität auseinander setzen und diesen Schritt, der dem Leben eine neue Richtung vorgibt, ganz genau durchkalkulieren und vorbereiten.
Zu viel Blauäugigkeit und Idealismus ist nicht gut!
Wer nur wegen dem Wetter auswandert, wird wahrscheinlich vereinsamen.
Wer allerdings das Wetter als eine unbezahlbare Zugabe genießen und nutzen kann, wird gerne manche Schwierigkeiten in Kauf nehmen.

Manch einer schreibt schon einen Roman seiner Zukunft, so wie er sie sich wünscht. Malt sie sich mit vielen Details aus (Erfolgsereignisse, ein schönes Haus,...).
Man schreibt das Drehbuch einer phantastischen Zukunft, und glaubt fest daran, schiebt jegliche Zweifel beiseite, fast so, als wenn allein der feste Glaube ans Gelingen schon den Erfolg garantieren würde.

Nicht alle Träume erfüllen sich ... Die Auswanderer-Stories und Schicksale über Pleiten, Pech und Pannen, persönliches Leid und finanzielle Fiaskos würden sicherlich ein Buch vom Ausmaß einer Enzyklopädie füllen. Deutsche Konsulate im Ausland beklagen zunehmend schlechte Vorbereitungen und naive Vorstellungen von deutschen Auswanderern, von den über 100.000 Auswanderern jährlich scheitern bis zu dreißig Prozent.

Wenn Sie das Leben unter südlicher Sonne dem Leben im kalten, aber auch sozialgestützten Deutschland vorziehen, dann krempeln Sie gedanklich schon mal die Ärmel hoch. Keiner wartet hier auf Sie, Sie sind hier „Gastarbeiter“ und „Ausländer“. Vergessen Sie das nicht, bei aller Euphorie, die sich bei dem Gedanken an südliche Gefilde auch einschleichen mag.

Wer auswandern will braucht nicht nur Mut, Ausdauer, Flexibilität und gute Nerven, sondern auch ein gutes finanzielles Polster und Risikofreudigkeit. Man sollte sich genau überlegen, ob das Ausland wirklich besser ist.

Wenn es möglich ist, machen Sie erstmal in der neuen Heimat zum Schnuppern einen längeren Urlaub. Lernen Sie die Sprache, knüpfen Sie erste Kontakte und machen Sie sich mit den Gegebenheiten vor Ort vertraut. Dabei sollten Sie sich darüber im Klaren sein, daß Sie zum Arbeiten kommen und nicht um Urlaub zu machen !

Fliehen Sie nicht vor sich selbst

Zu glauben, anderswo ist alles anders - man selbst inklusive - ist ein großer Fehler.
Wer z. B. Kontaktschwierigkeiten hat, oder zu Sucht oder Depressionen neigt, sollte nicht glauben, daß sich das allein durchs Auswandern verflüchtigt. Ganz im Gegenteil, solche Schwierigkeiten verstärken sich dann erst noch. Das Auswandern wirft einen erst recht auf sich selbst zurück. Klar, man kann das als Herausforderung annehmen und daran lernen, aber häufig bringt das Auswandern genügend andere Probleme mit sich, so daß die Bearbeitung persönlicher, tiefliegender Schwierigkeiten dann eine Überforderung darstellt.

Sie werden nirgendwo Ihr Glück finden, wenn Ihr eigentliches Ziel die Flucht vor Ihren täglichen Sorgen und Problemen ist. Vielleicht ist Auswandern schon immer Ihr Traum, dann sollten Sie aber auch in anderen Teilen der Welt mit schwierigen Situationen und Lebenslagen klar kommen können. Beim Auswandern werden Sie gerade zu Anfang mit vielen neuen Problemen konfrontiert. Wie deprimierend wäre es im „Traumland" festzustellen, daß der „Fluchtweg" eine Sackgasse ist.

Seien Sie mir bitte nicht böse wegen dieser Seiten, nur weil sie Ihren Vorstellungen vom Auswandern nicht entsprechen. Lesen Sie sie vielmehr aufmerksam

durch, und lernen Sie aus den hier aufgeführten Mahnungen und Beispielen, damit Sie grobe Fehler von vorn herein vermeiden können.
Also: Schminken Sie sich ab, daß Auswandern ein Zuckerschlecken ist, nun alles besser wird und im Ausland eh alles leichter zu bewerkstelligen ist.
Sie hassen Papierkram ?
Wenn Deutschland die Bürokratie erfunden hat - Spanien hat sie verfeinert !
Waren Sie vielleicht vom deutschen Sommer 2003 geschockt ?
Alle Luken zu, Rolladen runter. Draußen ist es nicht zum Aushalten vor Hitze und man kann wegen dem grellen Licht kaum aus den Augen schauen. Innen laufen die Uhren langsamer - Arbeiten ist kaum möglich. Am besten die Dusche den ganzen Tag an. Und Planschbecken im Wohnzimmer. Sehnten Sie sich nach Herbst oder dem tiefsten Winter, wo man sich dick einpacken muß, sich drinnen vor dem Kamin aufwärmen kann und dann wunderbar unter die Decke kuscheln ?
Dann brauchen Sie nicht weiterlesen ...

Finanzielle Unabhängigkeit

ist die Basis für Zufriedenheit, egal in welches Auswanderungsland dieser Erde Sie ziehen wollen. Sie kann sich durch einen guten Job ausdrücken, durch finanzielle Polster oder Rücklagen, durch Vermögen, Renteneinkünfte oder ähnliches.

Fehlt jedoch eine relativ sichere Geld- oder Einnahmequelle, dann verdrängen Existenzängste oder ein karger, mühsamer Broterwerb meist sehr rasch die Wahrnehmungsfähigkeit für die angenehmen Seiten des Einwanderungslandes.

Von einigen tragischen Schicksalen abgesehen, bestimmen also die Auswanderer prinzipiell selbst, wie sie letztlich ein Land empfinden. Daher sollte jedes Auswandern sehr genau geplant werden.

Beschönigungen der finanziellen Aussichten oder Selbstüberschätzung waren schon immer die sichersten Garanten für Pleiten und persönliche Dramen. Beim Umsetzten des Traums vom Auswandern in die Wirklichkeit sollte die nüchterne Einschätzung der eigenen Möglichkeiten absolut vorherrschen.
Wer gedanken- und sorglos mit Familie, Haustieren und Hausstand hier anreist - ohne zu wissen, womit er sich in Zukunft seine Brötchen verdient - selber Schuld.
Obwohl in Spanien viele Geschäftszweige in deutscher Hand sind, glauben Sie nicht, dass Sie dort zu deutschen Bedingungen arbeiten können. Die meisten Jobs laufen sowieso auf Provisionsbasis. Es wird viel versprochen von den Firmen, was leider so gut wie nie eingehalten wird.

Integration

Man sollte sich realistische Vorstellungen über die Kontaktmöglichkeiten in der neuen Heimat machen und sich auf Durststrecken gefaßt machen. Um als Auswanderer im Ausland richtig gut zu leben und nicht lediglich zu „überleben", geht es nicht ohne brauchbare Sprachkenntnisse. Selbst wenn Sie wirklich fleißig lernen, wird es dauern, bis Sie sich so gut verständigen können, daß es zu einem echten Gespräch auf Spanisch

kommt. Kontakte bekommt man auch mit schlechtem Spanisch, wenn man ein entsprechendes Naturell hat, Freundschaften brauchen da schon mehr.
Ein Freundeskreis baut sich erfahrungsgemäß zuerst unter gleichfalls Deutsch sprechenden auf, normalerweise findet man sich schon.

Wir werden es schon irgendwie schaffen !
Andere vor uns haben es schließlich auch schon geschafft.
Solche Gedanken waren schon oft genug der Grund für ein Fiasko. Die Basis für einen Erfolg liegt auch im Ausland im notwendigen Grundkapital und der fachlichen Qualifikation des Auswanderers, aber das allein genügt nicht immer.
Nicht jeder „eignet" sich für ein Leben in der Fremde - das ist wie Rollschuhfahren oder fremde Leute anquasseln. Die Einen können's halt, die Anderen aber nicht. Da helfen auch keine wohlwollenden gut gemeinten Ratschläge von Dritten.
Wer nicht mit der „Manana-Mentalität" klar kommt, nicht in der Lage ist seine geradlinige deutsche Sichtweise zu relativieren, der sollte besser zu Hause bleiben.
Es ist absolut notwendig flexibel zu sein, das gilt auch für den Job in der neuen Wahlheimat. Nicht jeder arbeitet hier in seinem angestammten Beruf.
Ein neues Umfeld, das bedeutet auch: Neue Freunde, andere Sitten, Regeln und Gewohnheiten. Sie gehen als Gast in ein fremdes Land und müssen mitunter seltsam anmutende Gebräuche, eine andere Lebensart und neue Gegebenheiten akzeptieren. Fremde Mentalitäten, vielleicht Korruption, weniger Rechtssicherheit und eine ungewissere Zukunft erwarten Sie. Mit Gottvertrauen sollte man da nicht durch - vernünftige Planung ist angesagt; Vorbereitung und vorausschauendes, sorgfältiges Handeln. Wenn Sie alle wichtigen Fragen erörtert haben und Sie den entscheidenden Schritt wirklich wagen wollen - tun Sie es - jedoch so, daß Sie Ihren Entschluß später niemals bereuen müssen.
Optimal: Über seinen oder einen neuen Arbeitgeber ein Jobangebot in Spanien vermittelt zu bekommen, dies wäre - finanziell gesehen - natürlich der idealste Ausgangspunkt, zumal man davon ausgehen kann, daß man dann unterstützende „Schützenhilfe" in den Anfangsschwierigkeiten erhalten kann.
Für alle Anderen stellen sich die Fragen:
Wo wohnen? Wie den Lebensunterhalt verdienen?
Wenn man schulpflichtige Kinder hat - wie sieht es mit den Schulen aus?
Manche Schulen sind kostenpflichtig, es gibt mitunter auch Wartezeiten an Schulen.
In allen Bereichen gilt: Informieren Sie sich vorher!

Man sollte sich die Zeit für alle Fragen nehmen und nichts überstürzen, die Realisierung des Auswanderertraums ist machbar, aber nicht über Nacht.
Sie werden sich jetzt vielleicht Fragen: „Ist es das alles Wert für ein bißchen Sonne, Sand und Meer?" Da kann ich nur antworten: „Es ist mehr als das." Und wenn Sie Menschen fragen die schon seit Jahren hier leben, ob sie nicht wieder nach Deutschland zurück wollen, werden Sie eine Antwort bekommen wie: „Nie im Leben!"

Deutsche in Spanien schuldenfrei in sechs Jahren
Verbraucherinsolvenz auch für Deutsche im Ausland

Ein Thema das bei der gegenwärtig schwierigen wirtschaftlichen Lage in Deutschland auch hier erwähnt werden muß. Die Zahl der „Pleiten" steigt jährlich, nicht nur Firmen sondern vor allem immer mehr natürliche Personen müssen eine eidesstattliche Versicherung der Vermögenslosigkeit (Offenbarungseid) abgeben.

Viele glauben sich in Spanien verstecken zu können und durch Geheimhaltung des Aufenthaltsortes in Spanien sich der Titelerlangung durch den Gläubiger entziehen Was die meisten übersehen ist, daß dann die Klagezustellung durch öffentliche Bekanntmachung erfolgen kann.

So kann eine rechtskräftige Verurteilung in Deutschland erfolgen, ohne daß der in Spanien wohnende Beklagte Kenntnis des laufenden zivilrechtlichen Verfahrens in Deutschland hat, möglicherweise mit der Verurteilung zur Zahlung eines höheren Geldbetrages als dies eigentlich gerechtfertigt ist.

Durch den Umzug nach Spanien kann zumindest die Vollstreckung des 30 Jahre lang gültigen Rechtstitels verhindert oder zumindest erschwert werden.
Wenn jedoch in den folgenden 30 Jahren in Spanien wieder Vermögen erworben wird, kann der deutsche Gerichtstitel in diesen Folgejahren auch durch Vollstreckung in das spanische Vermögen umgesetzt werden.

In eine strafrechtliche Angelegenheit wandelt sich die Schuldnersituation dann, wenn wahrheitswidrig in Deutschland eine eidesstattliche Versicherung der Vermögenslosigkeit abgegeben wurde.

Viele Schuldner wissen nicht, daß auch Deutsche, die Spanien leben, von der Restschuldbefreiung für Schulden Gebrauch machen können. Die Flucht vor den Gläubigern war lange Zeit bequem möglich, führte jedoch häufig zu erheblichen rechtlichen und persönlichen Schwierigkeiten bei der Rückkehr oder sogar in Spanien selbst. Durch das Zusammenwachsen der europäischen Union und die damit einhergehende Rechtsvereinheitlichung sind die Hürden für Zwangsvollstreckungsmaßnahmen deutscher Titel in Spanien geringer geworden. Zudem ist die Informationsbeschaffung über Deutsche und ihr Vermögen in Spanien in den letzten Jahren vereinfacht worden. Außerdem hat sich die Zusammenarbeit der Gerichte und Behörden verbessert. Mit anderen Worten: In Zukunft wird vermehrt erfolgreich gegen Deutsche, die in Spanien leben, deutsche Zwangsvollstreckungstitel zur Vollstreckung kommen.

Angesichts dieser Situation sollten die in Spanien lebenden Schuldner prüfen, ob diese nicht nach dem deutschen Insolvenzrecht in den Genuß der legalen Restschuldbefreiung kommen könnten. Dabei sind folgende Tipps und Tricks zu beachten:

Die Durchführung der Insolvenz einer Person in Deutschland ist unabhängig von ihrem Wohnort. Das Verfahren muß allerdings in Deutschland beantragt werden,

wobei als erstes einige Formulare für das zuständige Insolvenzgericht ausgefüllt werden müssen.
Im Nachgang bestellt das Insolvenzgericht einen Treuhänder als Verwalter. Dieser Treuhänder, zumeist ein Rechtsanwalt, wird dann von dem Gericht aufgefordert, die Angaben zu prüfen und das Verfahren in den nächsten Jahren zu begleiten.
Die Einflußmöglichkeiten des Treuhänders, der in Deutschland sitzt, sind aufgrund der geografischen Gegebenheiten beschränkt.

Der in Spanien lebende Schuldner ist gehalten im Rahmen seiner Möglichkeiten zur Tilgung der Schulden durch Arbeitstätigkeit beizutragen. Hierbei ist zu beachten, daß er im Monat nur dasjenige für seinen Lebensunterhalt behalten darf, welches als pfändungsfrei gilt. Der deutsche Gesetzgeber hat Grenzen aufgestellt. Einkommen unterhalb der Grenze darf der Schuldner behalten. Kosten entstehen dem Schuldner durch das Insolvenzverfahren erst einmal nicht. Wichtig für Selbstständige: Nicht das gesamte monatliche Einkommen muß abgeführt werden, sondern nur die Differenz zwischen Pfändungsfreigrenze und dem durchschnittlichem Einkommen des Bereiches, in dem der Schuldner tätig ist.

Hintergrund dieser für den Schuldner günstigen Regelung ist die Idee des Gesetzgebers, daß nur ein motivierter Schuldner auch bereit ist, Schulden zu tilgen. Die Höhe der Schulden ist ohne Bedeutung. Wichtig ist allerdings, daß die Schulden nicht aus vorsätzlichen Straftaten resultieren. Nach einer Wohlverhaltensperiode von sechs Jahren werden dem Schuldner die verbleibenden Restschulden erlassen. Diese Regelung ist für Schuldner sehr positiv. Die Gläubiger werden benachteiligt, weil die Anspruchsdurchsetzung dann keinesfalls mehr möglich ist.

Der vorstehende Text einer Pressemitteilung wurde verfaßt von RA Röhlke; dieser zeichnet verantwortlich im Sinne des § 10 Abs. 4 MDStV.

Kanzlei
www.dr-schulte.de
Telefon Berlin: +49 30 71520670

Behördliche Anmeldung

Teilweise Abschaffung der *Residencia* in Spanien

An einem bestimmten Ort, in einem bestimmten Land ansässig zu sein, heißt auf Spanisch *residente* zu sein. Den Antrag auf Aufenthaltserlaubnis - die *tarjeta de residencia* -, mußte laut Gesetz jeder stellen der länger als 90 Tage in Spanien verweilte.

Formulare, Lichtbilder, Fingerabdrücke, Gebühren, Behördengänge mit Schlangestehen erwarteten einen; selbst wenn die Formalitäten die *gestoria* - eine Beratungsagentur - erledigte, die *residencia* kostete Geld und Nerven.

So können sich viele EU-Bürger über die Nachricht freuen, daß Spanien nun endlich, nach langen Ankündigungen, die Residenciapflicht für EU-Bürger und Schweizer abgeschafft hat, allerdings nicht vollständig. Im Detail heißt das, daß Personen, die in Spanien arbeiten oder studieren, seit März 2004 keine Residencia mehr beantragen müssen. Für Rentner bleibt die Residenciapflicht allerdings weiterhin bestehen, wenn sie vor Ihrer Rente nicht in Spanien gearbeitet haben.

So kann jetzt allein mit dem gültigen Personalausweis oder Paß z.B. ein Bankkonto eröffnet werden und Geschäfte abgewickelt werden. Allerdings muß man um in Spanien arbeiten und leben zu können, die Steuernummer NIE bei der zuständigen Polizeistelle beantragen. Damit setzt Spanien die Neuregelung der gegenseitigen Aufenthaltsbestimmungen um, die beim EU-Gipfel im Jahr 2000 beschlossen wurden.

Diese Neuregelung gilt für EU-Bürger, Schweizer, Isländer, Liechtensteiner, Norweger und deren Familienangehörigen. Die Regelung gilt nicht für Familienmitglieder, die aus einem Drittland stammen.

Trotz der neuen Regelung ist aber jedem Residenten zu empfehlen, eine Aufenthaltsgenehmigung zu beantragen. Der Besitz einer Residencia beschleunigt bürokratische Abläufe, also im Falle der Aufnahme einer selbständigen Arbeit ein muß. Die Aufenthaltsgenehmigung sollte man, genauso wie den Paß, ständig bei sich tragen. Hier reicht allerdings auch eine Dokumentenkopie.

Für Personen, die nicht zur obigen Gruppe gehören, beispielsweise Rentner, gilt nach wie vor die alte Regelung. Wer sich nun länger als drei Monate ohne Unterbrechung in einem EU-Land, in diesem Fall Spanien, aufhalten möchte, muß innerhalb von 30 Tagen nach der Einreise die *Residencia* / Aufenthaltserlaubnis beantragen. Wer sich mehr als drei Monate aber weniger als ein Jahr in Spanien aufhalten möchte, bekommt eine für die gewünscht Dauer befristete Aufenthaltsgenehmigung.

Wie beantragt man die Residencia ?

Die Residencia muß bei der *Oficina de Extranjeros* (Ausländerbehörde) oder dem Polizeikommissariat in der jeweiligen Stadt/Provinz in der Sie leben wollen, beantragt werden.

Grundsätzlich werden Original und Fotokopie eines gültigen Personalausweises oder Reisepasses benötigt. Außerdem vier Paßfotos mit dem Namen auf der Rückseite und in Ausnahmefällen kann eventuell auch ein gesundheitliches Attest erforderlich sein. Eventuell kann die Spanische Behörde auch ein polizeiliches Führungszeugnis verlangen. Je nach Stellung - Arbeitnehmer/ Selbständiger / Rentner / Student müssen unterschiedliche Papiere vorgelegt werden.

Hier ein Überblick der wichtigsten Punkte:

Arbeitnehmer benötigen eine Kopie Ihres Arbeitsvertrages versehen mit dem Bestätigungsvermerk des Arbeitsamtes (*Oficina del INEM*).

Selbständige müssen den Nachweis erbringen, daß sie die Berechtigung und die Genehmigungen, eine selbständige Tätigkeit auszuüben, besitzen. Hierbei handelt es sich um die gleichen Anforderungen, die auch an spanische Bürger gestellt werden. Beispielsweise muß nachgewiesen werden, daß man in seinem Herkunftsland die Berechtigung erworben hat als Arzt zu praktizieren oder als anerkannter Bäckermeister tätig gewesen ist. Hierzu müssen Zeugnisse von Berufsabschlüsse, Diplome oder sonstige Zertifikate, die einen zur Ausübung einer bestimmten Tätigkeit berechtigen, vorgelegt werden. Je nachdem muß noch die Anerkennung der Abschlüsse beantragt werden. (Siehe S.110:Anerkennung von akademischen Graden und Berufsabschlüssen)
Studenten müssen eine gültige Studienbescheinigung sowie einen Nachweis über eine Krankenversicherung vorlegen. Außerdem müssen sie darlegen, daß sie über ausreichende Mittel für Ihren Lebensunterhalt verfügen.
Rentner und nicht erwerbstätige Personen, die bisher in einem anderen EU-Land gelebt haben und sich nun in Spanien niederlassen wollen, müssen nachweisen, daß sie eine für Spanien gültige Krankenversicherung besitzen. Ferner wird ein Einkommensnachweis von derzeit mindestens 4705 Euro benötigt. Dies entspricht gemäß der Seguridad Social der Mindestrente für Personen über 65 Jahre.
Personen, die in Spanien erwerbstätig waren, nun aus dem Erwerbsleben ausscheiden und in Spanien bleiben wollen, müssen nachweisen, daß sie nach spanischem Recht das Rentenalter erreicht und somit auch einen dementsprechenden Rentenanspruch haben. Weiter muß nachgewiesen werden, daß sie während der letzten 12 Monate in Spanien erwerbstätig waren und sich seit mehr als drei Jahren in Spanien aufhalten.
Personen die seit mehr als zwei Jahren in Spanien dauerhaft leben und aufgrund von Arbeitsunfähigkeit aus dem Erwerbsleben ausgeschieden sind:
Beruht die Arbeitsunfähigkeit auf einem Berufsunfall oder einer berufsbedingten Krankheit und ist somit ein Rentenanspruch an eine spanische Institution begründet, so muß kein Nachweis über die Aufenthaltsdauer vorgelegt werden.
Diese obigen Voraussetzungen fallen weg, wenn der Ehegatte/in die spanische Staatsbürgerschaft besitzt oder besessen hat. Familienangehörige müssen ebenfalls Reisepaß oder Personalausweis in Original und Kopie, Paßfotos, sowie gegebenenfalls ein Attest vorlegen. Außerdem muß ein Nachweis der Familienangehörigkeit, sowie der Unterhaltsberechtigung vorgelegt werden. (z.B. Familienbuch oder Geburtsurkunde) Generell gilt, daß sich das Aufenthaltsrecht der Familienangehörigen aus dem eigenen Aufenthaltsrecht ableitet.
Unter der gebührenfreien **Telefonnummer 900 015 0000** können sich EU-Bürger über die Voraussetzungen, um in Spanien leben zu können, detailliert informieren. Hier erfährt man genau, welche Anträge gestellt und welche Papiere benötigt werden. Gleiche Informationen gibt es auch im Internet: http://www.mir.es/
Nach Abgabe des Antrages erhält man eine Kopie des Antrages mit Eingangsstempel der entsprechenden Behörde. Diese gilt als Nachweis dafür, daß der Antrag gestellt und abgegeben wurde. Nach 6 Monaten erhält man den Bescheid, ob einem die Aufenthaltsgenehmigung zugeteilt wird. Die Aufenthaltsgenehmigung wird nur befristet verliehen und muß nach Ablauf wieder verlängert werden. Die Gültigkeitsdauer ist hierbei fallspezifisch unterschiedlich, meist sind es 5 Jahre. [1]

Wählen in Spanien

Als EU-Bürger haben Sie Wahlrecht in Spanien, zumindest das Lokalgeschehen können Sie mitbestimmen. Es ist nicht nötig Resident sein, es genügt, wenn Sie im Einwohnermelderegister Ihrer Gemeinde registriert sind, um Wahlberechtigt zu sein.

Erledigung von Behördengängen durch Gestorias

Nur in Spanien existiert dieser Berufsstand: Der *Gestor*.

Gestorias (sprich: chestoria) sind Besorgungsbüros für Behördengänge, sie entwickelten sich aus der Schreibstube für Leute die nicht schreiben konnten. Man sollte meinen, daß dieses Geschäft im Zuge der Alphabetisierung ausstarb, aber weit gefehlt. Trotz der heiteren Mentalität der Spanier besitzt Spanien eine Verwaltung, die sehr schwerfällig ist und mit einer Menge von unüberschaubaren Vorschriften aufwartet. So benötigen Sie für jede Kleinigkeit eine Genehmigung, die mit Gebühren und die Nerven strapazierendem Anstehen bei Ämtern verbunden ist. Nur wer einer masochistischen Neigung nachgeben will, kann auf die Dienste einer Gestoria verzichten

Gestorias werden von einem Gestor oder einem Asesor geleitet. Ganz kurz zum Unterschied zwischen Gestor und Asesor: Ein Gestor ist ein vollwertiger Anwalt der danach nach ca. 3 Jahren Aufbaustudium ein Staatsexamen zum Gestor Administrativo ablegt. Gestores sind im Colegio Oficial de Gestores organisiert.(Entspricht ein bißchen den Steuerberatern in Deutschland.) Asesor darf sich jeder nennen, da dieser Begriff nicht geschützt ist.

Gestorias helfen bei der Autoummeldung, Arbeits- und Mietverträgen, Existenzgründung, Haus- und Grundstücksangelegenheiten und Buchhaltung, für den zahlungswilligen Kunden. Die Anmeldung der Residencia, insofern Sie das in Erwägung ziehen, kann heutzutage jeder selbst erledigen, die 50 Euro können Sie sich sparen. Die Autoummeldung kann man auch selbst machen, allerdings nur wenn Sie Zeit haben und gute Nerven. Gestorias sind nicht billig, aber bei Angelegenheiten wie Gewerbeanmeldung und ähnlichem kennen sie die Verwaltungsabläufe und sind unvermeidbar. Als Universal-Problemlöser kennen sie den Behördendschungel, beraten den Kunden, bevor teures Lehrgeld bezahlt werden muß.

Die berechneten Gebühren variieren stark, abhängig davon ob Sie sich einem kleinen Büro ohne zugelassenen Gestor (vom Gesetz her nicht nötig) oder einem großen Expertenbüro anvertrauen. Eine für Gestoren simple Angelegenheit wie die Autoummeldung können Sie ruhig einem billigen Büro überlassen, da kann nichts schiefgehen. Wenn es aber um mehr geht, sollten Sie vertrauenswürdige Partner auswählen, damit auch der Erfolg eintritt, den Sie erwarten. Wer sich in Spanien selbständig macht, sollte sich also nach einer „Stamm"-Gestoria umsehen, damit liegen alle Behördengänge in einer Hand und Sie müssen nur noch auf die Vollzugsmeldungen warten. Gute Gestorias haben kompetente, meist auch mehrsprachige Mitarbeiter.

Kriterien für eine gute Gestoria:

1. Der Gestor sollte ein Jurastudium mit Abschlussprüfung absolviert haben (*gestor administrativo*) und bei der Kammer mit Eintragungsnummer zugelassen sein (Auskunft erteilt: Colégio de Gestores, C/. Parellades, 12 a, Palma, Tel.: 971-71 06 76). Zugelassene Gestoren haften vergleichbar mit Architekten für ihre Beratung.
2. In Full-Service Gestorias arbeiten mindestens fünf Leute. Am besten ist es, wenn sich Gestoren mit Steuerberatern, Buchhaltern, Wirtschaftsprüfern, Anwälten, und Experten für Arbeitsrecht zusammengetan haben.
3. Nachdem der Leistungsumfang geklärt ist, sollte ein Kostenvoranschlag (*presupuesto*) erstellt werden - Anzahlung auf jeden Fall erst bei Auftragserteilung! Sollte individueller Beratungsbedarf in Steuer- und Rechtsfragen bestehen, so ist es wohl von Preis und Beratung her besser, zum Steuerberater (*economista* bzw. *asesor fiscal*) oder zum Rechtsanwalt zu gehen.

Konsulate

Das Konsulargesetz von 1974 verpflichtet Auslandsvertretungen dazu, Deutschen im Ausland Rat und Beistand gewähren. Aber Achtung: Konsulate sind keinesfalls mit Reisebüros, Banken, Krankenkassen oder deutschen Behörden zu verwechseln! Die Hilfsmöglichkeiten müssen sich am internationalen Recht und an den Gesetzen des jeweiligen ausländischen Staates orientieren. Eine Einmischung in die inneren Angelegenheiten des Gastlandes ist für Konsulate tabu.

Was das Konsulat für Sie tun kann:

1. Bei Passverlust einen Reiseausweis zur Rückkehr ins Bundesgebiet ausstellen (Tipp: Wenn Sie Kopien Ihrer Papiere getrennt von den Originalen mit sich führen, kann Ihnen bei Verlust schneller geholfen werden).
2. Ihnen bei Geldverlust Kontaktmöglichkeiten mit Verwandten oder Freunden zu Hause vermitteln.
3. Ihnen schnelle Überweisungswege aufzeigen (Blitzgiro, telegrafische Postüberweisung, Western Union Money Transfer).
4. Ihnen in besonders gelagerten Einzelfällen bis zum Eingang der Geldüberweisung aus der Heimat ein Überbrückungsgeld zahlen, das selbstverständlich zurückzuzahlen ist.
5. Wenn alle eigenen Hilfsmöglichkeiten erfolglos ausgeschöpft wurden, Ihnen eine zurückzuzahlende Hilfe zur Rückkehr nach Deutschland gewähren.
6. In Fällen, in denen Sie Probleme mit den Behörden des Urlaubslandes haben, für Sie vermittelnd tätig werden.
7. Ihnen einen vertrauenswürdigen Anwalt, Arzt, Dolmetscher etc. vor Ort benennen.
8. Im Falle einer Festnahme auf Wunsch die anwaltliche Vertretung sicherstellen und Ihre Angehörigen unterrichten.
9. Beim Tod eines deutschen Staatsangehörigen die Benachrichtigung der Hinterbliebenen veranlassen und bei der Erledigung der Formalitäten vor Ort behilflich sein.

Was das Konsulat nicht für Sie tun kann:

1. Führerscheinersatzpapiere oder Personalausweise ausstellen (auf der Rückreise kommt man jedoch meist mit einer Verlustbescheinigung der Polizei zurecht); Tip: Nach Diebstahl von Pässen, Papieren, Bargeld und sonstigen Wertsachen umgehend an die nächste Polizeistation wenden, den Diebstahl zur Anzeige bringen und sich eine Kopie der Diebstahlsmeldung aushändigen lassen. Versicherungen bestehen grundsätzlich auf der Vorlage der polizeilichen Verlustmeldung, wenn der Schaden ersetzt werden soll. Im Falle eines Passverlustes benötigen Sie zur Beantragung eines Passersatzes den Polizeibericht und Passfotos.
2. Ihre offenen Hotelschulden, Bußgelder, Krankenhauskosten etc. bezahlen.
3. Ihnen bei Geldverlust die Fortsetzung des Urlaubs finanzieren.
4. In laufende Gerichtsverfahren für Sie eingreifen oder örtlichen Behörden Weisungen erteilen.
5. Für Sie anwaltliche Tätigkeiten wahrnehmen oder Sie vor Gerichten vertreten.
6. Die Funktion einer Krankenkasse übernehmen (Tipp: Unbedingt anzuraten ist der Abschluss einer Auslandskrankenversicherung für die Zeit des Urlaubs. Ein Rettungsflug nach Deutschland kann sehr teuer werden. Eine Rücktransportversicherung deckt diese Kosten ab. Außerdem sollten Sie in jedem Fall bei Ihrer Krankenkasse einen Auslandskrankenschein beantragen!)
7. Die extrem hohen Kosten einer Such- und Rettungsaktion übernehmen.
8. Überführungskosten bei Todesfällen verauslagen.

Wie Sie das Konsulat immer erreichen:

Auch außerhalb der normalen Dienstzeiten sind Konsularbeamte in Notfällen erreichbar (unter der jeweiligen Telefonnummer der Auslandsvertretung auf den Anrufbeantworter sprechen und eine Rückrufnummer hinterlassen).
Ausführliche Infos finden Sie auf der Homepage des Auswärtigen Amtes unter der Rubrik „Konsularischer Service“.

Generalkonsulate
Consulado General de la República Federal de Alemania

Barcelona
Passeig de Gracia, 111
E-08008 Barcelona
Tel.: 93-292 10 00
Fax: 93-292 10 02

Malaga
Edificio Eurocom, Bloque Sur
C/Mauricio Moro Pareto, 2-5°
E-29006 Málaga
Apdo. de Correos 94
Tel.: 95-236359
Fax: 95-2320033

Konsulate der Bundesrepublik Deutschland
Consulado de la República Federal de Alemania

Sevilla
E-41013 Sevilla
Apartado 855, 41080 Sevilla
Tel.: 95-423 02 04 / 62, 423 03 66
Fax: 95-423 95 52

Kanarische Inseln
C/ Albareda, 3 - 2
E-35007 Las Palmas de Gran Canaria
Tel.: 928-49 18 80
Fax: 928-26 27 31

Palma de Mallorca
Edificio Reina Constanza
C/Porto Pi, 8, 3º -D
E-07015 Palma de Mallorca/Baleares
Apartado 20020,
Tel.: 971-70 77 37
Fax: 971-70 77 40 E-Mail: consul.palma@terra.es

Honorarkonsulate der Bundesrepublik Deutschland -
Cónsul Honorario de la República Federal de Alemania

Alicante
Plaza Calvo Sotelo, 1-2, 5°
E-03001 Alicante
Tel.: 96-521 70
Fax.: 96-521 52 34

Almeria
Avda. Carlos III, 401
E-04720 Aguadulce (Almería)
Tel.: 950-34 05 55
Fax: 950-34 18 13

Bilbao
San Vicente, 8
Edificio Albia, pl. 13
E-48001 Bilbao
Tel.: 94-423 85 85
Fax: 94-424 39 76

Ibiza
Carrer d'Antoni Jaume, 2-2° 9 a
E-07800 Ibiza
Tel.: 971-31 57 63
Fax: 971-31 57 63

Jerez de la Frontera
E-11402 Jerez de la Frontera
C/Pizarro, 10
Tel.: 956-30 69 17
Fax: 956-31 40 54

Menorca
Carrer D'es Negres, 32
E-07703 Mahón/Menorca
Tel.: 942-25 05 43
Fax: 971-36 90 12

Muriedas/Cantabria
Avda. de Bilbao, 39
E-39600 Muriedas/Cantabria
Tel.: 942-25 05 43
Fax: 942-25 05 43

San Sebastián/Guipúzcoa
C/ Fuenterrabia, 15, ‚3° izq.
E-20005 San Sebastián/Guipúzcoa
Tel.: 943-42 10 10
Fax.: 943-33 55 11

Tarragona
Avda. President Lluis Companys, 14, 1° 3a
E-43005 Tarragona
Tel.: 977-25 23 83
Fax: 977-25 06 59

Valencia
Avda. Primado Reig, 70, 10°, 40a
E-46010 Valencia
Tel.: 96-361 43 54
Fax: 96-360 92 59

Vigo
Avda. García Barbón, 1
E-36001 Vigo
Tel.: 986-43 78 79
Fax: 986-43 49 43

La Cartuja Baja (Zaragoza)
Ctra. Castellón, km7, Pol.Ind.Inside
E-50720 La Cartuja Baja (Zaragoza)
Tel.: 976-50 00 34
Fax: 976-50 08 30

Diplomatische Vertretungen, Deutsche Botschaft in Spanien:
Calle de Fortuny, 8
28010 Madrid
Telefon (0034) 91 557 90 00
Fax (0034) 91 310 21 04

Österreichische Botschaft in Spanien:
Paseo de la Castellana 91
28046 Madrid
Tel: (+34-91) 55 65 315, 55 65 403

Schweizer Botschaft in Spanien:
Calle Núñez de Balboa 35
Edificio Goya 28001 Madrid
Tel. 0034/91/4 36 39 60

Fremdenverkehrsbüros:
Deutschland:
Grafenberger Allee 100, „Kutscherhaus“,
40237 Düsseldorf
Tel. 49211 / 680 39 80 - 81,
Fax 49211 / 680 39 85 - 86

Österreich:
Mahlerstr. 7
1010 WIEN
Tel. 431 / 512 95 80
Fax 431 / 512 95 81

Schweiz:
Seefeldstr. 19
8008 ZÜRICH.
Tel. 411 / 252 79 30 - 31
Fax 411 / 252 62 04

[2]

Aussteigen auf Zeit

Für eine bestimmte Zeit alles hinter sich lassen ist nicht das Thema dieses Buches, aber es könnte eine Vorbereitung zum endgültigen Auswandern sein. Natürlich könnte diese Erfahrung, das teilweise Umsetzen eines Traums in die Wirklichkeit, auch zum Verwerfen dieser Idee führen.

Pause vom Job. Sabbatical, Sabbatjahr oder Aussteigen auf Zeit heißt eine Möglichkeit. Im Ausland eine Sprache lernen oder im Kloster meditieren, ein Buch schreiben ... Eine Chance, seine Träume auszuleben, ohne dafür sein ganzes Leben auf den Kopf stellen zu müssen. Nicht unbedingt ein Problem für die Karriere, im Gegenteil: Flexibilität, Weltoffenheit und erweiterte Sprachkenntnisse kommen bei vielen Arbeitgebern gut an.

Aussteigen, um besser wieder einzusteigen: Auch Psychologen und Unternehmensberater empfehlen kreative Denkpausen und eine längere Auszeit, viele kehren motiviert bis in die Haarspitzen an ihren Arbeitsplatz zurück, von Burn-out-Syndromen keine Spur. Immer mehr Firmen bieten ihren Mitarbeitern Langzeiturlaub an; den meisten Lehrern und Beamten stehen Sabbatjahr-Modelle offen.

Jenseits aller Karrierepläne verspricht ein Ausstieg auf Zeit vor allem eines: Spaß am Leben. Und er schützt davor, irgendwann einmal feststellen zu müssen: „Ach, hätte ich doch ..."
Es stellen sich dazu natürlich einige Fragen die hier nicht beantwortet werden können:
Wie überzeuge ich meine Firma, daß sie mich freistellt?
Wie schafft man es, auch über Monate mit einem Minimum an Geld zu verreisen?
Wie schaffe ich danach den Wiedereinstieg?
Hierzu gibt es verschiedene praktische Ratgeber, z.B.:

AUSSTEIGEN AUF ZEIT - Das Sabbatical Handbuch
vgs Verlag, 156 Seiten,
ISBN 3-8025-1511-0 Preis: 10,90 €

oder:

Dietmar Marburger: Aussteigen auf Zeit -
Auftanken, Weiterbilden und Geld verdienen
Walhalla Verlagsgruppe
Hardcover 1. Auflage
ISBN-Nr.:3-8962-3302-5 Preis: 22.90 €

„Schnupperreisen" für Auswanderungswillige

Es gibt auch die kleine Reise vor der großen Reise, z.B. von einem Berliner Reisebüro und einem gemeinnützigen Verein angeboten.

Das gemeinnützige Raphaels-Werk - der Beauftragte der Bundesregierung für die Beratung von Auswanderern - bietet zusammen mit dem Berliner Reiseveranstalter „Lernidee Reisen" die „Reisen für eine gelungene Auswanderung" an. Es nicht verwunderlich, daß eine „Auswanderungsvorbereitungsreise" nach Málaga führt, das verdammt nah an Marbella liegt, wo man wahrlich nicht über einen Mangel an Deutschen klagen kann. Den Marktgesetzen folgend, richtet sich die knapp 1.400 Euro teure 10-tägige Reise an Gruppen, die seit Jahren nach Spanien strömen: Rentner und Immobilieninteressierte.

Der Geschäftsführer von „Lernidee Reisen" verteidigt das Programm, bei dem ein deutscher Pfarrer, die deutsche Gemeinde an der Costa del Sol und „seriöse deutsche Immobilienmakler" zur Beratung auftauchen, mit der Nachfrage am Markt. „Wir würden auch lieber nach Nordspanien fahren", sagt er. Doch dafür gebe es keine Nachfrage.

Auslandsaufenthalt als Entsandter – Expatriat

Eine andere Möglichkeit zu „schnuppern".

Viele Unternehmen eröffnen heute Büros im Ausland. Dabei handelt es sich nicht nur um Großunternehmen, sondern immer häufiger auch um mittelständische Betriebe, die kleinere Teams vor Ort bei ihren Exportpartnern oder potentiellen Auslandskunden ansiedeln.

Deutsche Markenqualität und die sprichwörtliche deutsche Gründlichkeit lassen sich oft besser von Fachkräften rüberbringen, die im eigenen Haus geschult wurden und die Produktpalette genauestens kennen.

Damit der Auslandsaufenthalt aber für alle Beteiligten zufriedenstellend verläuft, ist eine gründliche Vorbereitung angeraten. Gerade kleinere Firmen besitzen aber kaum Erfahrungen in der Unterstützung ihrer Auslandsteams, und ein zielorientiertes Entsendungsmanagement gibt es meist nur in Großunternehmen. Leider läßt die Unterstützung der Firmen Wünsche offen.

So kann es kommen, daß deutsche Arbeitnehmer mitsamt ihrer Angehörigen im Ausland überwiegend auf sich allein gestellt sind.

Eine im Juli 2003 veröffentlichten Studie von Ernst & Young belegt, daß die ins Ausland Entsandten (Expatriates oder Expats) nicht immer mit den besten Erinnerungen an ihre Auslandsverwendung zurückdenken. Bemängelt werden häufig Schwierigkeiten bei der Vorbereitung, später im Gastland sowie nach ihrer Rückkehr an den Heimatstandort. Volle 60 Prozent der Heimkehrer beklagen laut Studie, daß ihre Reintegration ins Unternehmen „schlecht" oder „sehr schlecht" organisiert gewesen sei.

Etliche der Befragten vertraten die Meinung, daß es sich eher um einen zweiten Neuanfang als um eine Rückkehr gehandelt habe. Viele Rückkehrer empfanden auch, daß ihre Auslandserfahrung im eigenen Unternehmen zu gering geschätzt wurde. Anstatt des gewünschten Karrieresprungs sollten sie an ihren ursprünglichen Arbeitsplatz zurückkehren. Die Wiedereingliederung ins Unternehmen fiel den meisten eher schwer. Auch die Betreuung im Ausland wurde als unzureichend bewertet.

Vorher klare Abmachungen mit dem Betrieb als Vertrag aufsetzen ! Vorbereitende Seminare und ein Netzwerk von deutschen Anlaufstellen im Ausland können große Enttäuschungen vermeiden. Große Konzerne wie Bosch oder Siemens investieren hohe Summen in die Planung und Umsetzung der Auslandsaufenthalte ihrer Mitarbeiter.

Während der Auslandszeit sind zwischenmenschliche Kontakte und der berufliche Austausch mit den Kollegen wichtig, um daheim nicht den Anschluß zu verlieren. Am besten funktioniert der Kontakt zum Heimatstandort, wenn ein Vorgesetzter im Inland die Rolle eines Mentors übernimmt, der für alle Anliegen des Expats zuständig ist. Darüber hinaus sollte jeder Expat regelmäßige Heimaturlaube für sich und seine Familie einkalkulieren.

Will der Expat später wieder an den vorherigen Standort zurück, sollte dies bereits vor seiner Entsendung eine ausgemachte und vertraglich geregelte Sache sein. Auch die anschließende Position im Unternehmen sollte festgehalten werden. Ein so genannter Ruhensvertrag setzt das inländische Arbeitsverhältnis für die Dauer des Auslandsaufenthaltes außer Kraft. Eine Rückkehrklausel regelt, wie und wo der Arbeitnehmer in das Unternehmen wieder eingegliedert wird.

Natürlich werden Sie sich vor einer solchen Entscheidung zunächst unter Freunden und Kollegen nach möglichen Ansprechpartnern umhören, die bereits in dieser Hinsicht Erfahrungen sammeln konnten.

Gute Informationen erhalten Sie auch im Internet. Zusätzlich dazu können Sie Institutionen wie das Hamburger Raphaelswerk oder die Agentur Going Global zurate ziehen. Sie begleiten Expatriate-Familien vor und während der Abordnung ins Ausland indem sie zum Beispiel dafür sorgen, daß Angehörige ihre Zeit am Entsendungsort sinnvoll nutzen können, bei der Vorbereitung unterstützen oder Orientierungshilfen vor Ort geben.

Auf diese Weise erhalten sowohl unerfahrene Unternehmen mit wenigen Expats als auch die Entsandten selbst wertvolle Tipps und direkte Unterstützung. Dem guten Gelingen des Arbeitsaufenthaltes in der Fremde sollte spätestens dann nicht mehr viel entgegen stehen. **Weiterführende Informationen:**

Raphaels-Werk
Bund Deutscher Auslanderwerbstätigen e.V.

Arbeitsamt Rückkehr aus dem Ausland
Institut für Interkulturelles Managements – Seminare für Auslandsaufenthalte
Online-Beratung für Expatriates und Unternehmen

Jobs & Praktika

Besonders in der Zeit zwischen Schulausbildung und Einstieg in die Berufstätigkeit bieten sich für junge Leute vielfältige Möglichkeiten, in einem Praktikum oder beim Jobben berufspraktische Erfahrungen im Ausland zu sammeln und die Fremdsprachenkenntnisse weiterzuentwickeln. Die aktive Suche nach Praktikumsstellen im Vorfeld oder im Rahmen von Ausbildung bzw. Studium erfordert viel Zeit, Ausdauer und Eigeninitiative.

Im Falle Spaniens kommt erschwerend hinzu, daß jede Tätigkeit in einem Unternehmen nach spanischem Arbeitsrecht als Arbeitsverhältnis zu werten ist. Der Spielraum für die individuelle Suche ist daher begrenzt. Die Möglichkeit zu einem Praktikum besteht nur für Schüler und Studenten an Fach- oder Hochschulen, sofern diese spezielle Verträge mit Firmen abgeschlossen haben.

Auch durch Vermittlung von Organisationen, die als Träger eines Praktikums tätig werden, kann man ein Praktikum finden. In diesen Fällen werden allerdings Gebühren verlangt.

Nutzen Sie auch die Angebote von Austausch-, Studien- und EU-Programmen wie z.B. „Leonardo da Vinci". Kontaktstelle für Auszubildende und junge Arbeitnehmer ist die Internationale Weiterbildung und Entwicklung gGmbH(e-mail: leonardo@inwent.org). Studenten erfahren Näheres beim Deutschen Akademischen Austauschdienst (e-mail:leonardo@daad.de) Junge Arbeitnehmer, die Interesse an einem berufsbezogenen Praktikum in Spanien haben, können sich direkt um einen Praktikumsplatz in einem Leonardo-Projekt der ZAV bewerben.

Die Bundesagentur für Arbeit bietet darüber hinaus in Zusammenarbeit mit Partnerorganisationen folgende Programme im Bereich Jobs & Praktika an:
Acttiv leisure projects S. L. (Planung, Organisation und Durchführung von Tages- und Abendaktivitäten in den Bereichen Kinderbetreuung, Sport, Wellness / Fitness, Tanz / Choreographie, Mitwirkung bei den Abendshows (Minidisco, Partys, Shows etc.)

Tandem (Spanisch-Intensivkurs und anschließendes Fachpraktikum, hauptsächlich in den Bereichen Marketing / Verkauf, Tourismus, Sekretariat, Verwaltung, Informatik / Computer, Ingenieurwesen, Hotel / Gastronomie und soziale Einrichtungen).

Kommission für Bildungsaustausch e.V. (Praktika in grundsätzlich allen Berufsbereichen).

Weiterhin sollten Sie sich auch einmal in der Stellenbörse der Bundesagentur für Arbeit umsehen, die Sie unter http://www.arbeitsagentur.de/ finden. Für die Suche nach Jobs oder Praktikumsplätzen müssen Sie bei „Art der Nachfrage" und „Land" passende Einträge auswählen.
Wer Fragen rund um das Thema „Jobs und Praktika" hat oder noch genauere Informationen benötigt, sollte sich direkt an die Europa-und Auslandshotline der Bundesagentur für Arbeit wenden. Die Hotline ist aus dem deutschen Festnetz über die Telefonnummer 01805 - 22 20 23 (12 Cent / Minute) zu erreichen.

Die Europa- und Auslands-Hotline ist für Sie Mo.-Do. 8:00 - 20:00 Uhr und Fr. 8:00 - 16:00 Uhr erreichbar. Per Email erreichen Sie das Hotline-Team unter InfoHotline-Ausland@arbeitsagentur.de.
Einen guten Überblick über weitere Möglichkeiten für Jugendliche, das zusammenwachsende Europa zu erleben und kennen zu lernen, bietet die Web-Seite www.rausvonzuhaus.de. [3]

Als Rentner nach Spanien

Warum nicht, Sie haben es sich verdient, man sollte sich u.U. eine Rückzugsmöglichkeit offen halten, falls es gesundheitlich nicht mehr so super läuft. Dann ist man in Deutschland sicher besser aufgehoben. Denken Sie an Ihre Zerstreuung, wozu werden Sie Ihre traumhafte Freizeit nutzen? Jeden Tag baden und spazieren gehen dürfte schnell zu Langeweile führen. Im allgemeinen suchen sich deutsche Rentner Gegenden, in denen sie Ansprechpartner haben. Die Sprachbarriere ist dann kein so großes Problem mehr. Es gibt dann deutsch Treffs, Bars, Wandergruppen usw. in denen man sich ungezwungen treffen kann, sich gegenseitig hilft, die Katze oder den Hund mal versorgt und und und.
Viele körperlich kleinere Problemchen verschwinden unter der südlichen Sonne einfach (Gelenkschmerzen, Rückenprobleme, Allergien ...) . Allerdings sind spanische Winter wegen der meist schlecht oder gar nicht geheizten Räume gerade für ältere Menschen schwer zu ertragen. Vor dem Kauf einer Immobilie sollte man daher in seinem Gebiet alle Jahreszeiten einmal erlebt haben. Je nach Alter wird meist auch der Rentenbescheid zur Finanzierung von Immobilien akzeptiert, also vorher die Region testen und dann einen wilden Entschluß fassen. Kinder und Enkel kommen bestimmt immer gerne zu Besuch.
Klar, daß Sie dann allein von Ihren Renten und Ihrem Vermögen leben. Deshalb ist es besonders wichtig, Ihre zukünftigen Lebenshaltungskosten möglichst genau abzuschätzen und den verfügbaren Mitteln gegenüber zu stellen.

Warum gerade nach Spanien ?

Reif für die Insel mögen viele sein, aber Deutsche die heute auswandern, gehen seltener in die klassischen Auswandererländer USA und Australien. Die meisten bleiben in der EU.

Pro

Für viele ist Spanien das Land mit der höchsten Lebensqualität, wobei in der Regel dabei an die Küstenregionen Mittelmeeres gedacht wird.
Hier einige Argumente die für Spanien sprechen:

Das Klima

ist wohl einer der ganz wichtigen Punkte. Wer die vielen Schwierigkeiten, die damit verbunden sind in einem fremden Land zurecht zu kommen, auf sich nimmt, tut das wohl in erster Linie um dem heimischen Sauwetter Lebewohl zu sagen.

Egal welche Sonnenküste angesteuert wird, Costa Blanca, Costa del Sol, Costa del la Luz, eine der Inseln aber auch im Inland: Spanien hat pro Jahr rund 1.000 Sonnenstunden im Jahr mehr als Deutschland. Frostnächte gibt es an den südlichen Küsten nur alle -zig Jahre. Umso härter trifft es die Menschen. Wie im Februar ´05 als es unzählige geplatzten Wasserleitungen und Solaranlagen gab, und auch ein Großteil der Gemüseernte einfror.

Auf jeden Fall kommt hier jeder auf seine Kosten, der es liebt viel draußen zu sein. Aber Achtung: Die Balearen und die Costa Brava sind im Winter doch recht kühl, die kanarischen Inseln und die Costa del Sol sind fast immer warm, die Tageshöchstwerte liegen hier selten unter 12 Grad Celsius. Dies gilt wohlgemerkt für die Küsten, 5 km davon entfernt im Inland kann es schon 5 Grad kälter sein.

Wie der Treibhauseffekt in Zukunft die Temperaturen in Spanien steigen läßt, damit befaßt sich eine aktuelle der Studie der EU Umweltagentur (EAU). Während es in Deutschland schon jetzt zu gewaltige Überschwemmungen und den ersten Wirbelstürmen kommt, gab heiße Sommer 2003 in Spanien schon einmal einen Ausblick auf die Zukunft.

Allgemein wird es in Nordeuropa feuchter, in Südeuropa dagegen trockener. Bis 2080 werden die Temperaturen in Spanien um durchschnittlich vier Grad Celsius ansteigen, so die EAU. Das ist mehr als die Prognose für Afrika, denn die Erwärmung verläuft in Europa schneller ab als im weltweiten Durchschnitt.

Man kann das positiv sehen; kalte Winter werden fast völlig verschwinden und die Wassertemperatur des Mittelmeeres wird ansteigen. Aber Wasser, das schon jetzt Mangelware ist, wird zumindest wesentlich teurer werden.

Die Playas

Spaniens bietet über 7.000 Kilometer Küsten mit rund 2.000 Kilometer Strand. Im Norden locken unzählige idyllische Buchten, im Süden imposante Dünenlandschaften.

Die Lebensart

Für den Mitteleuropäer etwas gewöhnungsbedürftig, besitzt die spanische Lebensart viel Lebensfreude, kaum Streß und ist in vielen Bereichen einfach lockerer als bei uns - Zuerst leben, dann arbeiten. Das kann unter Umständen aber auch Nerven kosten.

Eine schöne spanische Tradition die auch viele Einwanderer genießen, ist zweifelsohne die Siesta. Nach dem Mittagessen ein Nickerchen, der Körper und die Konzentration haben nachmittags ein natürliches Tief. Schön wenn man dem nachgeben kann.

Vielen gefällt an Spanien auch Flamenco und Stierkampf.

Das Essen
Tapas und *Paella* sind sehr lecker, fangfrischer Fisch, Garnelen, alles meist zu Preisen von denen man in Mitteleuropa nur träumen kann. Aber es gibt nicht nur Meeresfrüchte, Spaniens Speisekarten sind recht international, Genießer kommen voll auf ihre Kosten.

Der Sport
Ob Skifahren, Paragliding, Surfen oder Tauchen, Reiten, Wandern oder Radfahren: Sportlern bieten sich in Spanien zahllose Möglichkeiten.

Die Kultur
Ob Musik, Literatur, Malerei oder Architektur, Spaniens über tausendjährige Kulturgeschichte, im Süden stark von der arabischen Besetzung geprägt, lockt mit Kunstschätzen in allen Landesteilen.

Die Erreichbarkeit
Die wenigsten fahren mehr als eine Stunde zum nächsten Flughafen - und oft kann man schon für Preise um 50 Euro nur 3 - 4 Stunden später Verwandte oder liebe Freunde in Deutschland begrüßen - oder umgekehrt. Von allen deutschen Airports aus geht es per Direktflug zu den *aeropuertos* Spaniens.

Der Euro
Spanien ist Euro-Land; Umtausch und Währungsschwankungen sind Vergangenheit. Wie auch immer sich der Euro entwickelt - Investitionen in Spanien sind langfristig sichere Anlagen.

Das Nachtleben
Spanische Bars füllen sich verhältnismäßig spät, vor 22 Uhr ist noch keiner da, am Wochenende auch später. Es gibt oft Angebote von Live Musik, von Rock über Jazz zu spanischer Gitarre findet man fast alles, wobei mit solchen Aktionen meist schon am Donnerstagabend das Wochenende eingeläutet wird.
Noch später geht es in den Discotheken los. Aber dann...!
Discos in Spanien sind für viele die besten der Welt. Hier gilt nicht „Wer guckt am coolsten", sondern „Das Leben ist eine Fiesta". Der Flirtfaktor ist enorm hoch. In den Tanzpalästen der Großstädte ist bis zum frühen Morgen die Hölle los.
Ob Madrid, Barcelona, Burgos, Malaga, Sevilla oder Torremolinos, die Discos sind an den Wochenenden gerappelt voll mit Tanzsüchtigen, die nicht nach Hause wollen bevor die Musik ausgeht. Und das ist meist erst um 8 Uhr morgens.

Contra

Es sollte nicht verschwiegen werden, daß es auch Argumente gibt die nicht gerade für Spanien sprechen. Mal davon abgesehen, daß wer auswandert bereit sein muß, lieb gewordene Gewohnheiten, Freundschaften, Nachbarn, vielleicht auch manche bisherige Sicherheit und Geborgenheit aufzugeben.

Arbeitsmarkt

Davon abgesehen das es schwer ist einen Job, geschweige denn eine feste Anstellung zu bekommen, gibt es dann auch auch noch weniger Geld am Monatsende. Der Sprung in die Selbständigkeit ist dafür in Spanien einfacher.

Mentalität

„Was Du heute kannst besorgen, verschiebe lieber auf morgen" - Diese gerade in Andalusien vorzufindende Einstellung und eine teilweise zu locker gehandhabte Lebensweise sind, z. B. wenn man auf Einhaltung von Terminen angewiesen ist, mitunter schwer zu handhaben. Hier den nötigen Gleichmut zu entwickeln, fünf auch mal gerade sein zu lassen, ist nicht jedermanns Sache. Es gibt aber auch genug hier lebende Deutsche die selbst alte Spanier mit ihrer Adaption südländischer Lebensweise überraschen und damit gut zurecht kommen.

Rassismus

Der Rassismus in Spanien ist latent vorhanden. Immer wieder sind an allem „*los moros*", die Mauren schuld. Insgesamt besitzt Spanien, selbst ja jahrhundertelang ein Auswandererland, eine geringe fremde Bevölkerung. In der Region um Almeria sind es allerdings rund 25%. Sie werden z.T. ganz bewußt beschimpft, als schmutzig und unzivilisiert hingestellt.

Da man ihnen gute Unterkünfte verwehrt, die sie bei ihren Minilöhnen auch kaum bezahlen könnten, leben sie dann auch unter schlimmsten Bedingungen. Also ein Teufelskreis. Obschon man sie als billige Arbeitskräfte geholt hat, für Arbeiten die kein Spanier ausführen möchte, haben die einfachen Spanier vor der Arbeitskonkurrenz Angst, da in Spanien selbst die höchste Arbeitslosigkeit der EU herrscht. Es wird in Andalusien nichts getan für ihre Integration, weder auf dem Gebiet der Schule, der Infrastruktur oder auf sozialem Gebiet. Dazu kommt, daß in Städten wie El Ejido neureiche Zuwanderer aus anderen Provinzen den Ton angeben, die wenig gebildet und leicht manipulierbar sind. Zudem neigen sie aus ihrer labilen Stellung zu faschistischem Gedankengut.

Aber auch auf die *guiris*, so nennt man die aus dem Norden zugewanderten, wird hier und da geschimpft. Wobei es in erster Linie um Ausländer geht die sich nicht integrieren, keine fünf Wörter spanisch sprechen, obwohl schon jahrelang im Land. Es gibt Stadteile in denen ein Spanier kaum ein Bier in einer Bar bestellen kann, da die Bedienungen nur Englisch sprechen. Es soll auch schon vorgekommen sein, daß da Spanier einfach nicht bedient wurden. So ist man auf Engländer nicht sehr gut zu sprechen, wogegen Deutsche doch regelrecht beliebt sind.

So ziehen es junge Leute vor, Deutsch als Fremdsprache zu lernen, oder waren schon mal in Deutschland im Urlaub.

Miete

Abhängig von der Region sind die Mieten insbesondere in den Sommermonaten in Küstengebieten bzw. Touristengebieten verhältnismäßig teuer. Hier hilft nur der Erwerb von Eigentum.

Die Post

Wenn in Deutschland manchmal von der Schneckenpost die Rede ist fragt sich welches Tier man in Spanien bemühen sollte. Das ein Brief von Madrid nach Málaga schon mal 6 Wochen dauert kann vorkommen, schlimmer ist wenn er nie ankommt.
Rechnungen von Strom oder Telefon sind in der Regel schon abgebucht wenn das Papier zugestellt wird. Besonders böse wenn keine ausreichende Deckung auf dem Konto war und die (wie die meisten) unverschämte Bank gleich 9 € „Bearbeitungsgebühr" für die nicht genehmigte Überziehung von 2 €, über einen Zeitraum von 2 Tagen, berechnet.
Briefe von und nach Deutschland, selbst wenn sie nicht als Luftpost deklariert sind, brauchen in der Regel weniger lange als innerspanische Postsendungen.

Stromversorgung

Die Stromversorgung ist leider immer noch ein Problemkind. So kommt es des öfteren, insbesondere bei Unwettern, zu Stromausfällen. Meist dauert es nur wenige Minuten und der Strom ist wieder da, aber selbst ein Ausfall von nur einer Sekunde ist für Ihren Computer schon schwerwiegend.
Wer vom Rechner abhängig ist, sollte eine unterbrechungsfreie Stromversorgung kaufen (um 100 €), die Sie vor Datenverlust bei Stromausfall schützt.
Gefährlich für elektronische Geräte wie Computer, TV und HiFi sind Spannungsspitzen, die im spanischen Stromnetz ebenfalls vorkommen. Vorsichtshalber sollten Sie sich einen Überspannungsbegrenzer (um 15 €) am besten aus Deutschland mitbringen.

Tierliebe

Hund, Katze & Co. stellen bei den Spaniern „Gebrauchsgegenstände" dar.
Entsprechend schlecht ist teilweise die Haltung und der Umgang mit den Tieren.
Spanier haben unter Umständen kein Verständnis dafür wenn jemand seinen Hund in das gemietete Appartement mitnehmen will.

Kriminalität

In Spanien existiert erst seit kurzem ein Berufausbildungswesen, so gut wie keine offene Jugendarbeit, daher ist Jugendarbeitslosigkeit und das oft damit verbundene abrutschen in die Drogenkultur ein weit verbreitetes Problem. Drogen sind leicht erhältlich, so sind Drogensüchtige, kleine Dealer und Bettler überall dort zu finden wo viel Betrieb, also zu viel holen ist. Auch Nichtspanier ergänzen das Spektrum.

Wenn diese armen Seelen eine Gelegenheit erkennen schnell zu etwas „Reichtum“ zu kommen, nutzen sie diese. So ist die typische Kriminalität mehr von der Qualität „Hühnerdiebe“. Professionelles Vorgehen trifft man seltener an, Brutalität nur im Ausnahmefall.
Mit Taschendiebstahl, Raubüberfall, Einbruch und Auto aufknacken muß man in Spanien überall rechnen. Betrug und Untreue kommen oft genug da vor, wo leichtgläubige Menschen auf das edle Äußere eines Maklers, Bauträgers oder eines anderen anscheinend „Wohlbetuchten“ hereinfallen.

Taschendiebstahl
Möglichst keine (Hand-) Taschen oder Rucksäcke mitnehmen bzw. keine Wertgegenstände in diese Taschen tun. Geld und Wertgegenstände immer direkt am Körper oder in verschließbaren Hosen- und Jackentaschen tragen. Vorsicht vor allem im Gedrängel. Nie die Tasche in Bars etc. einfach neben sich liegen lassen.
In Discotheken auf jeden Fall einen Euro für die Garderobe investieren, sonst finden sie ihre Jacke nie wieder. Auch sein Getränk sollte man hier im Auge haben, wo eine „copa“, also z. B. ein Wodka Lemon 6 € kostet, verschwindet das randvolle Glas schon mal.

Raubüberfall
Vor Raubüberfällen ist im Prinzip keiner sicher. Deshalb sollte man abendliche oder nächtliche Spaziergänge durch dunkle und finstere Bezirke vermeiden. Nachts besser mit einem Taxi oder seinem eigenen Auto fahren. Geld und Wertgegenstände sollte man nicht offen zeigen.

Entführung
Fälle von Entführungen und Lösegelderpressung häufen sich neuerdings in der Region Valencia in nie gekanntem Ausmaß. Bei den so genannten Expreß-Entführungen werden zuvor ausgespähte Personen überfallen und einige Stunden oder wenige Tage festgehalten. Die Opfer werden entweder gezwungen, die Geheimnummern der Bankkarten zu verraten, dann werden die Konten leer geräumt, oder die Familienangehörigen müssen Lösegeld zahlen. Damit die Zahlung schnell über die Bühne geht, liegt die Höhe des Lösegeldes in der Regel bei „nur“ 50.000 Euro.
Meist sind die Opfer wohlhabende Rentner, die Polizei vermutet, daß organisierte Kriminalität, wie Mafiabanden aus Osteuropa, dahinter steckt.

Einbruchsdiebstahl
In Spanien sind in der Regel alle Fenster des Unter - und Obergeschosses vergittert, um sich vor Einbrüchen zu schützen. Zusätzlich sichert man sich durch Zusatztüren aus Eisen, verstärkten Schlössern und dergleichen. Freistehende Häuser in Ausländerbesitz, die also häufig leer stehen, sind besonders gefährdet. Hier sind die Einbrecher manchmal dreist. Sie reißen mit einem starken Auto und einer Kette die Gitterstäbe aus der Verankerung.

Autoknacker
Gegen Autodiebstahl ist im Prinzip keiner gewappnet. Es gibt kaum einen Spanier, dessen Auto nicht schon mal geknackt wurde. Autos werden eigentlich nie geklaut, sondern nur ausgeräumt (Radio/Anlage und Wertsachen). Deshalb sollte man auch keine (Wert-) Gegenstände inkl. Radio/Anlage offensichtlich im Auto liegen lassen. Am besten, man läßt das Handschuhfach ohne Inhalt offen. Oder aber man schließt das Auto erst gar nicht ab, dann wird es beim Knacken bzw. Ausräumen wenigstens nicht beschädigt.

Autobahndiebe
Auf den Autobahnen, besonders auf der A7 zwischen der französischen Grenze und Tarragona ist Vorsicht geboten! Hier agierten früher häufig organisierte Banden, die ahnungslose Urlauber mit einem Trick zum anhalten bringen (defektes Auto, Unfall etc.). Hier gilt: NICHT ANHALTEN! Es ist schon seit Jahren kein solcher Fall mehr bekannt geworden, aber ...

Schlepper, Souvenirverkäufer, Glücksspiel
In den Touristengebieten wird man man oft angesprochen und es werden einem „Tipps" gegeben, wo man „billige" Lederwaren, Souvenirs oder andere Dinge bekommt oder wo ein „typisches" Restaurant oder Flamencolokal ist.
Hier sollte man gar nicht reagieren und sich beschwätzen lassen! „Typische" Mitbringsel entpuppen sich oft als „Made in Taiwan", in den „hochgepriesenen" Lokalen bekommt man für teures Geld nur mittelmäßiges Essen und viele Flamencoshows sind eher schlechte und teure Touristenshows.
Auch Glücksspiele werden auf offener Straße angeboten. Hier sollte man auf keinen Fall mitspielen, da man auch hier über das Ohr gehauen wird. Man wird nie gewinnen!

Dokumente
Grundsätzlich gilt: nie die Originalausweise mit auf „Tour" nehmen. Die Ausweise gehören in den Hotelsafe oder an andere gesicherte Aufbewahrungsorte. Für Ausflüge sollte man allerdings Kopien der Dokumente mitnehmen um sich auf alle Fälle ausweisen zu könne. Dokumentenkopien werden von jedem Polizeibeamten akzeptiert.

Lärm
Spanien gilt, laut Statistik, als das lauteste Land Europas. Egal ob die Auspuffanlage der Autos oder Mopeds, der lautstarke Fernseher in den Bars, oder das temperamentvolle Geplauder der Spanier selber, der Geräuschpegel ist immer sehr hoch. Wer Ruhe finden will, sollte sich in Spanien sein Domizil weitab vom Trubel suchen. Besonders die Großstädte sind für empfindliche Ohren nicht geeignet. Wenn Sie ein ruhebedürftiger Mensch sind, nehmen Sie unbedingt ein (Schlaf)Zimmer zum Hof!

Die spanische Sprache
Es geht nicht ohne !

Ein sehr wichtiger Teil der Vorbereitung zum Umsiedeln in ein anderes Land ist natürlich die Landessprache zu lernen. Es gibt viele Rentner die schon seit vielen Jahren in Spanien leben und kaum Spanisch verstehen, geschweige denn sprechen können. Damit kann man zurecht kommen, wenn auch mit Problemen. Wenn Sie aber Ihren Lebensunterhalt in Spanien verdienen wollen, kommen Sie ohne einen vernünftigen Basiswortschatz und ein paar grammatikalische Grundregeln nicht weit. Je nachdem was Sie vorhaben, darf es auch etwas mehr sein.

Richtig ist das man in Spanien lebend leichter lernt, wenn man nicht gerade ausschließlich Kontakt mit den eigenen Landsleuten hat. Allerdings nur darauf zu bauen, daß das Spanische „schon von allein" kommt, wenn man erstmal da ist, ist grundfalsch. Ums „Pauken" von Vokabeln und Regeln kommen Sie also nicht herum !

Wie Sie lernen hängt von Ihnen ab. Ein zweisprachiges Wörterbuch in Form eines Taschencomputers, ein Volkshochschulkurs für die Sprachpraxis und ein ergänzender interaktiver Kurs am Computer haben dem Autor dieser Zeilen auf die Sprünge geholfen. Wenn Sie dann in Spanien ankommen kann es sein, je nachdem wohin es Sie zieht, das Sie sich Anfangs schwer tun mit der Verständigung, weil z.B. das *andaluz* viele Laute verschluckt. Alles eine Frage der Praxis.

Die spanische Schriftsprache wurde vom Sprachgebrauch der zentralspanischen Region Kastilien geprägt, um die Sprache vom ebenfalls in Spanien gesprochenen Galicisch und Katalanisch sowie der Nationalitätsbezeichnung „Spanisch" abzugrenzen spricht man in Spanien von der kastilische Sprache, dem *castellano*.

Spanisch wird heute von ca. 360 Millionen Menschen als Muttersprache gesprochen, und hat damit 20 Millionen Menschen mehr als das Englische. Die meisten Sprecher leben in Süd- und Mittelamerika. Dazu kommen noch rund 60 Millionen Zweitsprachler, damit ist Spanisch die am vierthäufigsten gesprochene Sprache der Welt. In den USA ist Spanisch nach Englisch die zweithäufigste Sprache mit 26 Millionen Sprechern.

Bis zum Jahr 1492 war ein großer Teil der iberischen Halbinsel unter arabischer Herrschaft, daher sind ca. 10% der Wörter arabischen Ursprungs. Das amerikanische Spanisch das in den meisten Ländern Süd- und Mittelamerikas als Muttersprache gesprochen wird, weist einige Abweichungen zum Kastilischen auf. Ernsthafte Verständigungsprobleme zwischen den verschiedenen spanischen Muttersprachlern, ob europäisch oder amerikanisch, gibt es aber kaum.

Im Spanischen kommt die Rechtschreibung dem Prinzip des "schreibe, wie Du sprichst" recht nahe. Auch übernommene Fremdworte werden so geschrieben, daß sich die Aussprache wieder automatisch ergibt.

Wohin in Spanien ?

Spanien ist groß, Möglichkeiten seinen Lebensunterhalt zu sichern gibt es viele, allerdings nur bei perfekten Sprachkenntnissen. Die Urlaubsregionen sind natürlich auch auf deutsch/engl. Dienstleistungen angewiesen, daher ist dort es für einen kaum spanisch sprechenden Einwanderer einfacher einen Job zu finden. Das kann man auf die gesamte Mittelmeerregion anwenden.

Natürlich sind für Einwanderer solche Gegenden verlockend, in denen schon viele Menschen gleicher Nationalität wohnen. So funktioniert Migration sehr häufig. Was geographisch ein großer Schritt ist, ist kulturell gesehen ein relativ kleiner.

In den anderen Gebieten ist ohne die Sprache gar nichts zu machen. Natürlich sind die Touristenregionen teuerer zum Leben (Lebensmittel, Miete ...) und die Löhne sind niedriger als in Deutschland. Anderseits kommt es dem Deutschen entgegen, schnell merkt man nämlich wie verwöhnt man eigentlich ist (Sauberkeit, Bauqualität, Heizung im Winter, Einhaltung von Regeln, Zustellen der Post...).

Daher ist das Einleben in der Küstenregion einfacher, man kann sich dann später, wenn die Sprache stimmt immer noch in Hinterland oder eine andere Region absetzen. Wenn man arbeiten will/muß, sollte man schon Ballungsgebiete aussuchen in denen es Arbeit geben könnte.

In den touristischen Hochburgen an der Küste herrscht im Sommer High-Life und im Winter gepflegte Langeweile. Es ist nicht ungewöhnlich, daß ein Teil der Geschäfte des Ortes nur während der Touristensaison geöffnet hat. In Touristenorten findet man vor allem Hochhäuser mit Ferienapartments. Schön ist es irgendwie nicht, mit den Hochhäusern, etwas weiter von der Küste, oft nur 3 km landeinwärts findet man schon idyllischere Wohngegenden, die dann auch kostengünstiger sind.

Spanische Winter sind wegen der meist schlecht oder gar nicht geheizten Räume für manche schwer zu ertragen. Bevor man sich endgültig entschließt, sollte man in seinem Gebiet einmal ein paar Wochen Winter erlebt haben.

In den folgenden Kapiteln werden verschiedene Regionen Spaniens angesprochen, da der Autor dieses Buches aber nun mal in Andalusien lebt, wird darauf besonders eingegangen. Viele Themen sind aber wohl auf alle Regionen übertragbar. Andalusien ist Spanien pur, oder zumindest das was wir Mitteleuropäer für Spanien halten.

Wenn Sie sich lange genug mit dem Thema Auswandern und Arbeiten in Spanien befaßt und sich umfangreich informiert haben, sollten Sie einen längeren Urlaub planen. Sondieren Sie die Lage vor Ort, testen Sie ihre Sprachkenntnisse, knüpfen Sie erste Kontakte.

Wenn Sie dann tatsächlich schwer entschlossen sind auszuwandern, brechen Sie nicht gleich alle Zelte in Deutschland ab, denn wenn Sie innerhalb kurzer Zeit feststellen sollten, daß doch nicht alles so verläuft wie Sie es sich wünschen oder es sich vorgestellt haben, ist die Rückkehr leichter.

In jedem Fall sollte man etwas Geld gespart haben oder über ein regelmäßig zur Verfügung stehendes Einkommen verfügen. Wenn man auf Arbeit angewiesen ist, dann sollte man problemlos finanziell ein paar Monate überleben können.

Nicht gleich ein Haus/Wohnung kaufen (wenn das Geld da sein sollte), sondern erst einmal mieten und beobachten. Die Gegend kennen lernen. Mieten in Spanien ist nicht leicht. Zum einen gibt es Mietgesetze, die es dem Vermieter recht schwer machen wenn er langzeit vermietet, deshalb gibt es fast nur Angebote als kurzzeit Urlaubsvermietung, und die ist in der Regel teuer.

Für eine Weile kann man in einem Holzhaus auf einem Campingplatz wohnen. Die Häuser sind meist mit allem ausgestattet was man braucht, oder man sucht in etwas entlegeneren Gegenden.

Ein Auto braucht man in Spanien unbedingt, für das erste halbe Jahr ist es noch legal mit deutschem Kennzeichen, die Einfuhr lohnt allerdings nur bei älteren Modellen, es gibt happige Einfuhrsteuern die vom Schätzwert des Fahrzeugs abhängen.

Spanien - Land & Leute

Die Bevölkerung konzentriert sich in den wirtschaftlich regen und vielseitigen Provinzen der Randlandschaften, wo sich auch die meisten Großstädte befinden, während die rein landwirtschaftlich ausgerichteten Provinzen der Zentrallandschaften relativ dünn besiedelt sind. Neben der Landeshauptstadt Madrid gehören Barcelona, Valencia und Zaragoza zu den größten spanischen Städten.

Die Haupteinnahmequelle aus wirtschaftlichen Betätigungen stellt das Dienstleistungsgewerbe mit nahezu 65% dar, wozu sicher auch die 48 Mill. ausländischen Besucher beitragen, die alljährlich Spanien aufsuchen, davon sind etwa 14 Millionen deutschsprachige Touristen. Die produzierenden Gewerbe nehmen mit 29% den zweiten Rang ein, die Landwirtschaft (Erzeugung von Wein, Olivenöl, Fischkonserven, Zucker) spielt mit nur 8,5% inzwischen eine eher untergeordnete Rolle.

Die 17 Autonomem Regionen

Spanien gliedert sich insgesamt in 17 Autonome Regionen (*Comunidades Autónomas*, wörtliche Übersetzung Autonome Gemeinschaften) und 2 Autonome Städte (Ceuta und Melilla). Die Autonomen Regionen sind mit bestimmten legislativen und exekutiven Befugnissen ausgestattet und ihrerseits in bis zu acht Provinzen aufgeteilt.

Die Autonomen Regionen sind vergleichbar etwa mit den deutschen Bundesländern, wenngleich die Kompetenzen der Autonomen Regionen je nach Region unterschiedlich ausgeprägt sind und die Begriffe "Unabhängigkeit" und "föderal" politisch nicht erwünscht sind. Ausgehend vom Baskenland wird in Spanien seit dem Jahr 2002 allerdings verstärkt über Neuregelung der Kompetenzverteilung zwischen den Autonomen Regionen und dem Zentralstaat diskutiert. Einige Autonome Regionen fordern dabei ein weitaus höheres Maß an Unabhängigkeit vom Zentralstaat.

Andalusien
(spanisch Andalucía) ist von den 17 Autonomen Regionen Spaniens die südlichste, die auf dem Festland liegt. Es setzt sich zusammen aus der südlichen Abdachung der Sierra Morena, dem Tal des Flusses Río Guadalquivir und der Region der Sierra Nevada.
Andalusien grenzt im Norden an Kastilien-La Mancha und an die Extremadura und im Süden an das Mittelmeer und den Atlantik. Im Osten grenzt sie an Murcia und im Westen an Portugal. Die Hauptstadt Andalusiens ist Sevilla.

Andalusien ist in 8 Provinzen unterteilt:
· Sevilla · Granada · Córdoba · Cádiz · Málaga · Huelva · Jaén · Almería

Es wird Andalusisch, ein Dialekt des Spanischen gesprochen, der die Umgangssprache Lateinamerikas stark beeinflußt hat. Besonders berühmt geworden ist die Region durch ihre Musik, den Flamenco. Mehr zu Andalusien ab Seite 67.

Aragón

(deutsch Aragonien) ist eine autonome Region im Nordosten Spaniens.

Aragón grenzt im Norden an Frankreich, im Osten an Katalonien im Süden an Valencia und im Westen an Castilla-La Mancha, Castilla y León, La Rioja und Navarra. Aragón gliedert sich in drei Provinzen: Zaragoza, Huesca und Teruel.

Die Hauptstadt von Aragón ist Zaragoza. Neben den Provinzen besteht eine Feingliederung Aragóns in 33 so genannte comarcas (Bezirken).

Asturien

(spanisch Asturias bzw. offiziell Principado de Asturias, d.h. Fürstentum Asturien, asturisch Asturies bzw. Principáu d'Asturies) ist eine Autonome Region im Nordwesten Spaniens. Es grenzt im Westen an Galicien, im Süden an Kastilien-León und im Osten an Kantabrien, während die Nordgrenze durch den Atlantik gebildet wird.

Das Territorium der Region ist identisch mit dem der Provinz Asturien (früher Provinz Oviedo). Die Hauptstadt ist Oviedo (asturisch:Uviéu) mit ca. 200.000 Einwohnern (2004).

Es ist heute ein dicht besiedeltes Land mit ozeanischem Klima; Steinkohlen- und Erzbergbau; Eisenindustrie sowie (hauptsächlich inländischem) Tourismus.

Neben dem Spanischen wird in Asturien auch das autonome Asturische sowie in den westlichen Randgebieten längs der Grenze zu Galicien das Galicische gesprochen. Amtssprache ist jedoch nur das Spanische.

Die Balearen

(katalanisch Illes Balears, spanisch Islas Baleares) sind eine im westlichen Mittelmeer gelegene und zu Spanien gehörende Inselgruppe von 151 Inseln, vier bewohnte und 147 unbewohnte, mit einer Bodenfläche von insgesamt 5000 Quadratkilometer. Die Inselgruppe bildet die Autonome Region Balearische Inseln. Mallorca ist mit 3684 Quadratkilometer die größte Insel. Hauptort mit dem Sitz der Balearen-Regierung ist Palma de Mallorca. Neben Spanisch ist Katalanisch Amtssprache.

Der Name der Inselgruppe leitet sich vom griechischen ballein- baliarides ab, womit in der Antike die gefürchteten Steinschleuderer Els Foners Balears der Inseln gemeint waren, die sich als Söldner auf den Kriegsschauplätzen der Antike verdingten.

Geographie

Die Balearischen Inseln sind die abgesprengte Fortsetzung des andalusischen Felsengebirges, das sich von Gibraltar über die Sierra Nevada hinzieht. Ein etwa 1.500 Meter tiefer Meeresgraben trennt die Inseln vom spanischen Festland. Die gebirgigen Inseln liegen zwischen 80 und 300 km östlich vom spanischen Festland entfernt.

Die eigentlichen Balearen umfassen die Inseln Mallorca, Menorca und Cabrera. Ibiza und Formentera bilden eine eigene Inselgruppe, die Pityusen, die aber politisch (und oft auch geographisch) zu den Balearen gezählt werden.

Wirtschaft
Der wichtigste Wirtschaftszweig der Balearen ist heute der Tourismus. Die traditionelle Inselwirtschaft wie Fischfang, Ackerbau und Viehzucht ist dabei ins Hintertreffen geraten.

Kantabrien
(spanisch Cantabria) ist eine am Golf von Biscaya gelegene Provinz und Autonome Region im Norden Spaniens. Hauptstadt der Region ist die Hafen- und Industriestadt Santander. Die Region besteht lediglich aus der gleichnamigen Provinz (früher Provinz Santander). Neben dem Anbau von Zitrusfrüchten ist der Fischfang und der Tourismus in Kantabrien von wirtschaftlicher Bedeutung. Ferner hat traditionell der Bergbau maßgebliche Bedeutung. Insbesondere Zink-, Blei- und Eisenerz, aber auch Steinkohle werden abgebaut. Die Fläche der autonomen Region beträgt 5.321 km². Die Einwohnerzahl Kantabriens lag 2002 bei rund 542.000 .

Kastilien und León
(spanisch Castilla y León, asturisch Castiella y Llión) ist eine spanische Autonome Region. Hauptstadt der Autonomen Region ist Valladolid. Castilla y León umfaßt die Provinzen Ávila, Burgos, León, Palencia, Salamanca, Segovia, Soria, Valladolid und Zamora. Die östliche Hälfte des Landes gehört zur historischen zentralspanischen Landschaft Kastilien und ist als Altkastilien bekannt, die Westhälfte bildet die Landschaft León.

Kastilien-La Mancha
(spanisch Castilla-La Mancha) ist eine spanische Autonome Region. Castilla-La Mancha umfaßt die Provinzen Albacete, Ciudad Real, Cuenca, Guadalajara und Toledo. Kastilien-La Mancha gehört zu der historischen zentralspanischen Landschaft Kastilien und ist auch als Neukastilien bekannt.

Extremadura
(oder: Estremadura) ist eine der 17 Autonomen Regionen (*Comunidades Autónomas*) von Spanien, im Südwesten gelegen. Die Region umschließt die Provinzen Cáceres und Badajoz. Extremadura erhielt seinen Titel „*tierra de conquistadores*“ wegen der vielen Eroberer Amerikas, die aus der Region stammen, u.a. Hernán Cortés, Francisco Pizarro (Pizarro) oder Hernando de Soto (Entdecker).

Vor etwa 3000 Jahren besiedelten die Kelten die Region. Danach eroberten die Karthager die Region und wurden daraufhin bald von den Römern abgelöst. Die Römer machten Extremadura unter dem Namen "Hispana Ulterior Lusitana" zu einer wichtigen Handelsregion und gründeten die Städte "Caesarina", das heutige Cáceres, und Mérida (Emerita Augusta). Bis heute sind viele historische Bauwerke, vor allem der Römer, sehr gut erhalten wie Aquädukte, Theater, Festungen etc. Im Jahr 1230 kam dann der spanische König Alfonso der neunte und schrieb die Region Spanien zu.
Städte: Cáceres * Badajoz * Mérida (Verwaltungssitz) * Plasencia * Trujillo

Galicien
(span. Galicia, galic. Galicia oder Galiza) ist eine Autonome Region im Nordwesten von Spanien mit einer Ausdehnung von 29.574 km² (etwa 5,8 Prozent der Gesamtfläche Spaniens) und ca. 2,75 Mio. Einwohnern (Stand Januar 2003). Hauptstadt Galiciens ist Santiago de Compostela.
Die Comunidad Autónoma de Galicia gliedert sich in die vier Provinzen A Coruña (span. La Coruña), Lugo, Ourense (span. Orense) und Pontevedra.
Bedeutende Städte in Galicien sind A Coruña (span. La Coruña), Ferrol, Lugo, Ourense (span. Orense), Pontevedra, Santiago de Compostela und Vigo.
In den letzten Jahren gab es vor der Küste von Galicien mehrere Öltanker-Havarien. In das Blickfeld der internationalen Öffentlichkeit gelangte insbesondere die schwere Tankerhavarie der Prestige im Jahr 2002 (siehe auch Ölpest). Diese war Ausgangspunkt für die umfassende Bürger- und Sozialbewegung "***Nunca mais***".

Durch Galicien führt der sowohl kulturell als auch touristisch äußerst interessante **Jakobsweg** (span.: *Camino De Santiago*), der Pilger und Interessierte zu Fuß, mit dem Rad oder dem Auto bis nach Santiago de Compostela führt.
In Galicien wird neben Spanisch das mit dem Portugiesischen eng verwandte Galego (span. *Gallego*) gesprochen.

La Rioja
ist eine Provinz und Autonome Region im Norden Spaniens mit der Hauptstadt Logroño. Weitere Städte und Ortschaften der Region sind Calahorra, Arnedo, Haro, San Asensio, Navalsaz und Nájera. La Rioja umfaßt eine Fläche von 5.045 km²; die Einwohnerzahl beträgt etwa 282.000.

Der Wein
In der Region La Rioja liegen große Teile des bekannten Weinanbaugebietes D.O.C. Rioja, das zu den bedeutendsten in Europa gehört. Mit einer Anbaufläche von etwa 62.000 ha liegt es am Fluß Ebro in Nordspanien. Über 20.000 Winzer bauen dort vorwiegend Rotwein an. Es finden sich vor allem die Rebsorten Tempranillo (lokaltypisch), Garnacha, Mazuelo und Graciano.
Die klassischen Riojas sind entweder reinsortige Tempranillo-Wein oder Verschnitte mit dem Tempranillo-Anteilen von weit über 50% und kleinerer Anteilen von Mazuelo, und / oder Garnacha beziehungsweise Graciano. Einige wenige Erzeuger vinifizieren auch sortenreine Weine aus Mazuelo, Garnacha und Graciano, wobei insbesondere die Letzteren als besondere Spezialität gelten. Einzellagen sind eher selten, haben aber im Laufe der 90er Jahre zunehmend an Bedeutung gewonnen. Bekannte Lagenweine sind beispielsweise Finca Valpiedra aus dem Hause Martínez Bujanda oder die "*Paisajes*"-Reihe, die von Miguel Angel de Gregorio, einem der großen Weinmacher des Rioja, aus kleinen Parzellen mit besonderem Charakter vinifiziert werden. Neben vielen sehr guten modernen Riojas, gelten insbesondere die Weine der Bodegas La Rioja Alta, López Heredia-Viña Tondonia, Marqués de Murrieta und Muga als die Klassiker der D.O.C. Rioja.

Die Kanarischen Inseln
sind eine geographisch zu Afrika, politisch aber zu Spanien gehörende Inselgruppe im Atlantik, ca. 150 km nordwestlich von Westmarokko. Die einzelnen Insel sind Teneriffa, Gomera, Hierro, La Palma, Gran Canaria, Fuerteventura und Lanzarote. Die Kanarischen Inseln glänzen mit landschaftlicher Schönheit, einem gleichmäßig warmen, subtropischen Klima, üppiger Vegetation und schönen Stränden. Dennoch sollte sich jeder der eine der Inseln als Auswanderungsziel in Betracht zieht, vor allem wenn er noch jung ist, sich dort zuvor ganz genau umsehen. In verschiedenen Berichten von Menschen die dort gelebt haben ist die Rede vom „Inselkoller", von einem „riesigen Altersheim" und vom „ewigen Frühling der irgendwann nicht mehr auszuhalten ist". Davon abgesehen ist die Möglichkeit der Arbeitsaufnahme dort aufgrund der geringen Bevölkerungszahl eingeschränkt.

Katalonien
(katalanisch *Catalunya*; spanisch *Cataluña*) ist die wirtschaftsstärkste autonome Region Spaniens. Es liegt im Nordosten des Landes an der Mittelmeerküste. Die Hauptstadt ist Barcelona. Amtssprachen sind Katalanisch und Spanisch. Katalonien hat rund 6 Millionen Einwohner.
Geographisch im Norden getrennt durch die Pyrenäen, grenzt Katalonien an Frankreich, im Westen an die Region Aragón und im Südwesten an die Region Valencia. Bedeutende Städte neben Barcelona sind Tarragona, Lleida und Girona, sowie Manresa, Igualada, Martorell, Terrassa und Sabadell. L'Hospitalet und Badalona, ebenfalls große Städte, grenzen direkt an Barcelona und gehören in dessen Einzugsgebiet.
Der Küstenverlauf ist vielgestaltig und geprägt von zahlreichen Sandbuchten, *calas*.

Wirtschaft
Katalonien ist eine hochindustrialisierte Region. Bedeutende Zweige sind u.a. Textilien, Chemie, Pharmazeutika und Automobilbau (die Produktion der Marke Seat erfolgt hauptsächlich in Katalonien). Der Hafen von Barcelona ist der größte im Mittelmeer. Im Agrarsektor ist besonders der Weinanbau hervorzuheben. Katalonien ist nach Frankreich der bedeutendste Produzent und Exporteur von Sekt.

Ein weiterer wichtiger Wirtschaftszweig ist der Tourismus. Die Badeorte der Costa Brava, im Norden, und der Costa Daurada, im Süden, sind beliebte Ferienziele in ganz Europa. Barcelona ist andererseits der erste Hafen des Mittelmeeres im Verkehr von Kreuzfahrtschiffen.

Kultur
Von Katalonien im Sinne der heutigen spanischen Region unterschieden werden müssen die Katalanischen Länder (katalan. Països Catalans), die neben der gemeinsamen Sprache, dem Katalanischen, auch zahlreiche weitere historische und kulturelle Gemeinsamkeiten aufweisen.

Dazu gehören neben Katalonien die Balearen, Valencia, der zu Frankreich gehörende Roussillon, Teile von Aragón, Andorra und die Stadt Alghero (katalan. Alguer) auf Sardinien.

Die katalanische Flagge ist gelb mit 4 roten Streifen, was auf eine historische Begebenheit zurückzuführen ist. Ein Staatsheld kniete vor dem König und wischte mit seiner blutverschmierten Hand über seinen Rock - so entstanden die 4 roten Streifen.

George Orwell schrieb ein eindrucksvolles Buch über den spanischen Bürgerkrieg in Katalonien unter dem Titel „Mein Katalonien".
Die *Sardana* ist der traditionelle Tanz des katalanischen Volkes.

Die katalanische Tradition, zum Namenstag des Volksheiligen St. Georg Rosen und Bücher zu verschenken, übernahm die UNESCO bei der Einrichtung eines weltweiten Feiertags zu Ehren der Bücher, dem Welttag des Buches.
Castells sind die halsbrecherischen und spektakulären Menschenburgen, die von Equips (katalan. *colles*) aus verschiedenen Städten in Katalonien traditionell zu hohen Festlichkeiten gebaut werden. Sie können bis zu 9 "Stockwerke" hoch sein, wobei die Menschen in den oberen Stockwerken jünger (und schlanker) sind und als Spitze des Turmes schließlich ein kleines Kind fungiert.

Politik
Die Politik in Katalonien wurde seit dem Jahr 1980 von der christdemokratisch geprägten Partei Convergència i Unió (CiU) unter ihrem Vorsitzenden Jordi Pujol geprägt. Von 1980 bis zum Jahr 2003 erzielte CiU bei Wahlen dreimal relative und dreimal absolute Mehrheiten und stellte mit Pujol ununterbrochen den Regierungschef Kataloniens (President de la Generalitat).
Bei den Wahlen zum Regionalen Parlament der Autonomen Region Katalonien am 16. November 2003 konnte die seit 23 Jahren regierende christdemokratisch-regionalistische Partei Convergència i Unió (CiU) Ihre relative Mehrheit nach Sitzen (46 Sitze) zwar verteidigen. Mit 42 Sitzen wurde die Sozialistische Partei Kataloniens (PSC) allerdings zweitstärkste Partei. Tatsächlich konnten die Sozialisten sogar mehr Wählerstimmen als CiU auf sich vereinigen.
In den nachfolgenden Koalitionsgesprächen zeichnete sich erstmals seit 1980 eine Regierungsmehrheit ohne CiU ab. Die Sozialistische Partei Kataloniens (PSC), die Republikanische Linke Kataloniens (ERC) und die Grüne Initiative für Katalonien/Vereinigte Linke (ICV) unterschrieben am 14. Dezember 2003 ein entsprechendes Regierungsabkommen.
Als neuen Regierungschef einigte sich die Parteienkoalition auf Pasqual Maragall, den ehemaligen Bürgermeister von Barcelona. Am 16. Dezember 2003 erfolgte die Wahl zum President de la Generalitat.

Die Autonome Region Madrid

(*Comunidad de Madrid*) liegt auf der Hochebene Neu-Kastiliens, unmittelbar südlich des Kastilischen Scheidegebirges. Die Region besteht aus lediglich einer gleichnamigen Provinz und umfaßt den Ballungsraum rund um die Hauptstadt Madrid. Sie hat eine Fläche von 8.028 km² und etwa 5,5 Millionen Einwohner. (Stand: 2003) Größte Sehenswürdigkeit ist neben der Hauptstadt die Klosterresidenz Philipps II., San Lorenzo de El Escorial.

Weitere Städte in der Autonomen Region Madrid neben der Hauptstadt Madrid sind Getafe, Valdemoro, die Universitätsstadt Alcalá de Henares, Torrejón de Ardoz, San Lorenzo del Escorial, Leganés, Fuenlabrada und Alcorcón.

Die Autonome Region Murcia

liegt im Südosten Spaniens am Mittelmeer. Ihr Gebiet ist identisch mit der Provinz Murcia. Neben der Hauptstadt Murcia ist die Hafenstadt Cartagena, eine karthagische Gründung, bedeutend. Das Land wird von der Betischen Kordillere durchzogen und gehört zu den trockensten Gebieten Europas. 1224-1243 gab es ein unabhängiges Königreich Murcia das von Ibn Hud begründet wurde, zu dem auch die heutige Provinz Albacete in der Mancha gehörte.

Navarra

(baskisch *Nafarroa*) ist die Bezeichnung einer Autonomen Region und Provinz im Norden Spaniens. Navarra liegt an den westlichen Pyrenäen und reicht bis ins obere Ebrotal. Hauptstadt ist Pamplona. Navarra zählt zu den kleinsten Autonomen Regionen Spaniens.

Das Baskenland

(bask. *Euskadi*, spanisch *País Vasco*) ist seit 1980 eine Autonome Region in Spanien. Sie umfasst die drei Provinzen Gipuzkoa (span. *Guipúzcoa*), Bizkaia (span. *Vizcaya*) und Álava (bask. *Araba*).

Die spanische Autonome Region Baskenland umfasst nur einen Teil des spanischen Anteiles am Baskenland im historischen und kulturellen Sinne, zu dem die Basken auch Teile der Region Navarra (bask. *Nafarroa*) zählen. Das Baskenland erstreckt sich darüber hinaus auch auf das französische Baskenland.

Das Baskenland leitet seine Bezeichnung von den Basken, den Sprechern des Baskischen, ab.

Politik

In der spanischen Autonomen Region Baskenland gibt es trotz eines bereits seit 1979 bestehenden Autonomiestatuts eine kleine aber aktive Unabhängigkeitsbewegung. Mehrere baskische Parteien (beispielsweise die zwischenzeitlich verbotene *Batasuna*) und die terroristische Gruppe **ETA** treten für die Unabhängigkeit beziehungsweise eine deutliche Erweiterung der Autonomierechte ein.

Seit 1979 ist die *Eusko Alderdi Jetzalea-Partido Nacionalista Vasco* (Baskische Nationalistische Partei) die stärkste Partei. Im Parlament des spanischen Baskenlandes haben die baskisch-nationalen Parteien seit Jahren eine Mehrheit inne, sind aber untereinander nicht immer einig, so daß auch Koalitionen mit den gesamtspanischen Parteien zustande kommen.

In die Schlagzeilen der Medien Westeuropas gelangt das Baskenland vorwiegend im Zusammenhang mit Anschlägen der ETA.

In den Medien, die der ETA nahe stehen, wird dies kaum erwähnt. Hier werden Aktivitäten baskisch-nationalistischer oder der ETA nahestehender Gruppen meistens als "Kampf gegen die spanische Unterdrückung" bezeichnet. Umfragen unter Basken zeigen eine andere Sichtweise. Die überwältigende Mehrheit der baskischen Bevölkerung ist mit dem erreichten Autonomie-Status zufrieden. Auch die Massendemonstrationen mit sechsstelligen Teilnehmerzahlen nach Attentaten zeigen die politische Isolierung der ETA im Baskenland.

Im Laufe der letzten 15 Jahre haben verschiedene Parteien und Organisationen in den baskischen Provinzen immer wieder Ansätze zur Lösung des Problems präsentiert. Viele Gespräche verliefen ergebnislos. Die spanische Regierung beharrt - aus Sicht von Kritikern - auf Maximalpositionen, wie den umstrittenen Haftbedingungen für ETA-Mitglieder. In den Jahresberichten von amnesty international werden diese Haftbedingungen und Verhörmethoden einerseits, und das gewaltsame Vorgehen der ETA andererseits regelmäßig negativ beurteilt.

Die politische Diskussion im Jahr 2003 im spanischen Baskenland war von dem Bestreben der Regierung unter Juan José Ibarretxe geprägt, das derzeit gültige Autonomiestatut vom 22. Dezember 1979 durch ein neues Statut abzulösen. Die von den Parteien Baskische Nationalistische Partei (PNV), Baskische Solidarität (EA) und Vereinigte Linke (EB-IU) gebildete Regierung hat hierzu am 25. Oktober 2003 einen Vorschlag für ein neues politisches Statut der autonomen Region des Baskenlandes vorgelegt. Dieses sieht weitgehende Selbstbestimmungsrechte (unter anderem eigene Abgeordnete im Europaparlament, eigene Vertreter in internationalen Organisationen) für das Baskenland vor und stellt nach Ansicht der regierenden Nationalisten einen konstruktiven Lösungsweg für den Konflikt mit den militanten Kräften dar. Kritiker des so genannten Ibarretexe-Plans, darunter die Volkspartei (PP) und die Sozialisten (PSOE) werfen der Regierung des spanischen Baskenlandes vor, mit dem Vorschlag gegen eine Reihe von Bestimmungen der per Volksabstimmung verabschiedeten spanischen Verfassung zu verstoßen und das Land weiter zu spalten.

Provinzen

Die Autonomen Region Baskenland besteht aus drei Provinzen (auch als Territorios Históricos/Historische Territorien bezeichnet), die jeweils weitreichende Selbstverwaltungsrechte haben. Die Provinzen sind wiederum in Gemeinden gegliedert.

València

(span. Valencia) (offizieller Name: *valenciano: Comunitat Valenciana*, spanisch *Comunidad Valenciana*; wird oft auch als *País Valencià* bezeichnet) ist eine Autonome Region an der spanischen Mittelmeerküste. Sie umfasst die Provinzen València, Alacant (spanisch *Alicante*) und Castelló (spanisch *Castellón*). Hauptstadt der Autonomen Region ist die Stadt València.

Das Territorium der 1982 gebildeten Autonomen Region ist größtenteils identisch mit demjenigen des ehemaligen Königreiches València, das zu Krone Aragoniens gehörte. Der größte Teil der Region gehört zum Sprachgebiet des Katalanischen, das neben dem Spanischen auch Amtssprache ist. Die regionale Variante des Katalanischen wird gewöhnlich als Valencianisch (katalanisch *valencià*, spanisch *valenciano*) bezeichnet.

Ceuta

ist eine autonom verwaltete spanische Exklave an Marokkos Mittelmeerküste nahe der Straße von Gibraltar. Wie Melilla gehört sie politisch zu Spanien, geografisch jedoch zu Afrika. Die Stadt ist bekannt als Anlaufpunkt für illegale Immigration von Afrikanern in die EU. 1415 wird die Stadt von König Johann I. für Portugal erobert. 1668 im Frieden von Lissabon als Ergebnis des Restaurationskrieg von Portugal an Spanien abgetreten.

* Einwohner: 70.700 * Fläche: 18 km² * Währung: Euro

Melilla

ist eine zu Spanien gehörende autonom verwaltete Stadt an der Ostküste von Marokko in Nordafrika. Wie Ceuta gehört sie geografisch zu Afrika, politisch jedoch zu Spanien. In ihr leben derzeit etwa 69.000 Einwohner (Stand: 2003).

Die Stadt liegt auf einer Halbinsel und ist von Wallanlagen umgeben. Die wichtigsten Industriezweige Melillas sind die Fischverarbeitung und der Schiffbau. Vom Freihafen aus werden v.a. Fisch, Obst, Eisen und Blei exportiert. Der grenzübergreifende Handel (legal oder illegal) sowie finanzielle Transfers aus Spanien oder der EU sind weitere wirtschaftliche Stützen der Stadt.

Melilla geht auf eine Gründung der Phöniker zurück (Rusadir). Die Stadt war zunächst Grenzbefestigung des Königreichs von Tremecén und des Königreichs von Fez. 1497 wurde die Stadt von Spanien erobert. Seit der Staatsgründung im Jahr 1640 beansprucht Marokko Melilla, das benachbarte Ceuta sowie einige kleine spanische Inseln vor der afrikanischen Küste. [3]

Spaniens Geschichte und Politik

Spanien erlebte in den letzten 40 Jahren größere soziale Umwälzungen als jedes andere Land Westeuropas. Spanien war bis in die 50er Jahren ein armes Land, daß hauptsächlich von der Landwirtschaft lebte. Damals lebten nur 37% der Bevölkerung in Städten von über 10.000 Einwohnern. Anfang der 90er sah das schon ganz anders aus. Große ländliche Gebiete waren entvölkert, da viele Spanier (65% der Bevölkerung) in die großen Metropolen gezogen waren.

Erst in den 60er Jahren blühte die Wirtschaft Spaniens auf, und zwar durch den Tourismus. In dieser Zeit stieg die Zahl der spanischen Autobesitzer von einem auf zehn Prozent. In den fünfziger und sechziger Jahren wurden sehr viele Stauseen gebaut. Unterhalb wurde nun den Großgrundbesitzern Land abgekauft und an Landarbeiter verteilt.

Es wurden planmäßig neue Dörfer geschaffen mit quadratischem Grundriß und dem uns nun bekannten Aufbau mit Plaza mayor mit Kirche und Rathaus. Die Häuser waren sehr klein und einstöckig. Die Landvergabe war bescheiden. Bewässertes Land wurde pro Familie in der Größenordnung von 4 bis 5 ha abgegeben. Dies genügte in den fünfziger Jahren, ist unterdessen aber eine obsolete Größe, so daß schon längst die Landflucht auch diese Dörfer erfaßt hat.

Wichtige Kolonisationsgebiete waren der „de la frontera"-Gürtel zwischen Morón und Jerez, die Umgebung von Córdoba sowie die Region Almeria. Die Dörfer bekamen meist eine Bezeichnung wie „Villanueva de ..." oder „Villafranca de ..." oder „Pueblonuevo de ...". In Almeria konnten sie sich am besten halten, da sie in den Boom der Gewächshauskulturen hineinkamen.

Nach dem Tode **Francos** 1975 wurde **Juan Carlos I.** zum König gekrönt und modellierte aus der Diktatur eine konstitutionelle Monarchie. Die Post-Franco-Ära wurde bis Mitte der 90er Jahre vom sozialistischen Premierminister **Felipe Gonzáles** geprägt. Unter seiner sozialistischen Führung blühte Spanien wieder auf. So wurde z.B. der Straßenbau, das Gesundheits- und Ausbildungswesen immens verbessert.

1986 trat Spanien der Europäischen Gemeinschaft bei. Acht Jahre später, 1992 erlebte das Land ein glanzvolles Jahr: Barcelona richtete die Olympischen Spiele aus und in Sevilla fand die Weltausstellung „Expo92" statt. 1996 ging die sozialistische Ära jedoch zu Ende. Die PSOE verlor die Wahlen und wurde durch die konservative Partido Popular unter **José Aznar** abgelöst.

Seit 2004 ist die PSOE mit **José Luis Rodríguez Zapatero** wieder an der Macht. Ausschlaggebend für den überwältigenden Sieg bei den Wahlen war der Terroranschlag auf drei Personenzüge am 11. März 2004 in Madrid, bei denen 191 Menschen getötet und fast 1.500 Menschen zum Teil schwer verletzt wurden. Verantwortlich für diesen verheerenden Anschlag war die Al-Qaida . Die spanische Bevölkerung, die zum Größten Teil die Irak Politik von Aznar ablehnte (Aznar unterstützte die amerikanische Vorgehensweise im Irak - u.a. auch mit spanischen Truppen), war über diese Anschläge und Aznars Verhalten danach (Zurückhalten von Informationen) entsetzt.

Mit der Einführung der Demokratie gewannen die 17 autonomen Regionen Spaniens an Macht und konnten ihren autonomen Status zum größten Teil offiziell behaupten. Sie besitzen ein eigenes Parlament und eine gewisse Verwaltungshoheit. Einige Regionen haben auch ihre eigene Sprache, wie z.B. Katalonien, Galizien und das Baskenland.

Wie schon erwähnt sind aber nicht alle Regionen mit ihrer eingeschränkten Autonomie zufrieden. Die Separatistengruppe ETA ist mit ihren Terroraktionen eine ständige Gefahr, was die 7 Bombenanschläge am Verfassungsfeiertag, dem 6. Dez. 2004, in verschiedenen Städten wieder gezeigt hat.

Als in den 80er Jahren die Dienstleistungs- und Produktionsbetriebe expandierten, erlebte Spanien einen Wirtschaftsboom der bis heute anhält. Leider bleibt dieses Wachstum ungleich auf das Land verteilt. So ist z.B. die Landwirtschaft ein wichtiger Industriezweig, der in manchen Regionen sehr hoch entwickelt und in anderen wiederum unheimlich unproduktiv ist. Aus diesem Grund befinden sich trotz Tourismus und boomender Wirtschaft noch viele Spanier am Existenzminimum. [3]

Kulturelles und gesellschaftliches Leben

Spanien verfügt über ein reichhaltiges historisches und kulturelles Erbe, das sich bis heute auf das soziale Leben der Bevölkerung auswirkt. Als Beispiele großer spanischer Künstler sind Velázquez, Murillo, Zurbarán, Sorolla, Dalí oder Picasso in der Malerei, Cervantes und Quevedo in der Literatur und Manuel de Falla y Albéniz in der Musik zu nennen. Was die Anzahl der Kulturdenkmäler betrifft, die zum Weltkulturerbe erklärt wurden, liegt Spanien weltweit an dritter Stelle

Madrid verfügt über drei große Museen mit Meisterwerken universeller Kunst: das Museo del Prado, das Museo Thyssen-Bornemisza und das Museo Nacional Centro De Arte Reina Sofía.

In Spanien wird Weihnachten, die „*Semana Santa*“ (Karwoche) und Karneval gefeiert, darüber hinaus haben alle Städte und Dörfer ihre eigenen Schutzheiligen, derer auf Feiern gedacht wird, die mehrere Tage andauern können.

Die Städte und Fremdenverkehrsbüros bieten Informationen, veröffentlichen Broschüren über kulturelle Veranstaltungen (Festivals, Konzerte, Ausstellungen, Konferenzen, Museen, Ausstellungen, Theater usw.), und über geschichtliche und kulturelle Aspekte.

Während der letzten Jahre hat sich die spanische Literatur rasant entwickelt, die Literaturindustrie nutzt darüber hinaus die Möglichkeit, das Spanische als Sprache zu verbreiten, das weltweit stetig an Bedeutung gewinnt. Im Bereich der Förderung und Unterrichtung des Spanischen und der Verbreitung der spanischen und lateinamerikanischen Kultur ist das *Instituto Cervantes* hervorzuheben.

Das spanische Kino hat auf dem europäischen und weltweiten Markt eine wichtige Stellung errungen, vor allem durch seine anerkannten und international ausgezeichneten Regisseure wie Pedro Almodóvar, Jose Luis Garci oder Fernando Trueba, herausragende Schauspieler wie Antonio Banderas, Javier Bardem, die international am bekanntesten sind, und weitere wie Carmen Maura, Aitana Sánchez-Gijón und Victoria Abril.

Was den Sport angeht, so verfügen die meisten spanischen Städte über hervorragende Sporteinrichtungen. Die populärste Sportart ist Fußball, aber Basketball, Handball, Radsport und Leichtathletik erfreuen sich ebenfalls großer Beliebtheit.

Weitere Sportarten, die intensiv betrieben werden, sind Golf, Tennis, Ski, Sportfischen, und Wassersportarten wie Segeln, wobei in letzter Zeit Abenteuersportarten wie Fliegen mit Ultraleichtflugzeugen, Gleitschirmfliegen und Rafting immer beliebter werden. [3]

Stierkampf

Die Stierkämpfe sind immer noch sehr verbreitet und werden vom einem großen Teil der Spanier akzeptiert, für sie stellt dieser Kampf eine wichtige künstlerische und kulturelle Ausdrucksform dar. Für den anderen Teil der Bevölkerung und die internationalen Tierschutzvereinigungen ist diese umstrittenste spanische Tradition ein Dorn im Auge.

Ein Thema an dem sich die Geister scheiden. Auch gerade die der Deutschen. Sogar in Spanien gibt es inzwischen mehr die gegen den Stierkampf sind als dafür, das heißt aber nicht, daß es aktive Stierkampfgegner sind. Aktive Anhänger gibt es nach wie vor mehr als aktive Gegner. Die Argumente der Befürworter lauten so:

* Tradition
* würdevolles Leben und Sterben (Rinder haben normalerweise ein wesentlich kürzeres, beengteres Leben, von den Zuständen bei Transporten und Sterben hat sicher jeder schon gehört)
* Artenerhaltung (nicht nur die Stierarten, die so sonst vom Menschen nicht benötigt werden würden, auch eine beachtliche andere Anzahl von Kleintieren lebt auf den gepflegten Zuchtanlagen für Kampfstiere - ein Großteil dieser Arten würden nachgewiesenermaßen aussterben, da diese Anlagen ohne Stiere ebenfalls nicht existieren würden
* Fairer Kampf - naja, das ist eher ein Witz, der Stier hat keine Chance. Selbst wenn er den *Torero* besiegt, dann wird ein anderer geschickt, der dem *toro* ein Ende bereitet.
* schönes Leben - zugegeben, kaum eine Milchkuh hat ein so friedliches Leben, auf Weiden stehend, nur das beste Futter, keinem Negativreiz dieser Welt ausgesetzt, so verbringen die späteren Kampfstiere die ersten Jahre ihres Lebens. Nicht zu vergessen, es werden Hunderte und Tausende Stiere unter diesem „Luxus“ aufgezogen und nur ein Bruchteil davon gehört dann zu den Auserwählten
* Stiertreiben - auch das gehört mit dazu. Das bekannteste findet alljährlich in Pamplona (Navarra) statt, das zweitgrößte in San Sebastian. Wobei sich die Zahl der Verletzten in San Sebastian immer in Grenzen hält, vermutlich gehen dort nicht so viele „ungeübte“ Ausländer an den Start. Die Verletzten sollten eine Genugtuung für alle Stierliebhaber sein.

Man sollte eins feststellen: Wer in einem Land zu Gast ist, sollte zumindest die bestehenden Dinge respektieren, egal ob man in England mit dem Auto links fährt, in Indien die Kühe heilig sind (egal wie elend es Mensch und Tier geht), man in Singapur keine Abfälle auf die Straßen wirft oder in der Türkei kein Schweinefleisch ißt. Wenn man Gast ist, sollte man sich als solcher verhalten und nicht an allem und jedem rummeckern. Wenn man organisiert und vernünftig gegen etwas vorgeht, so kann das

Erfolg bringen und manchmal sogar Anerkennung. Es gibt Organisationen, die sich das Ziel gesetzt haben den Stierkampf zu bekämpfen, wenn Sie also Gegner sind, schließen Sie sich dort an und meckern bitte nicht nur.

Und sehen Sie es mal so: Schließlich wollen wir auch nicht unsere Frauen mit Kopftuch auf die Straße schicken, nur weil einige Besucher Deutschlands das für richtiger halten. Ganz sicher ist es eine Frage der Zeit. Je besser es den Menschen geht, desto mehr Menschen kümmern sich auch um Tiere (incl. Stiere) und Spanien befindet sich auf einem guten Weg dorthin.

Das sich diesbezüglich etwas tut sieht man an folgenden Ereignissen: Im April 2004 wird in Barcelona erstmals in einer geheimen Abstimmung des Stadtrates für die Abschaffung des Stierkampfes gestimmt. Das heißt, in Barcelona und Umgebung wird es keinen Stierkampf mehr geben!

Im August 2004 gibt das staatliche Fernsehen bekannt das es seine Übertragungen des Stierkampfes offiziell einstellen will. Trotz großer Proteste der Fans und der Stierkampf Verbände, und vor allem trotz guter Einschaltquoten. Nach Fußball erzielt Stierkampf die nächstbesten Ergebnisse.

Übrigens: Die riesigen Stiere an spanischen Strassen sind Werbetafeln von Osborne (Brandy) und wurden inzwischen zum offiziellen Denkmal erklärt, Sie haben rein gar nichts mit Stierkampf zu tun!

Spanische Küche

Die spanische Küche beruht auf Knoblauch und Olivenöl, eine Mittelmeerküche, die beiden Bestandteile bestimmen die Rezepte und ihre Geschmacksrichtungen. Dies hat die Spanische Küche mit den anderen Mittelmeerküchen gemein. Aber in Spanien gibt es in den verschiedenen Regionen stark voneinander abweichende kulinarische Gewohnheiten. Man kann vereinfachend Spanien in sechs konventionelle kulinarische Zonen aufteilen.

Nordspanien, also Galicien, Asturien, das Baskenland und Kantabrien ist mehr das Gebiet der Soßen. Auf den Speisekarten dominieren die Fische sowie die Krusten- und Schalentiere des Kantabrischen Meeres in raffinierten Rezepten. Aber auch das Fleisch aus dieser Gegend ist ganz ausgezeichnet. Dazu werden leichte, milde Weine gereicht, bekannt ist *sidra*, der Apfelwein. Um die Pyrenäen liegt die Region der *chilindrones*(Hähnchen od. Fleisch m. scharfem Gemüse). Katalonien ist die Zone der Kasserollen. An der spanischen Ostküste, der Levante, herrschen Reisgerichte vor. In Andalusien wird meist fritiert, die Landesmitte ist den Braten vorbehalten.
Verschiedene Gerichte wie die *paella* und die *fabada* sind international bekannt geworden, andere wie *gazpacho* und *tortilla de patatas* (Kartoffelomelett) haben ganz einfach das Glück, daß sie allgemein den Geschmack der Menschen treffen.

Es gibt typische Speisen, die man durchaus als Nationalgericht bezeichnen kann, sie werden in allen Landesteilen zubereitet, auch wenn sie etwas abgeändert werden. So z.B. *cocido*, heißt in Galicien *pote*, in Nordspanien *olla* und in Katalonien *escudella*.

Dieser Gerichte besteht aus folgenden Hauptzutaten:

* Fleisch *Hülsenfrüchte
* Gemüse (je nachdem, was in der Gegend wächst)

Die Bestandteile werden zusammen gekocht und dann zu drei Gerichten verarbeitet. Als Vorspeise gibt es die Brühe, dann die Hülsenfrüchte und das Gemüse und zum Schluß das Fleisch. Das Ganze wird ordentlich gewürzt, die Spanier schätzen an ihrer Küche, daß sie *sabor* (Geschmack) hat, etwas das manchen anderen Küchen fehlt.
Die Bestandteile werden gemeinsam zubereitet um den einzelnen Zutaten einen ausdrucksvolleren Geschmack zu geben.

In **Südspanien**, also in Andalusien nehmen die berühmtesten Weine Spaniens (Jerez) und der Schinken eine besondere Stellung ein. Berühmt ist auch der Schinken aus Jabugo in der Provinz Huelva, aber auch der Schinken aus Trevélez aus der Provinz Granada steht kaum nach. Der Schinken wird in dünne Scheiben geschnitten und mit Wein und Weißbrot gegessen.

Es wird viel Fisch verzehrt, in nahezu jeder kleinen Bar gibt es eine reichhaltige Auswahl an Tapas, andalusische Leckereien die um einiges billiger sind als man das gewöhnt ist. Krustentiere gibt es ebenfalls reichlich, Riesenaustern, Garnelen, Tellermuscheln, Krebse .... Die meisten Restaurants in Andalusien sehen etwas unhygienischer aus als in Deutschland oder auch einem Großteil des restlichen Spaniens. Keine Angst, tasten Sie sich trotzdem langsam heran. Andalusien ist eben ein wenig anders als der Rest Spaniens.

Sie haben bestimmt schon von *gazpacho* gehört. Diese kalt servierte andalusische Gemüsesuppe verhilft im Sommer zu etwas Abkühlung. Andalusien bietet aber noch mehr Vielfalt, *riñones al jerez* (Nierchen in Sherrysoße), Stier und Ochsenschwanz ... Dazu noch die Süß- und Nachspeisen. Durch die tief verwurzelten arabischen Traditionen ist das Angebot sehr umfangreich.
Andalusien ist der Hauptproduzent des spanischen Olivenöl.

Geographie

Die Küsten des spanischen Festlandes sind über 3.000 km lang. Hier leben auch die meisten Menschen. Das Landesinnere ist für unsere Verhältnisse eher Menschenleer. Die Mittelmeerküste reicht von der französischen Grenze bis zum Felsen von Gibraltar. Die Straße von Gibraltar verbindet Mittelmeer und Atlantik und trennt Spanien von dem nur 13 km entfernten Nordafrika.

Je weiter man die Ostküste hinunter nach Süden kommt, um so wärmer und beständiger wird es, und die kühle Saison von Herbst bis Frühling verkürzt sich zusehends. Im südlichen Teil, etwa ab Murcia, ist dann fast neun Monate im Jahr ein warmes Klima vorzufinden. Nur von November bis Februar wird es kühler, zwar mit mitunter heftigen Regenfällen, die jedoch wieder durch die direkt darauf folgenden sonnenreichen Tage ausgeglichen werden.

Daten + Fakten

Fläche: 505.990 qkm - Weltrang 50
Einwohner: 39 870 000 / 78 Personen pro km² - Weltrang 29
Hauptstadt: Madrid (3,12 Mill. Einw.)
Die größten Städte des Landes:
Barcelona (1 505 600 Einw.); Valencia (739 400 Einw);
Zaragoza (603 400 Einw.); Málaga (528 000 Einw.)
Gebietsaufteilung: 52 Provinzen und 17 autonome Gemeinschaften,
sowie die autonomen Städte Ceuta und Melilla (in Nordafrika).
Staatsoberhaupt: König Juan Carlos I. de Borbón y Borbón (seit 1975)
Regierungssystem: Parlamentarische Monarchie mit 2 Kammern, seit 1978
Nationalfeiertag: 12. Oktober (día de la hispanidad)
Sprachen: Spanisch (Castellano) ist die verfassungsmäßige Staatssprache.
Daneben haben Katalanisch- catalan (Katalonien bis zur Region Valencia, sowie auf den Balearen), Baskisch, Galizisch (Galego) und Valencianisch (Valenciano) offiziellen Rang in der betreffenden autonomen Gemeinschaft.
Währung: Peseta bis 2002 (1 DM = ca. 85 Pesetas)
Zeitzone: Mitteleuropäische Zeit (MEZ)
Bevölkerung: 27% kastilische Spanier, 16% Katalanen, 8% Galizier, 2,3 % Basken
Ausländer-Anteil: 620 000 gemeldete Ausländer,
davon 290 000 Europäer (80 000 Deutsche bzw. Deutschstämmige).
Religion: überwiegend römisch-katholisch
Strände/Küste: 3144km Küste - Weltrang 12
Durchschnittshöhe: 650m Höhe
Trockenste Region: Almeria mit nur 250mm pro Jahr
Niederschlag pro Jahr in Spanien: 300-600 mm
Heißeste Region: Andalusien - bis zu 5 Ernten im Jahr
Skipisten: Insgesamt über 830km Skipisten
Golfplätze: ungefähr 170 Golfplätze
Netzspannung: 230 V 50 Hz (110/125 Volt selten noch in älteren Gebäuden)
Landesvorwahl: 34

Bruttoinlandsprodukt: 559 Mrd. Euro (1999) Rang 10 der Industrienationen
Hauptwirschaftszweige: Produktion von Olivenöl Platz 1 - weltweit
Weinproduktion: 30 Millionen Hektoliter pro Jahr - Platz 3 in Europa
Zitrusproduktion: Rund vier Millionen Orangen, Zitronen, und Mandarinen werden jährlich hauptsächlich an der spanischen Ostküste geerntet
Touristen/ Auslandsgäste pro Jahr: 48 Mio. Touristen (2000) - weltweit dritt beliebtestes Reiseziel nach Frankreich und den USA.
Die meisten Besucher kommen hierbei aus Frankreich und Portugal, an dritter Stelle Deutschland, gefolgt von Großbritannien und den Niederlanden.

Arbeitsmarkt

Die Arbeitslosigkeit ist in Spanien immer noch ein der großes Problem. Frauen und Jugendliche haben es am schwersten, besonders schwierig scheint der Berufseinstieg zu sein. Häufig findet man nur mit Kontakten einen mittelmäßigen Job, ohne Beziehungen läuft in Spanien so gut wie nichts. „Der Sohn/die Tochter von..." hat immer noch Vorrang, auch wenn andere Bewerber vielleicht besser sind. Eine Hand wäscht die andere.

Eines der Hauptprobleme der hohen Arbeitslosigkeit ist sicherlich auch die schlechte Berufsausbildung der spanischen Arbeitnehmer. Es gibt keine Gesellen- oder Meisterprüfung und noch nicht mal offizielle Berufsschulen. Viele Spanier sind immer noch ungelernt. Das hat zur Folge, daß gerade Fachkräfte gesucht werden.

Das spanische Arbeitsamt kann man leider so gut wie vergessen. Dieses arbeitet noch weniger effizient als das deutsche. In Spanien gibt es in der Regel weder Umschulungen noch sonstige Hilfen. Wenn man einen Job sucht, bleibt das einem selbst überlassen.

Man bekommt im günstigsten Fall anderthalb Jahre Arbeitslosengeld, und wenn man sich sehr bemüht sogar noch ein Jahr Arbeitslosenhilfe. Ab dann geht aber gar nichts mehr. Wenn man keine Familienangehörige hat, die sich um einen kümmern, wird man schnell zu einem der vielen Bettlern und Obdachlosen, die man besonders in den (Groß-)Städten sieht. In Spanien gibt es weder Obdachlosenasyle, noch Beihilfe zur Kleidung oder etwa Wohnungsgeld.

Hauptstadt Madrid

Madrid liegt ziemlich genau im Zentrum der iberischen Halbinsel auf einem Hochplateau, 650 Meter über dem Meeresspiegel. Die Gegend zeichnet sich durch ein Klima mit heißen Sommern und kalten Wintern aus. 65 % der Stadt sind grün, Madrid ist eine sehr saubere Stadt, der Bürgermeister sich wünscht sich, daß sie die sauberste Stadt Europas wird.

Madrid hat ca. 5 Millionen offizielle Einwohner, reell sind es jedoch 6-7 Millionen. 1 Mio. sind in moderne Reihenhäuser außerhalb von Madrid umgesiedelt. Zum Arbeiten kommen sie in die Landeshauptstadt, was das hohe Verkehrsaufkommen erklärt („24 Stunden Rush-hour täglich").

Ein großes Problem der Stadt stellt die hohe Zuwanderungszahl ausländischer Mitbürger dar. Sie kommen vor allem aus Südafrika, Marokko, Äthiopien, Südamerika und Osteuropa. Die Einwanderer sind in der einheimischen Bevölkerung sehr unbeliebt, so betitelte auch ein Stadtführer sie mit „Die PEST". Die Arbeitslosigkeit beträgt offiziell 7-8%, es gibt jedoch zusätzlich viel Schwarzarbeit.

Die Wohnungsmieten liegen im Durchschnitt bei über 500 €, in zentraler Lage sogar 700-800 €, daher besitzen 70% der Einwohner Eigentumswohnungen.
Madrid hat ein U-Bahn Netz von 12 Linien mit einer Gesamtlänge von 180 km.

In Madrid befinden sich zwei Universitäten - eine päpstliche und eine naturwissenschaftliche Fernuniversität - sowie das Nationalbalett, das Nationalorchester und über 30 Theater.

Das Staatsfernsehen TVE hat hier seinen Sitz, und von Bedeutung sind die Tageszeitungen „El Pais“, „El Mundo“, „Diario16“ und „ABC“. Die Stadt zeichnet sich durch ein großes kulturelles Angebot aus. Erwähnenswert ist hier das großartige Kunstmuseum „El Prado“.

Eine Sehenswürdigkeit ist der Neptun-Platz. Wie so viele schöne Brunnen in Madrid, muß auch dieser sein Dasein auf einer riesigen Kreuzung fristen. Neptun sitzt in einem muschelförmigen Wagen, der von zwei Pferden gezogen wird.

Vom Boulevard aus, auf dem die viele Sehenswürdigkeiten zu finden sind, zweigt eine bekannte Seitenstraße ab. Die 1910 eingeweihte Gran Via ist Madrids nobelste Einkaufsmeile. Hier steht das Wahrzeichen Madrids: ein Baum mit einem Bären.

Nicht weit davon entfernt liegt der bombastische Palacio Real, ein Palast über 150 m lang. Im Inneren gibt es 2800 Räume, die jedoch nicht bewohnt sind. Das Gebäude wird nur zu repräsentativen Zwecken bei großen internationalen Konferenzen und als Sitz einiger staatlicher Verwaltungen genutzt. Die Königsfamilie lebt hier nicht, sie wohnt bescheidener in einem Palast vor den Toren Madrids.

Eine weitere erwähnenswerte Sehenswürdigkeit ist der Plaza de Espana, ein großer baumreicher Platz mit vielen Bänken, die um den großen Brunnen an der Stirnseite angelegt sind. In der Mitte gedenkt eine Säule des spanischen Schriftstellers Miguel de Cervantes. Daneben sitzen hoch zu Roß dessen berühmter Romanheld Don Quijote und auf seinem Esel Diener Sancho Panza.

„Stadtrundgang mit Demo“ (Zum Rechtssystem in Spanien ...)

Madrid - März 2003

Spanien - ein schönes Land, keine Frage. Doch als Touri kann man hier durch eine Begegnung mit unehrenhaften Landeseinwohnern auch schon mal sein Hab und Gut verlieren. Von einem solchen Ereignis sei hier kurz berichtet.

Es war ein schöner Nachmittag in Madrid, wir hatten uns durch die Friedensdemonstration bis in die Innenstadt vorgekämpft. Hier angekommen, wollten wir nun natürlich die Innenstadt in Augenschein nehmen. Auch hier überall der süßliche Geruch, blauer Dunst und lustig bunt verkleidete Menschen, die für den Frieden auf der Welt protestierten (Es gab übrigens 80 Schwerverletzte - auf einer FRIEDENSDEMONSTRATION!).

Wir also mitten drin im Getümmel. Plötzlich kommen drei nette, junge Spanier und quatschen uns auf spanisch an. Da wir natürlich zur Völkerverständigung beitragen wollten, haben wir versucht, uns mit ihnen zu unterhalten (Vielleicht wäre es besser gewesen, „FUCK OFF“ zu schreien, das hätten sie vermutlich verstanden!). Sie wirbelten ein wenig um uns rum, und - zack - hatten sie mein Portemonnaie aus meiner Hosentasche gezogen und verschwanden plötzlich.

Ich habe es zwar noch gemerkt und wir hätten sie vielleicht auch noch festhalten können. Allerdings war ich nicht gewillt, der 81ste Schwerverletzte des Tages zu sein.

Ich hatte schlauerweise übrigens alle meine Papiere mitgenommen - Personalausweis, Bankkarte, Führerschein, Fahrzeugschein ... (wofür überhaupt einen Führerschein ?)
Also - SCHEISSE - Was nun? Mama anrufen, Bankkarte sperren lassen. Dann zur Polizei gehen. Hello, do you speak english, tu parle francais? Fehlanzeige, die Polizisten waren allesamt wenig multikulturell. Da hilft nur noch eins, unseren Spanischen Freund Daniel anrufen, er sollte sich noch als mein großer Retter erweisen. Zu allem Überfluß fing es jetzt auch noch an zu regnen, die Stimmung stieg minütlich. Dann gingen wir mit Daniel zur Polizei, um eine Anzeige aufzugeben, damit ich meinen Schaden wenigstens von der Versicherung ersetzt bekomme.
Als wir die Polizeistation betraten, wurde uns ganz anders: Der Warteraum war voll besetzt, die Polizei aufgrund der Demonstration total überfordert.

Glücklicherweise wies uns eine Polizistin darauf hin, daß es für Ausländer eine Telefon-Hotline gab, unter der sie Diebstähle melden konnten. Man müsse hier nur anrufen, den Fall schildern, und eine halbe Stunde später könne man sich die schriftliche Form bei der Dienststelle einfach abholen. Gesagt, getan.

Ich rief also bei dieser Hotline an, konnte einer deutsch sprechenden Dame den Fall erklären und wir mußten eine halbe Stunde warten. Nun also nur noch schnell in die Dienststelle, Zettel abholen und fertig - dachten wir zumindest.

Am Eingang der Dienststelle trafen wir eine junge Polizistin, ausgerüstet mit kugelsicherer Weste und einem Gewehr. Wir fühlten uns also total sicher - bis ihre Ablöse kam. Der junge Mann war sichtlich nervös und spielte die ganze Zeit am Abzug seiner geladenen Waffe rum. Als ein Falschparker an der Straße auftauchte, wurde dieser mit der Waffe bedroht. Das ist viel effektiver als Tickets verteilen!

In der Polizeidienststelle mußte man - wie in Deutschland an der Fleischtheke - eine Nummer ziehen, die dann aufgerufen wird. Wir setzten uns also in den Warteraum und stellten fest, daß die Anzeige zum Aufrufen kaputt war. Es herrschte also mehr oder weniger Anarchie in diesem Warteraum.
Nebenbei trafen wir dann noch einen Holländer, dem das Portemonnaie mit über 1000€ entwendet wurde. Auch er war sichtlich mit der Gesamtsituation unzufrieden.

Nach und nach konnten die Wartenden also die Sprechzimmer betreten. Es herrschte das Recht des Lautesten, und so kamen wir nach einer Stunde auch endlich mal dran, allerdings nur aufgrund des Körper- und Spracheinsatzes von Daniel. Ohne ihn würde ich wohl heute noch im Warteraum sitzen!

Dann der nächste Schreck. Meine Aussage wurde an die falsche Polizeidienststelle übermittelt. Glücklicherweise konnte der Polizist sie dann aber doch noch irgendwie auftreiben. Nach ca. fünf Verbesserungen der Aussage konnte der Polizist sie nun endlich ausdrucken - dachten wir zumindest. Plötzlich verabschiedete sich nämlich der Drucker des Polizisten. Hätte ich eine Handgranate dabei gehabt - ich hätte sie geworfen!

Sein Kollege druckte das Dokument dann für mich aus und endlich hatten wir was wir wollten. Der Tag war allerdings im Eimer, es war mittlerweile 21:00 Uhr.
Renke

Die Spanier

Mentalität

Von spanischer Mentalität im allgemeinen kann man eigentlich nicht sprechen.
Es gibt eine „spanische Mentalität" genauso wenig wie eine Deutsche. Nicht nur, daß ein Baske zu einem Andalusier mindestens so unterschiedlich ist wie ein Bayer zum Berliner. Andalusien alleine ist größer als die Schweiz, alleine die Mentalität der Sevillaner unterscheidet sich zur Cádizer. Die Spanier kann man nicht so einfach in eine Schublade zu stecken.

Wenn man mit Mentalität die Gelassenheit und das mehr das Leben und Genießen im Vordergrund stellen meint, kommt man der Sache schon näher.
Interessant ist, je weiter man nach Süden kommt, desto stärker sind diese Eigenschaften ausgeprägt. Besonders die „Mañana-Mentalität" (komme ich heute nicht, komm ich halt morgen) nimmt im Süden immer stärker zu. Deshalb ist eigentlich einem Nord-/Mitteleuropäer zu raten, seinen ersten Spanientrip nach Nordspanien, am besten nach Katalonien zu machen. Katalonien ist in seiner Mentalität noch am nord-/mitteleuropäischsten.

Ein typisch Deutscher (engstirnig, ordnungsliebend, strukturiert, intolerant) wird in Andalusien (Südspanien) sehr wahrscheinlich einen Kulturschock bekommen, wenn er nicht gerade eine Unterkunft in einem der Touristengettos oder Urbanisationen gemietet hat. Wer aber weltoffen ist und sich mit allen Sinnen auf Spanien einläßt, wird die Mentalität der Spanier und die Spanier selber lieben.

Die Spanier sind offen und liberal, was mit der Tatsache zusammenhängen könnte, daß sie eine so lange Zeit unter einer Diktatur gelebt haben. Die Spanier sind ein kosmopolitisch denkendes, tolerantes Volk, das nach dem Motto: "Leben und leben lassen" jeden Neuankömmling ohne Ressentiments Willkommen heißt. Man geht höflich, zuvorkommend und freundlich miteinander um, ohne es an nötiger Distanz fehlen zu lassen.

Spanier verbringen viel Zeit außer Haus zu, vielleicht kommt daher ihre ausgedehnte und offene Konversationsfähigkeit. Normalerweise, auch wenn man es nicht eilig hat, wird sehr schnell gesprochen. Der Ton wirkt bestimmend, aber nicht um Überlegenheit, Mißfallen oder Distanz auszudrücken. Spanier äußern in der Regel ihre Meinungen und Beurteilungen spontan, herzlich und direkt, vielleicht manchmal auch etwas unüberlegt.

Als Nichtraucher könnten sie sich in Spanien des öfteren gestört fühlen, denn Spanien ist eines der Länder, in denen in der Öffentlichkeit am meisten geraucht wird. Dennoch wird das Rauchen vielerorts immer mehr eingeschränkt bzw. ganz verboten, vor allem in öffentlichen Gebäuden und Verkehrsmitteln. Allerdings sieht man die Raucher häufig direkt unter einem Nichtraucherzeichen ihr Zigarette rauchen und keiner stört sich dran. Tut es doch einer, erntet er nur Unverständnis.

Spanier sind humorvoll, Späße zu machen ist ein bevorzugter Zeitvertreib und sie haben kein Problem damit, über sich selbst zu lachen, ganz im Gegenteil. Sie sind recht neugierig, wenn es um das Privatleben von Prominenten wie Künstlern,

Schauspielern, Sängern, etc. geht. Es existiert ausreichend Presse und TV, die sich dem örtlichen und überregionalen Klatsch verschrieben haben, um dieses ausgeprägte Interesse zu bedienen. Die Bevölkerung ist in der Regel stolz auf König und Staatschef. Die Verehrung geht deutlich über das Gesetz und die Rechte hinaus, die den Königen ihren Platz zuweisen; es existiert eine Bewunderung und ein Respekt für die Monarchie, die eindeutig Teil des spanischen Bewußtseins ist. Natürlich interessieren sich die Spanier für den Alltag des Regenten und seiner Familie.

Siesta

Manche reden von der Mañana-Mentalität und denken dabei an die spanische Siesta, dabei hat das eine nichts mit dem anderen zu tun. Die meisten Spanier die Arbeit haben, arbeiten wirklich viel und hart. Teilweise in zwei Berufen. Für mañana ist in ihrem Leben kaum Platz, aber eine erholsame Mittagspause gönnt man sich.

Die siesta ist die Mittagspause der Spanier, die etwas länger dauert, als wir Mitteleuropäer das von Mittagspausen gewohnt sind. Der Grund dafür liegt zum einen in der Hitze des Nachmittags, aber mitunter auch an den opulenten Mahlzeiten (meist kostet ein Mittagsmenu um die 6 Euro, Getränk u. Kaffee incl.), die oft aus mehreren Gerichten oder Gängen bestehen, das macht ein "Siesta" notwendig. Die Arbeit wird daher auf den Abend verschoben.

Die Spieler

Spanien ist DER Glückspielstaat Europas. Milliarden von Euros werden jährlich in einer Unzahl von staatlich genehmigten, oder auch nicht genehmigten Lotterien investiert. Spielotheken und die nervige, in jeder Bar oder Restaurant vorhandenen Spielautomaten werden kräftig gefüttert. Zum einen aus purer Spielleidenschaft, zum anderen wohl auch aus einer Denkweise heraus die da lautet: "Irgendwann wird der große Coup schon gelingen !"
Diese Glückspielmentalität scheint es auch bei einigen spanischen Geschäftsleuten zu geben, was sich oft verheerend auf deren geschäftliche Erfolge auswirkt. Offensichtliche Mahnmale wie Bauruinen, verwahrloste Hotels und auch kilometerweise Gerichtsakten zeugen davon.

ONCE

Es ist so groß wie eine Telefonzelle, trägt die Aufschrift ONCE und steht an jeder zweiten Straßenecke. Es sind die Los-Buden von Spaniens Blinden-Organisation (*Organización Nacional de Ciegos Espanoles*).
Diese Organisation unterhält nicht nur ein Profiradrennteam, sondern beschäftigt auch unzählige Blinde und sehbehinderte Menschen, die es in Spanien mit Zuschüssen vom Staat wesentlich schwerer haben als in Deutschland. Rund 20.000 Arbeitsplätze für Blinde entstehen durch den beliebten Volkssport Lotto. So bekommen diese Schwerbehinderten durch den Losverkauf Geld und zudem sozialen Kontakt. Da das Lotterie-Fieber fest im nationalen Charakter verankert ist, tut das ganze Land spielend Gutes.

Die Verkäufer ziehen durch Lokale, stehen an Strassenecken, in Kaufhallen oder sitzen in festen Verkaufsbuden. In diesen Buden kann man dann auch seine Zahlen vergleichen oder die Gewinne abholen.
Viele Spanier kaufen sich jeden Tag ein Los, bzw. einen Abschnitt. Die Lose sind in zehn Abschnitte aufgeteilt. Man bekommt dann natürlich auch nur 10 % des Gewinns.

Patriarchat

Für den Wechsel vom armen Agrarstaat zur reichen Industrienation hatten andere europäische Länder über 100 Jahre Zeit, ist in Spanien ist dies fast dreimal so schnell verlaufen. Der damit einhergehende Wertewechsel in der Gesellschaft ist so blitzartig vorangeschritten, daß er noch nicht alle Bereiche des Lebens erfaßt hat.

Seit der Franco Ära brechen die alten, verkrusteten gesellschaftlichen Strukturen in Spanien immer mehr auf. Dennoch ist die Familie für die Spanier weiterhin das höchste Gut, es besteht immer noch die gute alte Familienhierarchie.

Das männliche Geschlecht gibt in der Familie den Ton an. Hier lebt er noch, der klassische spanische Macho! Ganz oben in der Hierarchie steht der Großvater, gefolgt vom erstgeborenen Sohn und dessen Erstgeborenen. Die Paschas lassen sich natürlich gerne von den weiblichen Familienmitgliedern bedienen und bemuttern.

Dieses traditionelle Sittenverhalten verliert sich allerdings, da die spanische Frau, besonders in den (Groß)Städten, immer karrierebewußter wird und selber arbeiten geht. Welch ein rasanter Wandel, vor 30 Jahren besaßen Frauen kaum eigene Rechte, durften nicht einmal eigenständig ein Bankkonto eröffnen. Erst vor 20 Jahren wurde die Möglichkeit der Scheidung eingeführt, bis 1988 durften keine Frauen ins Parlament berufen werden.

In der spanischen Politik wird der Wandel kräftig vorangetrieben. Ausgerechnet der Konservative José María Aznar berief nach seiner Wahl 1996 zur allgemeinen Überraschung vier Frauen ins Kabinett, und der derzeitige spanische Regierungschef José Luis Rodríguez Zapatero hat sein Wahlversprechen genau so viele Frauen wie Männer in die Regierung aufzunehmen, tatsächlich gehalten. Die neue Regierung besteht aus jeweils acht Ministern und acht Ministerinnen. Mit der Juristin María Teresa Fernández de la Vega ist, zum ersten mal in Spaniens Geschichte, eine Frau die Stellvertreterin des Regierungschefs. Damit ist der Frauenanteil des Kabinetts weltweit mit an der Spitze, und das im Land des Machismo !

Allerdings, was in Madrid geschieht oder im Dorf, da liegen mitunter Welten dazwischen. Spanische Frauen haben wirklich unter der Gewalt von Männern zu leiden. Es ist eine traurige Tatsache das eine Frau in Spanien im Alter von 16 bis 44 Jahren mehr Angst davor haben muß durch Aggressivität ihres Lebenspartners zu Tode zu kommen, als durch einem Unfall oder Krankheit. Allererste Todesursache in dieser weiblichen Altersgruppe sind nicht Krankheiten oder der Unfalltod auf der Straße, sondern die Gewalt der Machos!

Die Direktorin des Sekretariats für Gleichstellung der sozialistischen Partei PSOE, Micaela Navarro, arbeitet am "Integralen Gesetzes gegen die Geschlechtergewalt".

Sie weiß, daß Schutz der Opfer und Strafen für die Täter nicht genug sind: "Die Geschlechtergewalt wird nicht über das Strafrecht abgeschafft, denn die Wurzeln sind tiefer und liegen in einer Gesellschaft, welche die Frau dem Mann unter ordnet". Deshalb soll die Erziehung zur Geschlechtergleichheit sogar Prüfungsfach in der Schule werden: "Es soll zum Respekt vor den fundamentalen Rechten und Freiheiten erzogen werden", kündigte Navarro an.

Es ist die Frage, ob die Sozialisten alle ihre Pläne umsetzen können, aber man sieht, es wir daran gearbeitet das Umdenken in der Gesellschaft zu beschleunigen. Es mag sein das ein oder auch zwei Jahrzehnten gesellschaftlicher Rückstand im Vergleich zu Mitteleuropa aufzuholen sind, sollte der Wandel mit gleich hoher Geschwindigkeit wie bisher voranschreiten, wird das Patriarchat in Spanien wohl bald ausgedient haben.

Politik & Gesellschaft

Wie zuvor erwähnt, verlieren Patriarchart und Sippendenken immer mehr an Einfluß. Spanische Frauen stürzen sich mit aller Macht und hohem Karrierebewußtsein an die Arbeitsfront. Das bedeutet allerdings nicht, daß sie sich auch im Sinne der Gleichberechtigung emanzipiert haben. Die Benachteiligung bei den Löhnen ist größer als in anderen EU-Staaten. 28 Prozent der Spanierinnen werden trotz gleicher Arbeit schlechter bezahlt als Männer. Dazu kommt eine hohe Frauenarbeitslosigkeit, doppelt so hoch wie im EU-Durchschnitt. Statistisch gesehen sind in Spanien doppelt so viele Frauen arbeitslos wie Männer.

Der Bund der Ehe verliert immer mehr an Wert. Es wird immer später und immer weniger geheiratet, zudem steigt die Scheidungsrate. Frau können/müssen unabhängiger werden, nur Hausfrau und Mutter sein gehört immer mehr der Vergangenheit an. Die Teuerungsrate und die Niedriglöhne machen es zudem notwendig, daß die Frau zum Lebensunterhalt beiträgt.

Da Spanien mit Familien- und Sozialbeihilfen sehr kleinlich ist, bzw. gar nichts zahlt, werden Frauen in Spanien zahlreichen Problemen bei der Vereinbarung von Beruf und Familie ausgesetzt. Es wird kaum Kindergeld bezahlt, was zur Folge hat, daß in diesem so kinderfreundlichen Land die Geburtenrate sinkt, das führt wiederum zu einer Überalterung im Land. Kinderkriegen ist in Spanien Luxus pur, mehr noch als in Deutschland. Paare, ob nun verheiratet oder nicht, sind meist beide berufstätig, haben also keine Zeit oder kein Geld oder beides, um Kinder zu bekommen. Hier muß die Politik noch einige Reformen beschließen.

Familienzusammenhalt

Auch wenn das Sippendenken zurückgeht, bleibt der Familienzusammenhalt bei den Spaniern immer noch groß. Die Gründe dafür sind, neben anderen, sozial und wirtschaftlich bzw. politisch bedingt. Durch Niedriglöhne, überteuerte Wohnungen, die Teuerungsrate generell und auch durch die Tatsache, daß Arbeitgeber in der Regel keine festen Arbeitsverträge abschließen, verlassen junge Leute immer später das Elternhaus.

Also sind es die leeren Taschen der Kids und ihre unsichere Arbeitsstelle, die für ein Verbleiben in der Familie sorgen. Dazu kommt natürlich auch eine gewisse Bequemlichkeit. Kinder, die schon früh den Sprung in die Unabhängigkeit wagen, können sicher sein, daß die Familie hinter ihnen steht und selbst aus weiter Ferne für Krisenbewältigung sorgt.

Der Familienzusammenhalt bezieht sich natürlich auch auf die alten Familienmitglieder. Die Spanier schieben ihre Senioren nicht einfach ins Heim ab, sondern versorgen und zu pflegen diese innerhalb der Familie. Nicht nur der Familienzusammenhalt, auch Nachbarschaftspflege hat in Spanien weiterhin einen wesentlich größeren Stellenwert als z.B. in Deutschland.

Die spanische Wohnkultur

ist natürlich stark vom mediterranen Klima geprägt. Anders als im nördlicheren Europa legt man in Spanien nicht so großen Wert auf Wohnqualität, das Leben findet schließlich mehr "draußen" statt. Das liegt am milden Klima, aber auch an der Mentalität bzw. Tradition.

In den letzten Jahrzehnten gab es eine starke Landflucht, man wollte sein "Glück" in den Städten finden. Es entstanden Satellitenstädte und Hochhaussiedlungen während auf der anderen Seite Dörfer überalterten bzw. komplett verwaisten.

In letzter Zeit jedoch entwickelt sich ein neuer Trend, und zwar eine "Zurück-zur-Natur-Bewegung", viele Spanier denken um. So bleiben die "alten" Dorfbewohner in ihren Dörfern und viele Jüngere entdecken das Landleben neu. Auch viele Städter, die es sich leisten können, ziehen in die umliegenden Dörfer. Zudem wird der grüne Tourismus immer beliebter, so daß es sich tatsächlich lohnt Landhäuser zu renovieren und zu vermieten, oder Bars und Restaurants auf dem (einsamen) Land zu betreiben. Viele Menschen haben sich dadurch eine neue Existenz geschaffen und gleichzeitig dazu beigetragen die alten Dörfer im Landesinneren wieder zu beleben.

Traditionell leben Spanier in den eigenen vier Wänden. Nur 16% wohnen zur Miete. Da die Eigenheimpreise jedoch arg angestiegen sind, kauft man sich erst einmal eine kleine "billige" Eigentumswohnung in einem Wohnblock am Stadtrand und gibt sich mit Basiskomfort (wenn möglich: Zentralheizung) zufrieden. Wer liquider ist leistet sich ein Reihenhaus in den Siedlungen der Vororte oder gar ein freistehendes Haus. Die günstigsten Wohnungen gibt es in den engen Altstädten. Dort sind Lärm und Unruhe durch die Bars und Läden groß, und die Bausubstanz ist meist stark renovierungsbedürftig, wer will da schon hin. Dazu kommt das problematische Parken in der Altstadt.

Spanier legen wenig Wert auf ihre Wohnungseinrichtung, Funktionalität steht an erster Stelle. Der Wohnstil unterliegt keiner Mode. Was wir ausrangieren würden, löst beim Spanier keine Wünsche nach Neueinrichtung aus. Warum sich groß Gedanken über die Einrichtung machen, man ist eh selten zu Hause, und Freunde & Bekannten trifft man in der Regel auf der Plaza oder in der Bar ...

Nicht nur die Wohnungseinrichtung, auch die Art der Wohnung scheint eher nebensächlich zu sein. Kleine Zimmer, winzige Fenster, wenn überhaupt eins da ist, der Eindruck ist oft bedrückend, eng und dunkel.

Nicht nur in den Altstadtwohnungen, auch in den Hochhäusern sieht es vielfach so aus. Das einzige, worauf die Spanier bei ihrem Heim wirklich Wert legen, ist ein angenehmes Bad, Heizung, mitunter auch eine gut eingerichtete Küche und einen Aufzug.

Die Plaza - Treffpunkt

Anders als wir Nord-/Mitteleuropäer, halten sich Spanier gerne draußen auf, was natürlich auch mit dem Wetter zu tun hat. Sie sind Freiluftmenschen und verschließen sich nicht gerne in ihren eigenen vier Wänden. Es ist aber nicht nur das Klima, Spanier sind eben nicht gerne alleine und suchen den Kontakt zum Nachbarn, zu Bekannten, zum Freund. Natürlich findet man immer irgend jemanden zum Plaudern auf der *plaza* (Platz) oder aber auf der *avenida* (Straße).

Die Plaza ist nicht einfach nur ein Platz, sondern Treffpunkt, Kommunikationszentrum, Wohnzimmer, Jugendzentrum, Seniorentreff und Showbühne. Hier treffen sich alle, egal ob Jung oder Alt.

Schon morgens sitzen die *pensionistas* (Rentner) auf ihren Bänken oder mitgebrachten Klappstühlen und plaudern, tratschen oder beobachten was den ganzen Tag so passiert, während die Ehefrauen einkaufen oder spazieren gehen oder es sich in einer anderen Ecke der Plaza zum „Kaffeekränzchen“ gemütlich machen.

Während der Siesta dann ist die Plaza wie ausgestorben. Aber direkt nach der Siesta gegen 17.00 Uhr füllt sich der Platz nicht nur mit den „Alten“ sondern auch den Hausfrauen, Jugendlichen und später den berufstätigen Männern (und Frauen). Auf der Plaza bilden sich immer Grüppchen und keiner ist alleine. Man kann beobachten, daß die Grüppchen meist schön in Männlein und Weiblein getrennt sind, außer es handelt sich um Paare.

Die Plaza ist nicht nur Treffpunkt, sondern auch Flaniermeile. Sehen und gesehen werden steht mit dem Plaudern an gleicher Stelle. Man schlendert, grüßt hier und da, bleibt ab und zu mal stehen, um zu plaudern und schlendert weiter. Ernsthafte Gespräche oder Diskussionen werden nicht geführt, wenn es sich vermeiden läßt. Man will gar nicht wissen, wie es dem anderen wirklich geht. Auf der Plaza geht es nur um Zeitvertreib und darum Freunde und Bekannte zu treffen. Nicht nötig sich zu verabreden, klar daß man seine Leute auf der Plaza trifft. Eine Einladung nach Hause ist unüblich.

Vielleicht ist das Ganze hier ein bißchen überspitzt dargestellt. Aber so oder so ähnlich gestaltet sich das Leben nicht nur auf der Plaza, sondern auch die Avenida und die Strandpromenade an den Küsten sind ein beliebter Treffpunkt zum Austausch, zum Flanieren und zum Präsentieren. Besonders am Sonntagnachmittag gleicht diese „Tradition“ fast schon einem Volksfest!

Die Bar - das spanische Wohnzimmer

Mit dem kleinen Unterschied, daß die Bar einen Tresen und ein Dach hat, erfüllt sie eine ähnliche Funktion wie die Plaza. *El bar* ist ebenfalls Kommunikationszentrum, dazu Wohnzimmer, Wartehalle und Imbißstube. Hier trifft man sich schon zum Frühstück und trinkt spätabends noch seinen letzten Nachttrunk.

Viele Bars öffnen bereits gegen 8.00Uhr morgens mit dem ersten Ansturm der Frühstücksgäste. Spanier frühstücken selten zu Hause, oft überhaupt nicht. Auch in der Bar gibt es kein richtiges Frühstück, es wird schnell am Tresen ein *café solo* (schwarzer Kaffee) oder *café con leche* (K. mit Milch) mit Gebäck, einem Toast oder evtl. einem *churro* (fritiertes, sehr süßes Gebäck) zu sich genommen und weiter gehts.

Wenn Sie in eine Bar kommen und hören Sie die Männer lebhaft diskutieren, könnten Sie annehmen, daß es um ernsthafte Themen geht. Aber das täuscht. Männerthema Nr. 1 ist „Fußball", weit vor „Frauen", „Wetter" oder anderen Alltäglichkeiten. Wichtige Fußballspiele oder andere große Events werden zusammen auf dem Großbild-Fernseher in der Bar angeschaut. Kein Spanier schaut solche wichtigen Ereignisse auf seinem eigenen TV alleine zu Hause.

Selbst weniger verwöhnte Mitteleuropäern kann ein simpler Barbesuch am Abend in manchen Teilen Spaniens schocken. Grelles Neonlicht, der Fernseher dröhnt auf Altenheimlautstärke, in drangvoller Enge schreit man gegen TV-Lärm und lautstarke Unterhaltungen an, von der Decke baumeln Schinken und fetten in umgestülpten Auffangschirmchen am Keulenende aus - im Zigarettenqualm und dem allgemeinen Mief.

Wer bei diesem Anblick an fehlende Hygiene oder gar an Gewerbeaufsicht denkt, sollte den Blick einmal auf den Boden werfen. Auf einen Belag aus Zahnstochern, Sägemehl, Servietten, Olivenkernen, Kippen, versprengten Garnelenschalen und Käserinden. Das ist normal, keine Angst!

Probieren Sie ruhig die *tapas* (Miniportionen) vom Tresen: Sardellen, Omelette und Paprikawurst zum Wein, Sie werden es nicht bereuen! Je schmutziger der Boden, desto besser die Bar, denn je mehr Einheimische vor einem dort waren - siehe nach unten - und ihre Spuren hinterlassen haben ...

Solche Bars finden Sie im Bergdorf oder mitten in der Altstadt von Madrid. Porentief reine Bars gibt es natürlich auch, seltsamerweise geht da keiner hin.

Umgangsformen

Die spanischen Umgangsformen sind nicht so steif und formell, wie die der Deutschen und anderer Mittel-/ Nordeuropäer. Spanier sind in der Regel offen aber auch eher oberflächlich. Der alltägliche Umgang in zwischenmenschlichen Beziehungen wird im allgemeinen sehr locker gehandhabt.

In Spanien ist man ist z.B. schnell per du (*tú*), egal ob man sich schon kennt oder nicht. Und das nicht nur bei in der Bar sondern auch auf offizieller Ebene. So duzt der Kunde den Bankbeamten oder der Studi den Professor. Es kann auch schon mal passieren, daß man sich bei einem Vorstellungsgespräch duzt. Das „Sie" (*usted*) wird in der Regel nur bei den Chefs, den Politikern, den Royals und bei älteren Leuten angewandt. Die zwischenmenschliche Regel basiert auf der Formel „Vorname + Du" oder „Nachname + Sie". Ein Zwischending, wie das in Deutschland verwendete „Vorname + Sie" gibt es in Spanien nicht.

Begrüßungszeremoniell

Auch das Begrüßungszeremoniell wird in Spanien locker und herzlich gehandhabt. Man begrüßt und verabschiedet sich in der Regel mit einem Wangenkuß *dos besos*, links-rechts, der leicht und dezent auf die Wange gehaucht wird. Der Kuß ist nur angedeutet, ein aufdringlicher „Schmatzer" wird als unangenehm empfunden. Dieses Kuß-Ritual wird natürlich nur unter Frauen und zwischen Frauen und Männern gehandhabt. Männer geben sich stramm die Hand. Herzliche Umarmungen werden nur bei tieferer Verbundenheit angewandt.

Grundsätzlich begrüßen sich die Spanier bis ca. 13.00 Uhr mit *buenos días* (Guten Tag), danach sagt man *buenas tardes* (Guten Nachmittag) und ab ca. 21.00 Uhr geht man zu *buenas noches* (Guten Abend/Nacht) über. So genau nimmt man das alles aber nicht und sagt oft, egal zu welcher Tageszeit, nur *hola* (Hallo) zur Begrüßung und *adíos* (Tschüß) oder *hasta luego* (Bis bald) zum Abschied.

Auch die Standardfrage *qué tal* ? (wie geht's?) oder *comó estás* ? (wie geht es dir?) wird locker gehandhabt und ist eigentlich nur eine rhetorische Frage. Man erwartet keine ehrliche Antwort zum persönlichen Wohlergehen und ein „Danke, schlecht" will man schon gar nicht hören. Auf eine derartige rhetorische Frage wird in der Regel mit *bien* (gut) oder *muy bien* (sehr gut) geantwortet. Nur unter sehr guten Freunden spricht man offen über seine seelischen und körperlichen Leiden.

Floskeln & Komplimente

Wenn man auf der Strasse, in der Bar oder in den Geschäften mit *guapa* (Hübsche), *guapo* (Hübscher) oder *reina* (Königin) oder ähnlichen Floskeln angesprochen wird, ist das keine Anmache, sondern freundlich gemeint und ist als ein Kompliment zu verstehen. Auf Komplimente reagiert der Spanier eher gelassen, eine Spanierin ignoriert es eher oder bedankt sich knapp, was nicht ablehnend gemeint ist.
Höflichkeitsfloskeln wie *gracias*(danke) oder *por favor*(bitte) werden in Spanien eher selten benutzt, das gilt besonders bei Freunden, Bekannten und der Familie.

Kinder

Wer schon einmal in Spanien war, hat es sicherlich bereits beobachtet: Kinder dürfen alles. Die Spanier sind sehr kinderfreundlich und lieben ihre Kinder. Sie erlauben ihnen alles ohne Einschränkung. Es käme keinem Spanier in den Sinn, die kleinen Rabauken mit Schimpf und Schande in die Schranken zu weisen (natürlich gibt es auch hier Ausnahmen). Selbst um Mitternacht turnen oft noch kleine Kinder am Strandspielplatz herum während sich die Eltern lautstark über Sport, das Wetter oder das neuste Kleid unterhalten. Ob auf der Straße oder im Restaurant, an lauten, fröhlichen oder schreienden Kindern stört sich kein Spanier. Kinder gehören zum Leben dazu, warum also aufregen?

Kulturen im Vergleich

Was ist anders an der spanischen Kultur? Ein bekannter Humorist stellte den Unterschied einmal wie folgt dar: Ein psychiatrischer Patient der in Spanien als depressiv eingestuft wird, gilt in Deutschland vermutlich als unauffällig und in Großbritannien würde er wohl als euphorisch bezeichnet werden.

Nimmt man die sehr allgemein gestellte Frage nach dem Unterschied der Kulturen ernst, kann man genauso allgemein antworten: Die dahinter stehenden Werte und Grundannahmen.

Kultur erfährt man in Schichten. Wenn man „typisch" spanische oder deutsche Dinge und Praktiken beschreibt, kratzt man nur an der Oberfläche der Kultur. Die dahinter stehenden Werte und Grundannahmen erschließen sich erst nach und nach.
Wer die Spanier - und auch die Deutschen, Franzosen, Amerikaner u. a. verstehen will, der muß wissen, wie sie sich und ihre Umwelt deuten.

Anhand welcher Merkmale können wir nun eine nationale Kultur erfassen?
Die Niederländer Geert Hofstede(1) und Fons Trompenaars(2) nennen verschiedene Dimensionen, anhand derer sie beschreiben, wie Menschen in einer Kultur ihre Beziehungen zu anderen Menschen gestalten. Mit Hilfe ihrer Ansätze kann man die Unterschiede zwischen deutscher und spanischer Kultur und Denkweise ein wenig erläutern.

Da die genannten Autoren sich hauptsächlich auf das Geschäftsleben beziehen, sollte man nicht alle hier gemachten Annahmen auf alle Lebensbereiche übertragen. Für jeden der in SP lebt und arbeitet aber bestimmt hilfreich. Die Unterteilung hier in Deutschland und Spanien soll nicht heißen, daß die Trennung tatsächlich so strikt ist, die Übergänge sind eher fließend.

Es geht nicht darum welche Kultur „besser" ist, man kann nur hoffen, daß der Austausch der Kulturen dazu führt, daß die Mischung der verschiedenen Kulturen unterm Strich die „besten" Elemente jeder einzelnen beinhaltet.

Deutschland		**Spanien**
1. Introvertiert	**Lebensstil**	**extrovertiert**
2. Universalismus	vs	**Partikularismus**
Der Universalist möchte alle gleich behandeln und entwickelt dazu Regeln, die konsequent und allgemein durchgesetzt werden sollen.		Der Partikularist bezieht sich dagegen auf das Besondere einer Situation und der Beteiligten , insbesondere auf sein Verhältnis zu ihnen: Freund, Bruder, Gatte usw.

Spanier suchen auch am Arbeitsplatz Befriedigung durch gute persönliche Beziehungen, das Verhältnis zum Vorgesetzten ist mehr emotional geprägt.

3. Kollektivismus vs **Individualismus.**

Das „wir„-Gefühl ist in spanischen Unternehmen nur schwer zu vermitteln. Die Motivation baut auf individuelle, nicht auf kollektive Beziehungen auf.

4. Neutral vs	**Emotional**
Bei Kritik wird zwischen Person und Sache getrennt, unpersönlich.	Kultur toleriert, ja befürwortet den Ausdruck von Emotionen, auch wenn es um das Geschäftliche geht.
Kommunikation offen und explizit, stark funktional, im weltweiten Vergleich eher die Minderheit, wird oft als kalt empfunden.	Kommunikation eher indirekt, Kontext spielt dabei eine wesentliche Rolle für das Übermitteln und Verstehen von Information, Sachlichkeit bliebt gelegentlich auf der Strecke.
Nein in der Sache wird akzeptiert offene (konstruktive) Kritik ist möglich	Nein in der Sache ist verpönt offene (konstr.) Kritik wird unterdrückt

5. Diffus vs	**Spezifisch**
Der Chef bleibt auch dann Autoritätsperson, wenn man ihn in der Fußgängerzone trifft.	Dienstliche Beziehungen und Beziehungen anderer Natur werden sorgfältig getrennt. „Du" zum Chef in der Fußgängerzone.

6. Schwacher Kontext vs	**Starker Kontext**
Informationsstand innerhalb eines Beziehungsnetzes (Familie, Freundeskreis, Arbeitsteam, etc.) ist niedriger u. mehr beschränkt auf allgemein zugängliche Informationen.	Kommunikation intensiver, dient nicht nur dem expliziten Austausch von Information, sondern fungiert auch ganz wesentlich als Beziehungskitt. *`Hablando se entiende la gente´* (*Wo man miteinander redet, ist auch Verständnis füreinander da*)

7.Leistung vs	**Ansehen**
Status ist etwas, das man selbst erringt.	Status wird von anderen zugeschrieben .
Leistungsbezogen	Alter, gesellschaftliche Verbindungen, Erziehung und Beruf zählen.

8. kleiner	**Distanz zur Macht größer**
Mitbestimmung, mitentscheiden	Strukturen hierarchischer und zentralistischer, Beteiligung des Einzelnen eher gering.

9. Maskulinität **Ziele**	**Femininität**
Einkommen,	gutes Arbeitsverhältnis zum Vorgesetzten,
Anerkennung,	gute Zusammenarbeit mit den Kollegen,
Beförderung,	freundliche Umgebung,
Bewältigung von Herausforderungen,	Sicherheit des Arbeitsplatzes,
Deut. Vorgesetzte sollen entschluß-freudig und bestimmt sein.	Span. Vorgesetzte achten mehr auf den Konsens, verlassen sich gerne auf ihre Intuition.

Eine besondere Erwähnung verdient das Verhältnis zwischen deutschem Vorgesetzten und spanischem Angestellten. Der Spanier weist gerne in humorvollem Ton darauf hin, wo der deutsche Vorgesetzte sich nicht kulturkonform verhalten hatte. Dieses Verhalten wird aber nicht als problematisch empfunden, gerne wird dabei leise Kritik an der deutschen Kommunikations- und Arbeitskultur vorgebracht. Es scheint, daß dabei auch die stark in der spanischen Kultur verwurzelte Aufmerksamkeit gegenüber dem Gast zum Ausdruck kommt. Der fremdkulturelle Kollege ist zunächst Gast und dann erst Vorgesetzter.

(1) Hofstede, G.; Lokales Denken, globales Handeln - Interkulturelle Zusammenarbeit und globales Management; 2. Aufl., München 2001

(2) Trompenaars, F.; Handbuch globales Managen - Wie man interkulturelle Unterschiede im Geschäftsleben versteht; Düsseldorf u.a. 1993

Andalusien

Das Thema Andalusien kann leicht ein eigenes Buch füllen. Hier entstand der Flamenco, hier gibt es die glutäugigen Zigeuner, bittere Armut und strotzender Reichtum liegen dicht beieinander. Die Gegensätze existieren hier in unmittelbarer Nähe. Der Sherry ist hier zu Hause, genauso wie der Stierkampf, Carmen, Don Juan und das Gitarrenspiel. Das Angebot für Besucher ist breit gefächert, von goldenen Sandstränden bis zu phantastischen Berglandschaften mit interessanter Flora und Fauna und den bekannten "weißen Dörfern", die großen Reichtum an Folklore und Handwerkskunst bieten. Sehenswürdigkeiten findet man in Cordoba, Granada und Sevilla wo maurische Bauwerke vorherrschen. Wer Sport aktiv betreiben möchte, kommt hier voll auf seine Kosten: Freeclimber zieht es zum „*El Torcal*“ bei Antequeras, Windsurfer schätzen die Costa De La Luz, das ist die Küste im äußersten Süden Spaniens, am Atlantischen Ozean von Tarifa bis Cadiz, wo in Europa einzigartige Windbedingungen herrschen. Skifahrer zieht es in die stets verschneiten Berge der Sierra Nevada. Golf, Tennis, Motocross ... Es gibt kaum etwas was in Andalusien nicht möglich ist.

Geschichte

Die historische Überlieferung Andalusiens beginnt mit der Monarchie Tartessos ab dem 11. Jahrhundert v. Chr. unter dem Einfluß der Phönizier und der Griechen.

Um 1100 v. Chr. wurden erste Kolonien von den Phöniziern gründeten (so Gadir/Gades, heute Cadiz), vom 7. Jahrhundert an kamen die Griechen und Karthager, Gründung von Hispalis (Sevilla). 206 v. Chr. beenden die Römer die Herrschaft der Karthager und beherrschten für die nächsten 700 Jahre die von ihnen gegründete Provinz "Baetica" (von Baetis, lat. Name des Flusses Guadalquivir).

Nach römischer Zeit war Andalusien zuerst im Besitz der Vandalen (411- 429), die aus dem germanischen Norden kommen und dem Land seinen Namen geben: Vandalusien. Dann kamen die Westgoten, ab 711 der Araber. 716 kam erstmals die Bezeichnung Al-Andalus für Spanien auf. Hauptstadt des Emirates (seit 756), dann Kalifats (seit 926) war Cordoba, das im 10. Jahrhundert ein Zentrum und Schmelztiegel der verschiedenen Kulturen und Religionen war. Handel, Wissenschaft, Handwerk und Kunst erlebten einen großen Aufschwung. Nach 1031 zerfiel Andalusien in viele maurische Kleinstaaten.

Andalusien stand von allen spanischen Regionen am längsten unter der arabischen Herrschaft. Die Einflüsse der Muslime sind heute noch vor allem in der Architektur zu sehen: die Alhambra in Granada, die Mezquita in Córdoba, die Giralda in Sevilla. Die Herrschaft der Mauren in Spanien endet 1492 mit dem letzte Maurenkönig Boabdil , der übergibt den katholischen Königen Isabel und Fernando die Schlüssel von Granada und zieht sich in die Berge der Alpujarras zurück.

Neue wirtschaftliche Bedeutung erhielt Andalusien im Zeitalter der Entdeckungen durch Christoph Kolumbus, die Eroberung der Kolonien beginnt. Sevilla und später Cadiz werden Dreh- und Angelpunkt des Handels mit Westindien und kulturelles Zentrum Spaniens. Zur Zeit von Renaissance und des Frühbarock ab dem 16. Jh. entstehen prachtvolle Kathedralen, Kirchen, Paläste, öffentliche Gebäude und neue Plätze.

Durch den Verlust Spaniens „unbesiegbarer" Flotte, die von England versenkt wird, innenpolitische Rivalitäten, Mißwirtschaft und vier große Pestepidemien beginnt in der ersten Hälfte des 17. Jh. der politische und wirtschaftliche Niedergang Sevillas und damit ganz Spaniens. Im 18. Jh. leidet Andalusien zunächst unter den spanischen Erbfolgekriegen, im 19. Jh. sind es die Napoleonischen Kriege, die den gesamten Kontinent prägen. Gleichzeitig verfällt das spanische Kolonialreich. Es folgt eine Zeit sozialer Unruhen und liberaler Revolutionen. Durch den Krieg mit den USA verliert die spanische Krone die Kolonien Kuba, Puerto Rico und die Philippinen.

In der ersten Hälfte des 20. Jh. wird das noch weitgehend agrarische Spanien von sozialen Spannungen und innenpolitischen Konflikten heimgesucht. Während die beiden Weltkriege zumindest militärisch weitgehend an Spanien vorübergehen, bringt ab 1936 der Bürgerkrieg viel Leid über das Land. Es siegt General Franco und regiert das Land bis zu seinem Tod im Jahre 1975.

Mit dem Ende der Diktatur Francos erhielt Andalusien im Zuge der Demokratisierung ein Autonomiestatut (1981 in einer Volksabstimmung angenommen).
In den 60er Jahren entwickelte sich an der Costa del Sol zuerst teurerer Tourismus mit vielen Hotels der vier und fünf Sternen Kategorie. Marbella wurde zuerst zu einem Treff der Prominenten. Bis heute ist die Costa del Sol auch ein beliebter Investitions- und Treffpunkt der Ölscheichs und Filmstars. Erst als die Flugpreise massiv sanken, entwickelte sich in unmittelbarer Nähe des Flughafens von Málaga einer der größten Tourismusorte der Welt: Torremolinos mit über 150.000 Fremdenbetten, aber einer Winterbevölkerung von ungefähr 25.000. Erst in den achtziger und neunziger Jahren breitete sich der Tourismus dann auch entlang der "Costa Tropical" genannten Küste Richtung Almeria aus und in kleinem Masse auch an der Atlantikküste bei Huelva.

Heute ist die andalusische Wirtschaft völlig vom Tourismus abhängig. 19 Millionen der 45 Millionen, die 1998 nach Spanien einreisten, gingen nach Andalusien. 17,5% der Bevölkerung und 37% der Touristen, also eindeutig die wichtigste Touristenregion Spaniens.

Der unglaubliche Boom, den die Costa del Sol erlebte, verlief auf rein privatwirtschaftlicher Basis, ohne langfristige Konzepte des Staates, was dann auch zu vielen Mängeln führte. Die Infrastruktur genügte schon bald überhaupt nicht mehr, die Strassen waren zu eng und wenig unterhalten, die Wasserversorgung brach zeitweise zusammen.

Aber gerade durch diese Konzeptlosigkeit entstand eine Freiheit, die viele Investoren anlockte, man konnte irgendwo Land kaufen und beliebige Bauten aufstellten, mit billigen Arbeitskräften aus der ländlichen Taglöhnerschicht. Diese Hilfskräfte wohnten in bescheidensten Unterkünften in den tief eingeschnittenen Tälern, die aus den Bergen an die Küste führten. Nur dort waren in alten Häusern oder billig errichteten Appartements noch erschwingliche Mieten vorhanden. Wer aber Glück hatte und ein Haus im Dorf oder Land an der Küste besaß, wurde über Nacht vermögend.
Der Tourismus hat an der Küste und in den wichtigsten Tourismusstädten die Gesellschaft sehr geändert. Innerhalb kurzer Zeit wurde aus dem rückständigen, agrarischen Andalusien ein mondäner Ferienbezirk der EU. Der Kontrast, der einst zwischen Barcelona oder Madrid einerseits und dem rückständigen Andalusien andererseits geherrscht hatte, ist heute kaum noch zu finden.

Andalusischer Dialekt

Andalusisch ist ein Dialekt des Spanischen. Er wird in den südlichen Regionen Andalusien und Murcia mit einigen Unterschieden zwischen den verschiedenen Provinzen und Städten gesprochen.
Folgende Merkmale charakterisieren das Andalusische:
· Verschlucken von "s": Man sagt "etar" anstelle von "estar", "hata" anstelle von "hasta","lito" anstelle von "listo", "lo libro" anstelle von "los libros", etc.

· Verschlucken des "d" in den Endungen "ado/ada": "hablao" anstelle von "hablado", "enfadao" anstelle von "enfadado", in der femininen Form: "enfada", mit einem langen "a" am Ende, etc.
· Verschlucken von Wortübergängen: "pa'rriba" anstelle von "para arriba", "pa'bajo" anstelle von "para abajo", etc.
· korrekte Verwendung der Vergangenheitsformen: Die in vielen anderen Teilen Spaniens und Lateinamerikas vorkommende Verwischung der Unterschiede zwischen perfecto, imperfecto und indefinido findet im Andalusischen nicht statt.
· Feminisierung von maskulinen Wörtern: In verschiedenen Fischerorten heißt es "la mar" anstelle von "el mar", in vielen Regionen wird beispielsweise "la calor" anstelle von "el calor" verwendet.
Ein gutes Beispiel für die Verwendung des Andalusischen findet sich in der Musikgruppe Estopa. Für Leute mit geringen Spanischkenntnissen ist Andalusisch wegen der verschluckten Konsonanten fast unverständlich. [7]

Geographie

Andalusien besteht aus drei sehr verschiedenen Naturräumen. Im Norden umfasst es große Teile des paläozoischen Gebirgssystems der Sierra Morena mit scharfen südlichen Bruchrand,der von Nebenflüssen des Guadalquivir eingeschnitten ist (16 Stauseen); ein reiches Bergbaugebiet (Hupfer, Blei, Schwefelkies, Zink, Mangan, Eisen, Kohle).
Nach Süden schließt sich Nieder-Andalusien an mit dem breit zum Atlantik nach Südwesten sich öffnenden Guadalquivirbecken, sowie welliges Hügelland im Süden und Westen. Das vom Gebirgssystem der Betischen Kordillere (mit der Sierra Nevada) durchzogene Hoch-Andalusien, ein bis 150 Km breiter und 600 Km langer Gürtel von Gebirgsrücken und –stöcken mit eingelagerten Hochbecken, ist geologisch ein Teil der mediterranen Kettengebirge von alpinem Bau und bricht meist steil und mit tiefen Schluchten zur Mittelmeerküste ab.

Fakten :

* die Comunidad Andalucía hat eine Fläche von 87.260 km/2 und ist damit die zweitgrößte in Spanien,
* es gibt ca. 9 Mio. Einwohner (erste Stelle in Spanien)
* zu ihr gehören acht Provinzen(Almería, Granada, Jaén, Málaga, Córdoba, Sevilla, Cádiz und Huelva)
* die Sierras in Almería sind das trockenste Gebiet in Europa
* grenzt sowohl ans Mittelmeer als auch an den Atlantik
* Andalusien grenzt im Nord/Westen an Extremadura; im Westen an Portugal und den Atlantik(Costa de la Luz); im Süden an Marokko und das Mittelmeer(Costa del Sol/Costa Tropical/Costa de Almería); im Nord/Ost an Murcia; im Norden an Kastilien-La Mancha.

Reisziele

Reiseziele gibt es in Andalusien endlos. Vom Badeurlaub angefangen, über Skiurlaub in der Sierra Nevada, Sehenswürdigkeiten in Granada und Sevilla, Wanderungen in den Kork und Steineichenwäldern der Sierra Morena. Ganz nebenbei findet man in Jaén noch den größten Olivenwald der Welt. Auch an Wegen für Wanderungen und Radtouren fehlt es nicht. Spanien ist nicht direkt für seinen Wintersport bekannt, aber es gibt auch hier etliche Skigebiete. Am bekanntesten ist sicherlich die Sierra Nevada in Andalusien, aber es gibt noch mehr Skigebiete. In der Sierra Nevada wird alles geboten, was es in anderen Skigebieten auch gibt, von Skischulen für Anfänger und Fortgeschrittene, Schlittenhundefahrten bis zu Snowboardkursen und Skiverleih. Das Besondere ist, daß man nach ein bis zwei Stunden Autofahrt am Strand des Mittelmeeres liegen kann.

Küsten

* Costa de la Luz (zwischen Huelva und Cádiz – Atlantikküste
* Costa del Sol (von Gibraltar über Marbella bis Nerja hinter Malaga – Mittelmeer)
* Costa Tropical(hinter Nerja bis La Rábita am Mittelmeer)
* Costa de Almería (von La Rábita bis Mojácar am Mittelmeer)

Die bekanntesten Städte

* Sevilla - ist mit über 700.000 Einwohnern die viertgrößte Stadt Spaniens und kurz davor Valencia zu überholen. Die Stadt ist die Heimat von Don Juan und Carmen. Sie war lange Zeit die reichste Stadt Spaniens.
  Besonderen Andrang erlebt die Stadt während ihrer Fiestas im April. Als besonders sehenswert gelten die Catedral Santa María (drittgrößte der Welt) und der orientalische Festungspalast Reales Alcázares.
* Cordoba - Anziehungspunkt für Spanier wie für Ausländer, die Hauptattraktion ist hier die „Moschee-Kathedrale“ Mezquita, nach der Alhambra das bedeutendste maurische Bauwerk in Andalusien. Die Besucher sind hier fast nur in einem Gebiet der Stadt anzutreffen, im Stadtteil Judería, dem alten Viertel um die Mezquita, einem wundervollen jüdisch-maurischen Viertel.
* Granada - vielleicht die schönste Stadt Spaniens, an den Ausläufern der Sierra Nevada, steht trotz endloser Kriege unbeschädigt die Alhambra-ein Palast wie aus dem Märchen. Die einzige vollständig erhaltene islamische Palastanlage weltweit. Ganz nebenbei ist jeder sechste Einwohner Student. Was neben den 20.000 Besuchern täglich die Stadt Sommer wie Winter aus allen Nähten platzen läßt.
* Marbella - mit etwa 84.000 Einwohnern liegt das Urlauberparadies auf halbem Weg zwischen Málaga und Gibraltar. Der alte Stadtkern ist gut erhalten, viele Cafés laden zum Verweilen ein, ein 30km langer Strand verlockt zum Sonnenbad und auch sonst hat Marbella so Einiges zu bieten. Die Reichen und Schönen kann man hier zumindest hin- und wieder treffen, und wenn nicht, dann sorgt doch zumindest der Bürgermeister Jesus Gil y Gil immer wieder für exklusiven Pressestoff.

* Huelva - ist als Fischereihafen und dank seiner Industrie von großer Bedeutung für die Region. Die Stadt und besonders ihre Umgebung steht ganz im Zeichen von Christoph Columbus, der vom nahegelegenen Palos de la Frontera zu seiner Entdeckungsreise aufbrach. Hier kann man das Kloster, wo er seine Vorbereitungen traf und eine Rekonstruktion des Hafens mit den drei berühmten Schiffen besuchen.
* Jaen - im Landesinneren gelegen, wird von seiner mittelalterlichen Festung überragt. Weitere Sehenswürdigkeiten sind die maurischen Bäder aus dem 11.Jh, sowie die Kathedrale i Renaissance-Stil. Die Sierra de Cazorla, in der nahen Umgebung, ist ein großartiges Naturreservat mit zahlreichen seltenen Tierarten.
* Jerez de la Frontera - in der Heimatstadt des weltberühmten Sherry können zahlreiche Weinkellereien besucht werden. Jerez ist auch für seine Reitschulen bekannt.
* Doána Nationalpark - er liegt in der Nähe der Mündung des Flusses Guadalquivir, Matalascañas, Acebuche und El Rocio. Es handelt sich um ein umfangreiches Resort von Strandgegenden mit Wanderdünen und Marschland von hohem Wert, was die Fauna angeht. Zahlreiche Arten von Zugvögeln verbringen die Brutzeit auf ihrem Weg zwischen Eurasien und Afrika hier.
* Malaga - in der Geburtsstadt Werken aus allen Schaffensperioden des Künstlers. König Juan Carlos eröffnete das Museum, das in Spanien neben dem bereits existierenden in Barcelona auf starken Zulauf hofft. Mit über 200 Werken unterstützt die Familie des Sohnes die Ausstellung aus ihrer Privatsammlung. Pablo Picassos besitzt seit Nov.2003 nun endlich das lang ersehnte Museum mit

Andalusische Lebensart

Der Andalusier ist im Allgemeinen ein sehr angenehmer Zeitgenosse, scheint gelassener als die meisten Mitteleuropäer, wer allerdings eine gewisse Aggressivität im Strassenverkehr oder wild gestikulierende Gesprächspartner sieht, kommt da ins Zweifeln. Anfangs erscheinen die meisten Einheimischen zwar etwas mürrisch, doch spricht man sie direkt an, dann merkt man, daß dies fast immer nur Fassade ist.

Das das „Genießen" im Vordergrund steht sieht oft für Außenstehende nur so aus. Manch einer sitzt „genießerisch" mit einem Glas Sherry vor der Bar - daß er so ruhig dasitzt hat oft damit zu tun, daß er schlicht keine Arbeit und Perspektive hat.
Das Glas, an dem er sich festhält, ist vielleicht das Einzige, das er sich den ganzen Tag gönnen kann. Wenn man allerdings „Genießen" mit „mit weniger zufrieden sein" gleichsetzt (das ist absolut positiv gemeint!) ist das schon eher richtig. Die Gelassenheit kann uns schon mal in Rage bringen wenn eine (geschäftliche) Verabredung einfach „vergessen" wird, weil man gerade so angenehm zusammen saß bei Tapa und Wein.

Manchmal sind die Spanier so gar nicht einfach zu verstehen, ein geselliges Volk, daß nur so sprüht vor Lebensfreude und Wärme, aber man darf nicht erwarten, mit offenen Armen empfangen zu werden - Freundschaften in Andalusien wollen schwer erarbeitet werden. Das Wort *amigo* sollte man erst mal als „Bekannter" übersetzen, das heißt noch lange nicht, daß man über die Schwelle des Hauses gelassen wird. Erst der *amigo íntimo* wird in die Familie aufgenommen - und das kann dauern!

„Mein Haus, mein Auto, meine Yacht...“: Wer sich in der andalusischen Gesellschaft so aufplustert, outet sich in Sekundenschnelle als Fremder. Selbst, wenn er noch so akzentfrei die Landessprache spricht. Understatement ist angesagt, persönliche Intimität oberstes Gebot. Es gilt, möglichst viel über seine Mitmenschen zu erfahren und dabei möglichst wenig von sich selbst preiszugeben. Bloß keine direkten Fragen stellen geschweige denn beantworten! Extrovertiertes Prahlverhalten gilt als plump und anmaßend.

Leben in Spanien

Lebensqualität

Eine Sache der Betrachtungsweise. Es kommt darauf an, welche Qualität Sie suchen. Manch ein lange hier lebender Resident jammert darüber, daß man hier auf so vieles verzichten muß. Für einige sicher richtig: Wenn es zum Alltag gehörte, daß man ständig von einer Filmpremiere zur nächsten Vernissage hetzte, sich den Jahreszeiten entsprechend beim Designer einkleidete, wer also ein richtiger Großstadtjunkie ist, für den bedeutet das Leben hier sicher Verzicht. Wer nicht gerade nach Madrid oder Barcelona geht, dem wird spanische Großstadt auch nur wie ist eine größere Stadt in der Provinz vorkommen.

Man sollte schon die Qualitäten wollen, die die neue Wahlheimat im Überfluß bietet !

Ein morgendlicher Spaziergang oder joggen am Strand, um den Sonnenaufgang zu erleben. Eine Tapa und ein Gläschen Wein zum Sonnenuntergang mit einem herrlichen Ausblick. In der Mittagspause an den Strand ...

Das Leben hier hat eine immens hohe Qualität - nur eben eine andere !

Für uns Mitteleuropäer ist es oft schon Grund genug, des besseren Wetters wegen auszuwandern. Natürlich ist nicht das ganze Jahr über Sommer, so wie es manche "Insel-Flüchtlinge" kennen gelernt haben, die den permanenten Sonnenschein Tag für Tag, Jahr für Jahr, nicht mehr ertragen konnten. Er ist im menschlichen Lebensrhythmus verankert, der Wechsel der Jahreszeiten. Es ist schön, nach Monaten des Hochsommers, in dem selten ein Tropfen Regen fällt, in den Herbst überzugehen, in dem die Luft mild und warm ist, die Nächte kühler werden, das Leben langsam wieder im Haus stattfindet. Man verlagert seine Aktivitäten.

Es folgt der Winter, mit frischer klarer Luft, mit Fernsicht auf zuvor nie gesehene Berggipfel oder die Küste Afrikas. Es wechseln Sonnen- und Regentage, die Natur und der Mensch erholen sich, man kommt zur Ruhe und schöpft Energie für den Frühling, der kommt früh an die Küsten. Schon Ende Februar erleben Sie das kollossale Naturereignis der Mandelblüte. Während Deutschland noch friert, frühstückt man hier schon wieder auf der Terrasse und verlagert sein Leben tagsüber wieder nach Außen. So genießt man hier alle Jahreszeiten.

Gesundheit

Schon im 19. Jahrhundert waren sich die Mediziner über die besondere Heilwirkung des Klimas an den Küsten der europäischen Meere bewußt. Lungenkrankheiten, Rheumatismus oder Hautkrankheiten werden hier gelindert. Das besonders konstante Klima senkt den Blutdruck.
Damit verbessern sich nicht nur die Werte von Herz- und Kreislauf, sondern auch die des Blutzuckers. Gerade für Diabetiker ist dies ein besonders interessanter Aspekt.

Die salz- und jodhaltige Luft lindert und heilt Hautkrankheiten, wie die Schuppenflechte unter der alleine in Deutschland 2% der Bevölkerung leidet. Die reizstoffarme und von Industrieschmutz befreite Meeresluft hat auf Lungen und Bronchien eine positive Wirkung.

Durch die Menge an Sonnentagen schüttet der Körper mehr Endorphine aus als gewöhnlich. Knochenkranken und älteren Menschen schmerzen die Gliedmaßen weniger. Endorphin ist neben dem Dopamin, dem Noradrenalin und dem Serotonin ein Neurotransmitter. Diese sind chemische Botenstoffe, die an der Weiterleitung von Nervenimpulsen beteiligt sind. Bei Menschen, die unter Depressionen leiden, wurde ein geringerer Neurotransmitterhaushalt festgestellt. Mehr Sonnenstunden bedeuten also auch eine Verbesserung der Psyche.

Bei all diesen Faktoren ist es nicht erstaunlich, daß bei einer jüngst veröffentlichten WHO-Studie Spanien in der Gesamtbewertung der Gesundheit mit sehr guten Noten abschließt. Die von der WHO errechnete durchschnittliche Lebenserwartung für Spanien beträgt 72,8 Jahre und belegt damit Platz 7 der weltweiten Tabelle, Deutschland liegt nur auf Platz 25. Grund für das schlechte Abschneiden Deutschlands ist die hohe Zahl der Herz-Kreislauferkrankungen, welche in Spanien wesentlich seltener sind.

Nicht nur das Klima, auch die gesunde und vitaminreicher Ernährung ist ausschlaggebend für den guten Rang Spaniens. Reichlich ungesättigte Fettsäuren befinden sich im überall verwendetem Olivenöl. Fisch und die hier angebauten Zitrusfrüchte beinhalten fast alle lebensnotwendigen Vitamine.

Es gibt unzählige Geschichten von Menschen die mit mit Zipperlein, Kränkeleien oder chronischen Krankheiten in die warmen Gefilde Spaniens umgezogen sind und teilweise fast unglaubliche Heilungen erlebt haben. So ging es dem Autor dieser Zeilen mit seinen chronischen Schmerzen in der Schulter.

Drastischer der selbst miterlebte Fall einer Freundin die mit ihren Kindern nach Spanien kam, weil einer ihrer Söhne, laut Aussage verschiedener Ärzte, nur noch 6 Monate zu leben hatte. In Spanien brauchte das Kind nach 4 Monaten seinen Rollstuhl nicht mehr, es ging ihm 6 Jahre lang nur noch besser. Die Krankheit war tatsächlich unheilbar, aber der Junge lebte wunderbare 7 Jahre! in Spanien.

Siesta

Streß ist ein Wort was im spanischen Sprachgebrauch kaum Anwendung findet. Wenn man/frau hier - wie in jedem anderen Land natürlich auch - Erfolg haben will, heißt das Arbeiten. Durch die zwei- bis dreistündige Siesta wird dem Tag aber eine Härte genommen. Diese typisch südländische Angewohnheit sollte man sich auch als Nordeuropäer in Spanien aneignen, denn sie lockert und entspannt den Tag, man geht ausgeruhter und erfrischter zurück an die Arbeit und kann die zweite Tageshälfte nach einem kleinen Mittagsschläfchen deutlich besser genießen.

Glücklich wer den Arbeitsplatz nicht zu weit von seinem Heim entfernt hat, aber auch ohne diesen Vorteil kann man nach einer kleinen Mahlzeit in einem Lokal (Mittags oft sehr günstig) an einem ruhigen Plätzchen Entspannung finden.

Durch die Siesta wird abends länger gearbeitet, daraus resultieren auch die späten Essenzeiten, was sich gerade im Sommer bei teilweisen Temperaturen um die 33° C am Tage durchaus anbietet. So kann man die Energie beibehalten, sich bis in die späte Nacht draußen aufzuhalten. Wer sich gerne unter Menschen begibt wird feststellen, daß gerade im Sommer das Nachtleben selbst unter der Woche meist erst nach Mitternacht beginnt.

Alkoholismus

Ein trauriges Problem an den Sonnenküsten ist der Alkoholismus. Man spricht nicht davon, kein Mensch möchte sich eingestehen, daß er ein Problem mit dem Alkohol hat. Vor allem ältere alleinstehende Aussiedler hängen an der Flasche, weil sie zu viel freie Zeit, zu wenig soziale Kontakte und Freizeitbeschäftigung haben. Mit ihren wenigen Worten Spanisch können sie kaum neue Menschen kennenlernen.

Viele vereinsamen und fangen schon morgens mit dem Trinken an. Die Trennung von Freunden und Familie macht vielen zu schaffen. Wenn dann auch noch das deutschsprachige Umfeld auf Abstand geht ... Man flüchtet sich in den Alkohol, den gibt´s an jeder Ecke, Bars u. Kneipen sind billig. Außerdem ist man nicht ganz allein, auch wenn außer Begrüssungsfloskeln kaum Gespräche stattfinden.

Wer zu Sucht oder Depressionen neigt, kann damit rechnen, daß es ohne ein ansprechendes Umfeld im Auswanderungsland eher schlimmer wird.

Es gibt natürlich viele Ältere die mit sich und ihren Hobbies zufrieden sind, bei denen Freunde in der Nähe leben und oft Familie oder Bekannte zu Besuch sind. Probleme entstehen auch hier, wenn diese sonst sehr selbständigen Menschen in ein Alter kommen in dem sie immer öfter auf fremde Hilfe angewiesen sind. Ein Thema das zu einer Geschäftsidee führt.

Strassenverkehr

Das Thema Kfz-Versicherungen in Spanien, wann und wie ein Auto in Spanien versichert werden muß wird auf Seite 80 bei „Lebenshaltungskosten" behandelt.Bis vor kurzem war man in Spanien dazu gezwungen, sich als Besitzer eines Führerscheins aus einem anderen EU-Land nach einer Aufenthaltsdauer von über sechs Monaten im Straßenverkehrsamt einzuschreiben, das ist nicht mehr so.

In Zukunft fällt diese Behördenlast für alle EU-Bürger weg, die als *residente* mit ihrem Führerschein in Spanien fahren möchten. Die alte Reglung war mit deutlichen Nachteilen verbunden. Der spanische Führerschein mußte nämlich nach 10 Jahren wieder erneuert werden, diese Frist wurde mit zunehmendem Alter immer kürzer.

Wollen Sie nach Spanien mit dem Auto anreisen bedenken Sie, das für fast alle Autobahnen außerhalb von Deutschland gilt, daß sie gebührenpflichtig sind, so auch viele spanische. Eine genau Berechnung Ihrer persönlichen Strecke erhalten Sie sowohl beim ADAC als auch beim ACE. Mitglieder dieser Clubs erhalten die Berechnung, inclusive der Berechnung der aktuellen Gebühren, den genauen Routenplan und die nötigen Strassenkarten kostenlos. In Spanien selbst sind natürlich ausnahmslos die Autobahnen gebührenpflichtig die von Touristen genutzt werden. Am Mittelmeer entlang ist sie ab Alicante südwärts kostenfrei nutzbar. Bevorzugen sie die Strecke über Paris/Bordeaux zur Atlantikküste, dann nach Madrid, hier ist der größte Teil gratis.

In Spanien kommt man als Deutscher allgemein mit dem Verkehr gut zurecht. Es gelten im Grunde genommen fast die gleichen Verkehrsregeln wie in Deutschland, auch wenn sich Spanier weniger danach richten. Es wird meist fair, wenn auch bestimmt gefahren, oft gilt: Frechheit siegt. Erhöhte Aufmerksamkeit ist jederzeit geboten, Spanien beklagt eine unverhältnismäßig hohe Zahl von Verkehrstoten.

Die Palette der Fahrstile ist weit gefächert, so schleicht der eine auf der Hauptstrasse außerhalb der Ortschaft mit 50 obwohl 90 km/h erlaubt sind, während andere in der Stadt rasen.

Vorsicht beim Überholen, oft genug beschleunigt der Vorausfahrende wenn er bemerkt, daß er überholt wird, oder schlimmer, er biegt links ab. Der Gebrauch des Blinkers ist nicht immer üblich, außer wie oft gesehen, wenn der Blinker schon seit Minuten an ist, aber nicht abgebogen wird.

Halten Sie mehr Abstand zum vorausfahrenden Fahrzeug, wenn Sie sehen, daß der Fahrer sehr seinem Copiloten zugewandt ist, häufig heftig gestikulierend. Der Fahrer könnte plötzlich bremsen, hat er doch fast sein Einfahrt verpaßt. Eine kleine Umstellung sind die Kreisverkehre, die sehr häufig vorkommen und in denen, wenn nicht anders angezeigt, immer der im Kreis fahrende Vorfahrt hat.

Gewöhnungsbedürftig sind die vielen Mofa und Rollerfahrer, die meist ohne Helm links und rechts an den Autos vorbeifahren. Ein Spanier stört sich an dieser Sitte eigentlich nie, sogar die Polizei sieht fast immer darüber hinweg. Es ist wohl jeder von ihnen früher selbst schon so gefahren. Die ausgeräumten Auspuffanlagen dieser kleinen Nervtöter kündigen den Überholer allerdings meist schon vorher lautstark an. Lassen Sie sie gewähren und seien Sie vorsichtig und relaxed.

Aufpassen sollte man an Fußgängerüberwegen. Man kann keinem empfehlen auf sein Recht als Fussgänger zu bestehen. Lieber die Strasse erst dann betreten, wenn man sicher ist, gesehen zu werden und eindeutig gehalten wird.

Fahren bei Rot. Wenn man erwischt wird, kann es teuer werden. Allerdings ist die Wahrscheinlichkeit größer, daß ein nachfolgendes Auto auffährt, wenn gerade Rot wird und man plötzlich auf die Bremse steigt. Also bitte vorsichtig an Ampeln heranfahren und den Rückspiegel im Auge behalten.

Beim Losfahren ist es ähnlich. Die Einheimischen kennen die Ampelschaltungen und fahren schon los, wenn die Gegenseite zum stehen kommt. Nicht zur Nachahmung empfohlen, denn wenn jemand zur Kasse gebeten wird, dann meist die Ausländer (*extranjeros*). In kleineren Ortschaften gibt es häufig Ampeln, die auf Rot stehen, wenn man sich diesen langsam nähert, schalten sie auf gelbes Blinklicht um. Also langsamer fahren, dann erspart man sich das Anhalten.

Vorsicht ist geboten, wenn man in den Morgenstunden (zwischen 1-8Uhr) am Samstag oder Sonntag unterwegs ist. Zu dieser Zeit ereignen sich die meisten Unfälle, da die Jugendlichen, die im allgemeinen über ein Auto verfügen, mehr oder weniger angetrunken, aber zumindest übermüdet von der Disco nach Hause fahren, bzw. zur Nächsten unterwegs sind.

Das Finden eines passenden Parkplatzes ist in den spanischen Großstädten nicht unbedingt immer ein Kinderspiel. Sich in einer fremden Großstadt zurechtzufinden ist immer schwierig, in Spanien um so mehr. Das ist Abstellen des Autos außerhalb eines Parkhauses ist nicht unbedingt zu empfehlen, davon abgesehen, daß der Wagen aufgebrochen werden könnte, kann es Ihnen auch passieren, daß Sie durch einen in der zweiten Reihe parkenden am Wegfahren gehindert werden. Stellen Sie sich gut sichtbar an Ihr Auto, und betätigen Sie bei heruntergelassener Scheibe die Hupe. Klappen Sie in engen Strassen ihren Außenspiegel ein! Im Parkhaus bezahlt man dafür recht kräftig, aber auch dort sollte man nach Möglichkeit nichts im Auto liegen lassen.

Vorschriften im Verkehr

Generell gilt in Spanien Gurte- bzw. Helmpflicht. Helmpflicht gilt darüber hinaus auch für Radfahrer auf Freilandstraßen. Die Alkoholgrenze liegt bei 0,5 Promille. Die Verweigerung der Alkoholkontrolle wird dabei gleich geahndet wie das Fahren unter Alkoholeinfluß. Das Telefonieren mit einem Mobiltelefon ist auch in Spanien nur mit einer Freisprechanlage gestattet.

Die Geschwindigkeitsbegrenzung in geschlossenen Ortschaften liegt bei 50 km/h. Für Pkws gilt auf Landstraßen 90 km/h, auf Schnellstraßen 100 km/h und auf Autobahnen 120 km/h. Pkws mit Anhängern sind auf Landstraßen 70 km/h, auf Schnellstraßen und auf Autobahnen 80 km/h gestattet. Für Wohnmobile gilt auf Landstraßen 80 km/h, auf Schnellstraßen 90 km/h und auf Autobahnen 100 km/h.

Ständig mitzuführen sind in Spanien zwei Warndreiecke und Ersatzglühbirnen. Bei Fahrzeugen mit ausländischem Kennzeichen reicht ein Warndreieck aus.

Zudem gilt seit Juli 2004 Warnwestenpflicht: Wer ein Panne oder einen Unfall hat muß die Weste tragen, sonst wird's teuer.

Ebenfalls mitzuführen sind der Führerschein (*Permiso de Conducir*), die Fahrerlaubnis des Autos (*Permiso de Circulación*) der TÜV-Nachweis (*Tarjeta de Inspección Técnica de Vehículos/ITV*) und die Steuerbescheinigung (*Impuesto de Vehiculos*), sowie die Versicherungspolice (*Poliza*) und die zugehörige letzte Beitragsrechnung (*Recibo de Primas*).

Nicht mitgeführt werden darf hingegen ein Reservekanister. Sollte jedoch mal der Sprit ausgehen, so gibt es an Tankstellen spezielle Plastiktüten zu kaufen, die mit dem Kraftstoff gefüllt werden dürfen. Die Alternative abschleppen ist in Spanien verboten und darf nur durch Abschleppdienste durchgeführt werden.

Verkehrspolizei ist die Guardia Civil und die Policía Munipical.

Bußgelder

Spanische Geldstrafen sind deutlich höher als in Deutschland, auch wenn beim Zahlen innerhalb einer bestimmten Frist 30% vom Betrag abgezogen werden. Während man in Deutschland bei 20 km/h zu schnell bis zu 35 Euro zahlt und die Mißachtung von Überholvorschriften mit einer Buße zwischen 30 und 125 Euro geahndet wird, zahlt man in Spanien für beide Verkehrsdelikte jeweils 90 Euro bis 300 Euro.

Wer beim Überschreiten der Alkoholgrenze bei 0,5 Promille erwischt wird zahlt mindestens 450 Euro, zusätzlich ist bei „Ersttätern" der Führerschein für einen Monat weg. Während der ersten zwei Jahre nach Erhalten des Führerscheins ist die maximale Alkoholmenge im Blut bei 0,3 g pro Liter festgelegt. Dies gilt auch für Berufsfahrer.

Üblicherweise wird in einer Verkehrskontrolle der Alkohol in der Atemluft gemessen, hierbei wird einfach der Blutalkoholwert halbiert. Es dürfen 0,25 Promille nicht überschritten werden, das erscheint wenig, und in der Praxis zeigt sich meist bei einer Überprüfung des Blutalkoholgehaltes, daß die Alkoholgrenze von 0,5 Promille nicht überschritten wurde, wenn zuvor der Alkohol in der Atemluft bei 0,3 Promille gemessen wurde. Aber Vorsicht beim Nutzen Ihres Rechts auf Überprüfung des Blutalkoholgehaltes - wenn Sie positiv getestet werden zahlen sie zur Geldstrafe auch noch die Analyse, ca. 300 Euro.

In der Praxis werden Spanier beim „Pusten" mit Werten um 0,3 Promille laufengelassen, nicht so die Ausländer, da wird kassiert. Wenn Sie eine Anzeige wegen Überschreiten der Alkoholgrenze mit bis zu 0,27 Promille bekommen, haben Sie Glück. Teilen sie der „Jefatura de Trafico" mit, daß Sie Anzweifeln das die Genauigkeit des Testgerätes ausreicht (in der Regel von der Firma Dräger), um eine definitive Aussage zur Überschreitung der Alkoholgrenze bei 0,25 Promille zu machen. Das ist Fakt laut einer EU Norm, die die Geräte erfüllen müssen. Da man beim Amt kaum riskieren will einen Prozeß zu verlieren, läßt man Sie dann in Ruhe, das Verfahren wird eingestellt. Sie müssen in einem Fall wie diesem allerdings Geduld haben und das gleiche Schreiben vier- bis sechsmal abschicken, bis der Vorgang in der Behörde an eine übergeordnete Stelle gelangt, wo dann entschieden wird.

Drastisch verschärfte Strafen für Verkehrssünder seit 1. Oktober 2004.
Verkehrsdelikte werden schwerer als zuvor bestraft, insbesondere im Zusammenhang mit überhöhter Geschwindigkeit und Fahren unter dem Einfluß von Alkohol oder Betäubungsmitteln.
Zuvor drohte Fahrern, denen die Einnahme von Drogen oder überhöhte Alkoholwerte nachgewiesen wurden, eine acht bis zwölfwöchige Arreststrafe – die ausschließlich an den Wochenenden abzusitzen war – oder alternativ eine entsprechende Geldstrafe. In jedem Fall wurde die Fahrerlaubnis zwischen einem und vier Jahre entzogen. Letzteres bleibt weiterhin bestehen. Neu ist hingegen, daß dem Verkehrssünder jetzt Gefängnisstrafen zwischen drei und sechs Monaten oder Geldstrafen zwischen 550 und 11.000 Euro drohen, die auch mit Sozialarbeit abgegolten werden könnten.
Die schärfsten Sanktionen werden für „leichtfertiges Fahren" verhängt. Hierbei geht man von Fahren mit überhöhter Geschwindigkeit und gleichzeitigem Drogen- oder Alkoholeinfluß aus. Wer in diesem Anklagepunkt verurteilt wird, kann für sechs bis 24 Monate hinter Gitter wandern, bzw. mit einem Führerscheinentzug zwischen einem und sechs Jahre rechnen. Des Weiteren gibt es Verschärfungen für Fälle von Fahren ohne Versicherungsschutz und Gefährdung des Straßenverkehrs.

Kfz-Vokabeln für die Werkstatt
Ein Defekt am Auto kostet Nerven. Schwierig wird´s wenn man dann dem Mechaniker das Problem erklären muß. Selbst wenn Ihr Spanisch schon recht gut ist fehlen Ihnen aber doch vielleicht die richtigen technischen Ausdrücke. Hier also einige Begriffe rund ums Auto:

Abblendlicht - Luz de cruce
Blinker - Luz intermitente
Kennzeichen - Matrícula
Kühlergrill - Rejilla
Nebelleuchte - Faro antiniebla
Parklicht - Luz de posición
Scheinwerfer - Luz larga
Stoßstange - Parachoques

Auspuff - Tubo de escape
Bremsleuchte - Luz de freno
Nebelschlußleuchte - Luz antiniebla trasera
Nummernschildleuchte - Luz de matrícula
Rückfahrleuchte - Luz marcha atrás
Schlußleuchte - Luz trasera

Achse - Eje
Anlasser - Arranque
Batterie - Batería
Benzinpumpe - Bomba de alimentación
Benzintank - Depósito de gasolina
Bremsbeläge - Pastillas de freno
Bremse - Freno
Gangschaltung - Caja de velocidades
Getriebe - Caja de cambio
Keilriemen - Correa del alternador

Kühler - Radiador
Lichtmaschine - Dínamo
Lenkung - Dirección
Luftfilter - Filtro de aire
Ölfilter - Filtro de aceite
Stoßdämpfer - Amortiguador
Ventil - Válvula
Wasserpumpe - Bomba de agua
Zylinderkopf - Culata
Zündkerzen - Bujías
Zündverteiler - Distribuidor

Antenne - Antena
Dach - Techo
Kofferraum - Maletero
Kotflügel - Guardabarros
Motorhaube - Capó
Radkappe - Tapacubo
Reifen - Neumático
Scheibenwischer - Limpiaparabrisas
Scheinwerfer - Faro/Luz
Seitenfenster - Ventanilla
Seitenspiegel - Espejo lateral
Tankdeckel - Tapón de gasolina
Tür - Puerta
Windschutzscheibe - Parabrisa

Fernsehen

In Spanien gibt es mehrere öffentlich-rechtliche, sowie eine Vielzahl von privaten Rundfunkanstalten. Für die Nutzung der öffentlich-rechtlichen Programme fallen keine Gebühren an. Es gibt keine GEZ (Gebühreneinzugszentrale), wie in Deutschland. Die öffentlichen Fernsehsender werden staatlich und per Werbung finanziert.

Falls Ihnen das kostenfreie Programmangebot nicht ausreicht, haben Sie die Möglichkeit, kostenpflichtige Fernsehsender, wie CanalPlus oder Vía Digital, zu abonnieren. Die Gebühren für Canal+ betragen momentan 30 € pro Monat, wobei dies natürlich auch von der Wahl ihrer Programmsparten abhängt.
In Spanien kann man natürlich auch über Satellit alle deutschen Programme empfangen. Eine 60 cm Schüssel reicht meist aus, 80 cm wäre besser.

Lebenshaltungskosten

Wenn man sich den örtlichen Gepflogenheiten anpaßt, lassen sich die Lebenshaltungskosten gegenüber Deutschland deutlich verringern. Wer auf seine gewohnten deutschen Produkte nicht verzichten will, muß oft etwas mehr bezahlen.

Haus/Wohnungsmieten

Die Kosten für Wohnungen sind in Andalusien in der Regel billiger als in Deutschland. Die Monatsmiete einer Wohnung hängt ab von der Provinz, Lage und Größe. Alles zwischen 250 und 1000 Euro ist möglich. Wasser und Strom müssen extra bezahlt werden, dazu kommt die „bombona“, die Gasflasche. Die 10 Kg Butanfüllung kostet etwa 9 € und ist ganz unterschiedlich oft auszuwechseln, abhängig davon ob Sie das Gas zum Kochen oder für das Duschwasser nutzen.

Nahrungsmittel

Lebensmittel in Spanien sind oft billiger als in Deutschland, aber nicht mehr so sehr wie vor wenigen Jahren. Wobei die Lebenshaltungskosten in diesem Punkt ganz von einem selbst abhängen. Im Supermarkt sind die Preise für Nahrungsmittel fast gleich. Wenn Sie sich der gegebenen Esskultur anzupassen, sieht das ganze schon anders aus. Dinge, wie Gemüse und Obst sollte man auf dem Markt einkaufen, da sind sie wesentlich billiger und auch frischer. Zudem gibt es auch zahlreiche kleine Läden, die diese Produkte ebenfalls zu ähnlichen Bedingungen verkaufen.

Sobald die Ernte für die verschiedenen Obst- und Gemüsesorten ansteht, werden Ihnen die Früchte in wahrsten Sinne des Wortes nachgeworfen, so können Sie bei Händlern (Bauern) am Strassenrand oft 5 Kg Beutel zum gleichen Preis wie ein Kg im Supermarkt kaufen. Milchprodukte wie z.B. Butter, Käse und Quark haben ungefähr den gleichen Preis wie in Deutschland, genauso wie Konserven.

Auch Fleisch und Geflügel werden im Einzelhandel oder auf den Wochenmärkten in der Regel frisch und günstig angeboten, besonders Fisch und Meerestiere gibt es oft unglaublich günstig in den Küstenregionen. Größere Orte haben eine historische Markthalle in alten Stadtteil „*casco antiguo*", dort findet man eine wahnsinnig große Auswahl an Fischarten, die für uns manchmal unglaublich billig sind. Ein Kilogramm Garnelen gibt es ab 6 €. Der Geschmack der Fische und der Meerestiere ist mit dem was man aus der Nordsee kennt nicht zu vergleichen. Darüber hinaus bieten einige Supermärkte Meerestiere an, die lebend gekauft werden können. Aber auch tiefgefrorene Fischfilets sind sehr günstig und gut.

Spanisches Brot ist nur wenige Stunden lecker knusprig, daher sollten Sie Ihre Backwaren nur ofenfrisch Kaufen. Die Brote in Spanien sind vergleichbar mit den Baguettes in Frankreich.

Es werden auch eine Vielzahl von deutsche Brotsorten angeboten, deutsche Bäckereien sind allerdings teuerer als die spanischen „*Panaderías*" (Pan = Brot).
Hier als Beispiel Preise einiger alltäglicher Konsumgüter, die natürlich je nach Region oder Stadt etwas variieren können, Stand Dez. 2004 :

Stangenbrot: 0,35 €, Milch (1 Liter): 0,60 €, Eier (im Dutzend): 1,75 €,
Kartoffeln (3 Kilo): 2,5 €, Salat (pro Stück): 1 €, Tomaten (1 Kilo): 2 €,
Dose Coca Cola: 0,38 €, Flasche Shampoo: 3 €, Deodorant: 2 €,
Pullover, Hose oder Rock: 20 - 60 €, ADSL-Verbindung (Flatrate): 39 €,
DVD-Player: 80 €, Tageszeitung: 1 €, Musik-CD: 10 - 20 €, Milchkaffee: 0,60 €,
(Big Mac): 2,80 €, bleifreies Benzin 95 Oktan (1 Liter): 0,90 €, Diesel 0,80 €,
Kinokarte 5 - 6 €.

Genußmittel

Die Preise für Alkohol und Tabak sind für die internationalen Marken schon günstig. Betrachten Sie allerdings nur die spanischen Alkohol-, oder Tabakprodukte, dann sind diese viel günstiger als in Deutschland. Für eine Stange spanische Zigaretten, wie z.B. die Marke Fortuna bezahlen Sie momentan 21 €, diese haben einen ähnlichen Geschmack hat wie die Marlboro, diese liegen bei 29 €.
Eine Flasche spanischer Weinbrand, wie z.B. der bekannte Veterano, kostet zur Zeit 5 €. Spanische Weine bekommen Sie in einer Bodega ab 1,50 € pro Liter.

Arzneimittel

Die gleichen Medikamente, vom gleichen Hersteller, sind in Spanien wesentlich günstiger als in Deutschland zu bekommen.

Auto

Autofahren in Spanien ist billiger als in Deutschland, Benzin ist ca. 20 %, Diesel sogar 25 % günstiger, die Kosten für KFZ-Steuern sind geringer, Versicherungen sind gleich bis teurer, siehe unten.
Es gibt keinen erhöhten Steuersatz für Dieselfahrzeuge, somit lohnt sich Diesel fahren in Spanien besonders. Die Reparatur- und Wartungskosten sind bis zu 40% unterhalb des deutschen Niveaus.

Die Preise für neue Fahrzeuge sind ebenfalls günstiger, wenn Sie nicht gerade ein deutsches Auto kaufen möchten. Das Angebot an günstigen gebrauchten Fahrzeugen ist enorm. Rost ist in Spanien kein Problem, so ist es hier möglich einen Wagen mehr als zehn Jahre lang zu fahren, allerdings sollte man sich vergewissern, daß das Fahrzeug nicht viele Kilometer Feldwege (*campo*) hinter sich hat, da leidet das Fahrwerk deutlich.

Die Reparatur und Wartung eines Fahrzeuges in Spanien ist kein Problem. Die Kosten der Reparatur sind (z.Zt. noch) niedriger sind als in Deutschland, aber Vorsicht ist bei manchen Hinterhof Werkstätten geboten. Wenn der Mechaniker nicht von jemandem empfohlen wurde, sollten Sie hier keine komplizierten Arbeiten ausführen lassen.

Es scheint das spanische Mechaniker eher versuchen die Dinge zu reparieren, anstatt zu ersetzen. Wenn wirklich ein Ersatzteil benötigt wird, ist es kein Problem es in kurzer Zeit zu besorgen. Die Zeiten sind vorbei, in denen die Werkstätten wochenlang auf die Lieferung der Ersatzteile warten mußten. Die Ersatzteile für die gängigsten Automarken sind leicht und schnell zu bekommen.

Da es außer in den Gebirgen keinen Winter mit Schnee gibt, ist es nicht nötig, auf den Strassen Salz zu streuen. Klar das die Fahrzeuge in Spanien nicht so schnell rosten. Die Auspuffanlagen scheinen nie kaputt zu gehen. Wenn ein Fahrzeug ein Problem mit dem Auspuff hat, wird dieser eher repariert als ersetzt.

Das Wechseln von Autoreifen ist billiger als in den meisten nord-europäischen Ländern. Es gibt Auto-Supermärkte, in denen Sie Reifen kaufen und gleich wechseln lassen können. In solchen Geschäften bekommen Sie auch weitere Artikel (Scheibenwischer, Bremsen, Zündkerzen, Automatten, Sitzbezüge, etc.) für ihren Wagen.

Falls Sie ihr deutsches Fahrzeug nach Spanien mitnehmen möchten, sollten Sie beachten das Fahrzeug nach spätestens sechs Monaten umgemeldet werden muß. Hierzu müssen Sie Ihr Fahrzeug zuerst beim spanischen TÜV (ITV) überprüfen lassen.

Sollte es sich um ein neues Fahrzeug handeln, sollten Sie sich das Ummelden vorher von einer Gestoria durchrechnen lassen. Die Importsteuern, abhängig von dem Alter und der Marke des Fahrzeuges, sind recht hoch. Falls es sich um ein älteres Fahrzeug handelt, lohnt es sich auf jeden Fall.

Auf den Internetseiten des ADAC finden Sie sämtliche Informationen bezüglich der Ummeldung eines Fahrzeuges. Darüber hinaus können Sie sich allgemein über das Verkehrswesen in Spanien informieren.

Kfz- und Motorrad-Versicherungen
Für alle in Spanien zugelassenen Kraftfahrzeuge besteht Versicherungspflicht. Diese wird nicht über das Verkehrsamt kontrolliert, sollte jedoch ein Fahrer von der Polizei ohne gültige Police ertappt werden, wird es teuer. Also müssen **Versicherungsnachweis** und die Quittung der letzten Beitragsrechnung **unbedingt im Fahrzeug mitgeführt werden.**

Außer der gesetzlichen Vorschrift sprechen aber auch einige praktische Vorteile für die Ummeldung. Die technische Überprüfung findet damit in Spanien statt und auch bei einem Unfall ist die Schadenabwicklung meist deutlich leichter.

Allgemein ist die Kfz-Versicherung in Spanien für viele Fahrzeugtypen teurer als vergleichsweise in Deutschland. Dies hängt unter anderem mit dem großen Versicherungsumfang zusammen. Dabei besteht die Versicherungspflicht nur für die - begrenzte - gesetzliche Haftpflichtversicherung (*Responsabilidad Civil Obligatoria*).

Die übliche Grunddeckung der Gesellschaften besteht jedoch aus einer Bündelung von Versicherungen, die üblicherweise auch benötigt werden: So werden unter anderem eine unbegrenzte Haftpflichtversicherung (*Responsabilidad Civil Suplementaria*), gerichtliche Verteidigung oder Unfallversicherung des Fahrers und Reiseassistanz für Personen und Fahrer (ähnlich wie der deutsche Schutzbrief) geboten. Ein wesentlicher Vorteil dieser Bündelung ist die erleichterte Abwicklung von Schadensfällen. Auch Forderungen gegenüber anderen Personen oder deren Versicherungen werden von der eigenen Versicherung erledigt.

Wegen der großen Prämienunterschiede lohnt ein Vergleich der Versicherungen. Allgemeine Aussagen über billige und teure Gesellschaften sind kaum möglich, da die Tarife je nach Modell oder Leistungsumfang sehr unterschiedlich sein können. Auch die Höhe des **Schadenfreiheitsrabattes** (*Bonificación*) wird je nach Gesellschaft unterschiedlich anerkannt.

Heikel sind spanische Versicherungsgesellschaften bei **"Problemgruppen"** wie Lenkern unter 25 Jahren oder mit weniger als 2 Jahren Führerscheinbesitz sowie bestimmten Motorrädern. Kaum eine Gesellschaft wird diese Risiken übernehmen, wenn man nicht zumindest noch andere Versicherungen bei ihr hat.

Motorradversicherungen sind teuer in Spanien. Durch die hohen Unfallzahlen bei Motorrädern bezahlt man hier bis zum Dreifachen gegenüber einer deutschen Versicherung. So versteht man dann das viele ihr Zweirad immer noch in Deutschland angemeldet haben, obwohl sie schon seit vielen Jahren in Spanien leben und gemeldet sind. Wer in seiner Motorradjacke seinen deutschen Ausweis und Führerschein dabei hat, und nicht erwähnt das er in Spanien gemeldet ist, dem kann zumindest in einer Verkehrskontrolle nichts passieren.

Die KFZ-Steuern
in Spanien sind auf jeden Fall niedriger als in Deutschland, ganz besonders für Dieselfahrzeuge, hier gibt es keine extra Besteuerung. So lohnt sich bei dem zudem noch günstigen Dieselpreis das Fahren eines Selbstzünders auf jeden Fall.

Möbel und Einrichtungsgegenstände

Im Vergleich zu Deutschland können Sie hier etwas sparen. Auswahl gibt es reichlich. In der Regel ist es preiswerter sich in Spanien neu einzurichten, als den Transport aus der Heimat zu bezahlen.

Telefon

Spanien hat nach europäischen Standard ein sehr modernes Tele-Komunikations-System. In allen besiedelten Bereichen Spaniens sind Telefonleitungen vorhanden. Was wiederum heißt das ein Telefonanschluß auf dem Land ein Problem sein kann. Schlechte Karten, wenn kein Telefonmast oder Verteilerkasten in der Nähe ist. In der Regel stellt Telefonica in solchen Fällen Funktelefone „TRAC" (*Teléfono Rural de Acceso Celular)* zur Verfügung, die genauso zu gebrauchen sind und genauso viel kosten wie ein normales Telefon. Da der Monopolist Telefonica aber gerade sein Funktelefonnetz auf Digitaltechnik umrüstet, sind die Wartezeiten für eine Installation enorm. Mancher wartet schon seit Jahren. Die Kosten ein Telefon zu mieten oder zu kaufen, sind vergleichbar mit deutschen Verhältnissen. Die Telefonrechnung wird jeden zweiten Monat zugeschickt.

Ein neuer Festnetzanschluß ist mit recht hohen Kosten von 132 € verbunden, die monatlichen Fixkosten belaufen sich auf 12 €, was sich nur für einen mindestens 1-jährigen Aufenthalt rentiert. Die Frage ist, ob sich die Investition für Alleinlebende wirklich lohnt, dazu kommen noch die Fixkosten, vielleicht reicht ein Handy. Dies natürlich nicht, wenn ein Internetanschluß gebraucht wird. 48 € kostet eine Ummeldung, bei der man die alte Nummer behält, hier kommt man vergleichsweise billig davon.

Natürlich bietet auch die Telefónica ISDN - hier unter dem Namen „RSDI" - an. Die Vorteile sind die gleichen: Bereitstellung mehrerer Nummern, so kann etwa der Internetzugang über eine eigene Leitung erfolgen, während die andere für Gespräche frei bleibt. Das tostet monatlich 12 € Grundgebühr. Teuer, wenn man bedenkt, daß man für 30 Euro monatlich einen ADSL Internetanschluß bekommt.

Die Kosten für Telefongespräche im Festnetz sind in Spanien etwas höher als in Deutschland. Für nationale Gespräche ist dies geringfügig. Die Gebühren, die speziellen Tarifpläne der Telefónica und der alternativen Anbieter (insbesondere jene Pläne mit Gebührenermäßigung für Auslandsgespräche), ändern sich indes fast monatlich.

Es gibt Telefon-Anbieter, mit denen Sie für 6 Cents pro Minute nach Deutschland telefonieren könnten, nicht ganz so günstig wie manche Deutsche Anbieter. Apparate oder Anrufbeantworter, die etwa in Deutschland angeschlossen waren, können auch in Spanien betrieben werden. Vorausgesetzt, sie verfügen über den passenden Stecker, der aber nachgerüstet werden kann.

Der Antrag für den Telefonanschluß kann mündlich über die Service Nummer 1004 oder über das Internet auf http://www.telefonicaonline.com/ gestellt werden. Folgende Daten müssen angegeben werden:

Name des Antragstellers, Anschrift der Wohnung oder des Hauses
Nummer des Personalausweises bzw. der Aufenthaltsgenehmigung
Bis der Anschluß dann wirklich da ist, ist je nach Provinz unterschiedlich:
Drei bis zehn Tage.

Ansonsten ist ein Handy die praktischste Lösung, zumal man sowieso nicht viel zu Hause erreichbar sein wird. Es gibt drei Anbieter, die Tochter der Telefónica, genannt Movistar, Amena und Vodafone, alle locken mit günstigen Verträgen und Handies. Wenn Sie auf dem Land (*campo*) wohnen, sollten Sie vorher mit dem Handy eines Freundes ausprobieren ob „Ihr" Anbieter vor Ort guten Empfang bietet. Besitzt man ein deutsches Vertragshandy, so kann man sich vor Ort eine Prepaid-Karte holen, deren Anschaffung relativ günstig ist. Eine Movistar Karte z.B., kostet 60 €, wovon 48 € Guthaben sind und weitere 6 € gutgeschrieben werden, wenn man eine beiliegende Karte ausfüllt und abschickt.

Internet

Spanien hat eine Vielzahl von Anbietern, mit denen Sie kostenfrei ins Internet gelangen können. Die einzigen Kosten, die Sie bezahlen müssen, sind die Verbindungsgebühren. Während der öffentlichen Geschäftszeiten von 8 Uhr bis 20 Uhr, sind diese Gebühren etwas höher. Wie in den meisten europäischen Ländern, empfiehlt es sich, erst nach 20 Uhr im Internet zu surfen.

Die meisten Anbieter geben Ihnen keine gesonderte Email-Adresse. Bei der Telefonica erhalten Sie ein kostenfreies POP3 Email-Konto. Darüber hinaus gibt Ihnen die Telefonica telefonische Unterstützung, falls Sie Probleme mit dem Erstellen der Internetverbindung haben. Das einzige Problem ist, einen Deutsch sprechenden Mitarbeiter der Telefonica zu erreichen.
Ein ADSL Anschluß mit Flatrate 24 h ist ab 30 € monatlich zu haben, dafür gibt es 128 KB/sec Ausgangs- und 512 KB/sec Eingangsgeschwindigkeit.
Wohlgemerkt, alle Preise (auch die hier genannten), der Unternehmen der Telekommunikation (und auch vieler anderer), verstehen sich zuzügl. Mehrwertsteuer.

Wohnen - Mieten oder Kaufen

Mietwohnungen in Spanien

Wohnungen oder Häuser zu finden, die man langzeitig mieten kann, ist in Spanien nicht ganz einfach. Zunächst liegt es an einem heutzutage nicht mehr geltenden spanischen Mietgesetz, der Vermieter glaubt oft, er trägt ein hohes Risiko, wenn er sein Objekt über 11 Monate hinaus vermietet - , des weiteren ist es darin begründet, dass in Spanien traditionell Wohnungen oder Häuser gekauft und nicht gemietet werden, ca. 90% der Spanier besitzen ein Eigenheim. Zudem kommt hinzu, daß in den Touristenzonen die Objekte in der Saison sehr teuer vermietet werden können. Obwohl Wohnungen u. Häuser 10 Monate des Jahres leer stehen, ist so gut wie niemand gewillt, sich die Hochsaisonpreise (Juli/Aug) entgehen zu lassen. Diese beiden Monate bringen oft mehr Miete als eine reguläre Jahresvermietung!

Saisonpreise

Zwischen 1.000 und 4.000 Euro im Monat müssen Sie für eine Wohnung in der Hochsaison ausgeben,(zu Quadratmeterpreisen von 11 bis ca. 50 Euro) das Angebot richtet sich je nach Lage und Ausstattung - und dieser Preis ist ein Privatpreis, d.h. nur wenn Sie direkt vom Eigentümer zu mieten. Wenn Sie wegen mangelnden Kontakten eine Agentur bemühen müssen, zahlen Sie zwischen 50 und 100% mehr.

Für diesen Kurs erwarten Sie sicher eine Luxusbehausung mit allem Komfort, den Sie vielleicht zu Hause nicht zu Ihren Standards zählen - da erwarten Sie zuviel.

Wenn Sie Glück haben, verfügt das Domizil durchaus über ausreichendes Mobiliar und evtl. sogar über einen Pool. Aber bitte, vergleichen Sie niemals ein spanisches Haus mit einem Ferienhaus auf Hawaii oder in Florida. Sie werden, meistens zumindest, spanischen Lifestyle antreffen - und der ist eher minimalistisch.

Will man also irgendwo erst mal das Ambiente erschnuppern und sich nicht gleich an einen Ort binden will, hat man schlechte Karten, besonders in der Hochsaison.

Wenn Sie zuerst Mieten, verkaufen Sie Ihr Hab und Gut oder lagern Sie es ein. Sie werden Ihre Zeit in Spanien wahrscheinlich mit vielen Umzügen verbringen, weil Sie einen Dauermietvertrag, wie aus Deutschland gewohnt, schwerlich erhalten werden. Dafür sorgt das spanische Recht. Der Mieter hat hier zweifelsfrei mehr Rechte als dem Vermieter lieb ist.

Selbst wenn ein Mieter nach geraumer Zeit, seine Miete einfach nicht zahlt, wird es schwer sein, diesen einfach hinauszubefördern. Es gibt zwar auch hier eine Räumungsklage, nur bis diese greift, lebt der Mieter oft auf Kosten des Vermieters, verwendet seinen Strom und Wasser und sucht sich währenddessen die nächste Bleibe.

Es gibt Vermieter, die für völlig heruntergewirtschaftete Objekte horrende Mieten verlangen und sich nicht darum scheren, ob das Dach undicht ist, oder die Wände verschimmeln. Soll der Mieter doch ausziehen, wenn er was anderes findet. Er findet halt nicht so leicht.

Das Angebot in den Zeitungen beschränkt sich fast ausschließlich auf die teure Saison- oder Ferienvermietung. Also bleibt dem Mieter nichts anderes übrig, als entweder selbst die Reparaturen vornehmen zu lassen - oder das Chaos zu akzeptieren.

Mietrecht

Wenn einem nun das Glück und der Vermieter holt ist, erhält man einen Vertrag über 11 Monate, der dann bei noch mehr Glück weitere 11 Monate verlängert wird.

Es gibt immer noch die Mähr von der 11-Monats-Vermietung, um die geltenden Gesetze zu umgehen, dabei sind diese Gesetze längst überholt. Das wissen aber nur die wenigste Vermieter, Ihnen wird er es kaum glauben das Sie es besser wissen.

Für die Langzeitvermietung von Wohnungs- und Geschäftsraum ist in Spanien die „Ley de Arrendamientos Urbanos (LAU)“ vom 24.11.1995 zuständig.

Mit dem LAU gab es erstmals zwei gravierende Änderungen: Mietpreis und Mietdauer können frei ausgehandelt werden.

Wenn es sich nicht gerade um ein Strand-Appartement handelt, tritt eine Verlängerungsklausel des LAU in Kraft. Wenn natürlich ein Zeitmietvertrag für 3 oder 4 Wochen vorliegt, ist die Rechtslage klar, das ist ganz klar eine touristische

Zeitvermietung. Die Elf-Monatsvermietung greift heute nicht mehr, sie resultiert noch aus der Zeit vor dem LAU, also vor 1995.

Früher war es so, daß Mietverträge für einen Erstwohnsitz mindestens ein Jahr dauern mußten, folglich versuchten jene, die einen kürzeren Zeitraum angaben, sich an diesem Gesetz vorbeizuschlängeln. Aus dem neuen LAU ergibt sich das nicht. Artikel 9, Absatz 1 des Städtischen Mietrechts sagt, daß die Dauer des Mietvertrages die sei, die die Parteien frei bestimmen. Wenn die Dauer kürzer als fünf Jahre sei, werden gegen Vertragende der Vertrag automatisch für ein Jahre verlängert, bis höchstens fünf Jahre.

In Spanien gelten mündliche Abmachungen ebenso wie ein schriftlicher Vertrag. Man sollte aber unbedingt den Mietvertrag schriftlich abfassen und darin detailliert die Bedingungen festzulegen. Dann kann man bei Streitigkeiten auf die klare Vereinbarungen hinweisen. Das ist für Vermieter und Mieter gleichermaßen wichtig, die wichtigsten Punkte des Mietvertrages sind der Mietzins sowie die Mietdauer.

Wer sich eine größere Wohnung mit jemand Teilen will, was oft die kostengünstigste Alternative ist, kann untervermieten, wenn das Einverständnis des Vermieters vorliegt. Dabei darf der Mietzins für die Untervermietung nicht höher sein als der vereinbarte Mietzins. Bei Ablauf des Hauptmietverhältnisses endet automatisch auch das Untermieterverhältnis.

Urbanisationen

(Aussiedlersiedlungen im Außenbereich)

Wie vieles im Leben, ist auch das Leben in einer Urbanisation Geschmacksache und hat Vor- und Nachteile. Der Kauf eines Hauses in einer Urbanisation hat den Vorteil, daß Infrastruktur wie asphaltierte Wege, Kanalisation, Telefon-, Strom- und Wasseranschlüsse bereits vorhanden sind. Nachdem ein großer Landbesitz klein parzelliert wurde, wohnen Sie meist, den Bebauungspläne der Region gemäß, sehr nah an Ihren Nachbarn und weit weg von einer gewachsenen Infrastruktur, Einkaufsmöglichkeiten oder Restaurants.

Das Leben in einer Urbanisation ist meist mit deutscher Gründlichkeit reglementiert. Hier gibt es den Siedlungspräsidenten, eine Vizepräsidentin, einen Siedlungsvorstand, einen Kassenwart. In einem umfangreichen Regelwerk ist genau vorgegeben wann, was, wo, wie zu geschehen hat. Das Bellen der Hunde, Spielen der Kinder und das Schwimmen im Gemeinschaftspool, Reinigung der Fenster und Pflege der Gartenanlage, alles wird fein säuberlich geregelt. In einer deutschen Schrebergartenkolonie herrscht sicherlich ein angenehmerer Umgangston und ein liberaleres Ambiente als in einer deutschen Kolonie in Spanien.

Spanisch lernt man hier nicht, denn in einer Urbanisation lebt man ja „unter sich“. Von kosmopolitischem Leben im Gastland spüren Sie in diesem Umfeld natürlich nichts. Wenn Sie nicht ab und an mal in die Stadt fahren um einzukaufen und zumindest im Supermarkt rein akustisch eine fremde Sprache wahrnehmen, werden Sie irgendwann vergessen, daß Sie ja jetzt in Spanien wohnen. Viele Bewohner solcher Siedlungen denken nur im Ausnahmefall daran, die Sprache des Gastlandes zu lernen.

Man lebt schon seit Jahren auf seiner Scholle und hat mit Spanien eigentlich nicht viel zu tun. Natürlich übertreibe ich hier etwas, es wird nicht überall so sein, aber Ausnahmen bestätigen die Regel.

Es erstaunt nicht, daß Tausende von Second - Hand Objekten in Urbanisationen zum Kauf angeboten werden. Als Ferienwohnung oder vorübergehend zur Miete mag so ein Objekt ok. sein, in einem solchen Umfeld dauerhaft zu leben sollte man sich gut überlegen.

Spanische Bezeichnungen der Wohnräume

Estudio: Einzimmerwohnung (Schlaf- und Wohnzimmer in Einem)

Apartamento: Wohnung (1-2 Zimmerwohnung + Wohnzimmer, oft klein und teuer)

Piso: Wohnung (wörtl. Stockwerk: mind. 2 Zimmer + Wohnzimmer)

Piso Compartido: Wohngemeinschaft

Chalet adosado:
Reihenhaus (incl. Doppelhaus)

Chalet independiente:
freistehendes Haus

Wenn die Kinder mitkommen

Wer mit Kindern kommt ist sehr willkommen, Kinder sind in Spanien der Mittelpunkt des Lebens, sie werden derart verwöhnt, daß man sich wundert, daß sie später (viel später als in D) selber für sich sorgen können. So gesehen ist Kinder mitbringen kein Problem. Das nicht mehr nur Pensionäre, sondern vermehrt auch Familien nach Spanien kommen wird auch an der Entwicklung an den Schulen deutlich. Die Zahl der ausländischen Kinder ist spanienweit im Schuljahr 2002/2003 im Vergleich zum Vorjahr um 30 Prozent gestiegen. Damals lernten hier knapp 225.000 ausländische Schüler, fast fünfmal soviel wie noch vor zehn Jahren. Da waren es nur knapp 45.000 Kinder.

In größeren Städten gibt es internationale Schulen, oft mit Grundsprache Englisch, aber auch deutschsprachige Schulen entstehen immer mehr, vor allem staatliche. Einige Fächer werden dann in anderen Sprachen komplett unterrichtet. In zweisprachigen Gebieten sollte man sich erkundigen wie intensiv *castellano*, die Kastilische Sprache, unterrichtet wird. Schulen gibt es staatliche, halb- und vollprivate.

Für eine spanische Familie ist das eine Frage der Ehre, wenn möglich wird das Kind auf eine private Schule geschickt, daher sind in Touristen / Einwanderungsgebieten extrem viele Ausländer in den Klassen und spanisch wird weniger gesprochen. Am Besten ist es die Kinder sind etwas jünger und haben Zeit in der Vorschule / Kindergarten ihr Spanisch aufzubauen. Keine Sorge, deutsche Kinder die in Klassen kommen in der fast nur Spanier sind, werden im Normalfall gut aufgenommen, anders ist es bei Farbigen, Südamerikanern, Zigeunern ...

Kindergeld wird bis zum 18. Lebensjahr gezahlt. Die Höhe ist abhängig von Einkommen und Anzahl der Kinder. Schulpflicht besteht vom 6. bis 16. Lebensjahr. Hier erhalten Sie einen ersten Überblick über das Bildungssystem. Ob bzw. welche deutsche Schulen es vor Ort gibt erfahren Sie bei der Zentralstelle für das Auslandsschulwesen. www.auslandsschulwesen.de/

Kindergarten

In Spanien gibt es bereits ab dem Säuglingsalter Ganztageskindergärten, die Gebühren richten sich nach dem Einkommen der Eltern, gerade für spanische Verhältnisse sind die Raten recht hoch. Die zweimonatige Sommerpause dieser Kindergärten bereitet Familien in denen beide Elternteile berufstätig sind Probleme, wer betreuet in dieser Zeit die Kinder? Das ist, genauso wie das Kinderkriegen Privatangelegenheit, von seiten des Staates gibt es da keine Hilfe.

Anders als in Deutschland ist die Kindergartenzeit mit drei Jahren beendet und die Kids können dann (müssen aber nicht) in die Vorschule gehen. Für dieses Alter bis zur Grundschule gibt es keine andere Einrichtung für Kinder.

Nach der Vorschule beginnt die Schulausbildung. Zuerst machen die sechs- bis vierzehnjährigen eine allgemeine Grundausbildung (*educatión general básica*), danach folgt der dreijährige Weg (*Instituto*) zum Abitur (*bachillerato*) und mit 17/18 Jahren schließlich die einjährige Vorbereitungszeit auf die Universität (*curso de orientación universitaria*). Spaniens Schulen sind Ganztagsschulen, so daß es zwar Vereinsarbeit (z.B. der Sportverein)gibt, aber im Grunde genommen keine offene Jugendarbeit für die Freizeitgestaltung der Kids & Teens gibt.

Schule - Multikulturell

In den Schulen Spaniens zeigt sich inzwischen eine hohe Internationalität der Kinder, was für die Schulen ein hohes Maß an Flexibilität und Organisationsaufwand bedeutet, um die ausländischen Schüler möglichst reibungslos in den Schulalltag einzugliedern. Einige verfügen über spezielle Integrationspläne, die zum Beispiel den Kindern Tutoren zur Seite stellen, die möglichst die gleiche Sprache sprechen. Andere Schulen wieder lehnen diese Sonderbehandlungen kategorisch ab und bevorzugen den Weg über die selbständige Integration der Kinder.

Die CC.OO.-Erziehungsgewerkschaft warnt davor, die kulturellen Unterschiede immer mehr auseinander klaffen. Dringend fordert die Gewerkschaft mehr Tutoren und, noch viel wichtiger, einen generellen Integrationsplan auf Landesebene, der bis heute noch nicht vorliegt.

Es gibt seit dem neuerdings zumindest einen sogenannten „*mediador cultural*“, der in alle Richtungen, Schule, Lehrer, Eltern, informiert und so eine Art Mittler zwischen den Kulturen darstellt. Allerdings steht jeder Provinz gerade mal einer dieser Mittler zur Verfügung. [1]

Zweisprachigkeit macht das Hirn fit

Laut neuesten Forschungsergebnissen sind Menschen mit zwei Muttersprachen geistig leistungsfähiger. Bei Menschen, die in ihrer frühen Jugend zwei Sprachen gelernt haben, sind viele Gehirnleistungen besser als bei Personen mit nur einer Muttersprache, haben Wissenschaftler der Universität York (Großbritannien) herausgefunden. Die Forscher unter Leitung von Ellen Bialystok veröffentlichen ihre Ergebnisse in der Fachzeitschrift Psychology and Aging (Vol. 19, No. 2, S. 290).

Die Wissenschaftler untersuchten bei 104 Test-Teilnehmern die Fähigkeit, sich auf eine Aufgabe zu konzentrieren. Die Probanden wurden in zwei Gruppen (30 bis 59 Jahre und 60 bis 88 Jahre alt) aufgeteilt und einem so genannten Simon-Test unterzogen. Dieser beruht auf der Messung von Reaktionszeiten bei schnell wechselnden Aufgabenstellungen mit einer zusätzlichen absichtlichen Ablenkung der Teilnehmer.

Viele ältere Menschen hatten Schwierigkeiten, sich den schnell ändernden Aufgabenstellungen anzupassen. Zweisprachige Probanden, die seit ihrem zehnten Lebensjahr beide Sprachen nahezu täglich benutzten, schnitten bei den Tests in beiden Altersgruppen jedoch weitaus besser ab als diejenigen, die lediglich eine Sprache beherrschen.

Die Forscher führen dieses Ergebnis darauf zurück, daß Menschen, die jahrzehntelang zwei Sprachen aktiv sprechen, gelernt haben, die unterschiedlichen, gleichzeitig eintreffenden Informationen besser zu verarbeiten. Sie müssen ständig diese beiden Sprachen im Gehirn trennen und können sich dadurch leichter auf komplexe Situationen einstellen. Diese Fähigkeit, die auch für andere Gedächtnisleistungen hilfreich seien, werden im Alter beibehalten, erklärt Bialystok.[5]

Kindergarten - Vorschule

Kinder zwischen drei und sechs Jahren werden in Spanien meist in einer „Vorschule" untergebracht, die „*educación infantil*" oder „*prescolar*", dieser Besuch ist freiwillig.
Kleine Kinder öffnen für sich fortwährend Entwicklungsfenster, paßt dann eine bestimmte Situation dazu, lernt das Kind elementare Dinge. Paßt keine Situation, schließt sich dieses Fenster für immer. Dadurch wird es mit den Jahren immer schwieriger, Sachen zu lernen. Schon 10-jährige Kinder lernen eine neue Sprache nur mühsam.

Das spielend leichte Lernen aus der Entwicklungsphase ist dann schon längst vorbei. Was im frühen Stadium verpaßt wurde, kann später nur durch harte Arbeit erlernt werden. Deshalb sind der Kindergarten und die Vorschuljahre eine elementare Bildungszeit.

Das Wichtigste an einer Kindertagesstätte oder Vorschule ist eine möglichst individuelle Betreuung der Kinder. Für Eltern sollte bei der Auswahl ein erstes Kriterium das Verhältnis der Anzahl der Kinder und der Anzahl der Erwachsenen sein. Am besten sind Gruppen von nicht mehr als neun Kindern und einem Erwachsenen.
Ein weiteres Kriterium sollte die Ausbildung der Erzieher sein. In Spanien ist in den Vorschulen die Ausbildung zum examinierten Lehrer Pflicht.

Das heißt, der Lehrer muß in mindestens zwei Hauptfächern seinen „*Maestro*" gemacht haben. Bei Kindergärten, den „*guarderías*", muß der Leiter des Zentrums einen Meister haben, ähnlich wie bei Handwerksbetrieben in Deutschland. Die Mitarbeiter im Kindergarten brauchen jedoch keinerlei Ausbildung, was wohl auch nicht nötig ist. Wichtiger sollte es sein, daß die Erzieher fähig sind auf die Kinder einzugehen und sie zu begeistern. Wichtig ist auch eine ausreichende Vielfalt der Angebote. Die Kinder sollten nicht nur spielerische Erfahrungen mit Sprachen, dem Lesen, Schreiben oder Rechnen machen, sondern auch mit dem Pinsel, Farben, Knetmasse und Kletterwänden.

Die staatlichen Kindergärten und Vorschulen sind kostenlos, doch in den teueren privaten Einrichtungen sind die Lehrer oft motivierter, die Förderung der Kinder ist besser und die Zentren sind weniger stark reglementiert. Zudem sind dies meist Ganztagesstätten, die staatlichen Schulen schließen um vier, was für manche arbeitende Eltern ein Problem darstellt.

Anmeldung zur öffentlichen Schule

Schulpflichtige Kinder müssen zuerst zum spanischen Schulsystem angemeldet werden. Es gibt auch zweisprachige Schulen, meist allerdings privat. Um Ihr Kind anmelden zu können, müssen Sie zuerst die Homologisierung (*homologación*) seiner bisherigen Schulausbildung beantragen und die entsprechenden Nachweise über den schulischen Erfolg beibringen. Dazu sollten Sie noch vor Abreise die Zeugnisse, Abgangsbestätigungen und andere Unterlagen legalisieren lassen.

Das Antragsformular kann auf der Website des zuständigen spanischen Ministeriums abgerufen werden und muß mit folgenden Unterlagen eingereicht werden:

Fotokopie des Reisepasses, Titel oder offizielles Diplom, dessen Homologisierung beantragt wird, bzw. offizielle Bestätigung, die entsprechenden Abschlußprüfungen erfolgreich abgelegt zu haben. Bestätigung über die absolvierten Schuljahre, aus welcher die belegten Fächer, die Beurteilung/Benotung und die Schuljahre, in denen die jeweiligen Klassen besucht wurden, hervorgeht.

Alle ausgestellten Dokumente müssen mit einer **Übersetzung ins Spanische** vorgelegt werden, die entweder von einer diplomatischen oder konsularischen Vertretung Spaniens im Ausland oder von einem vereidigten Übersetzer (*traductor jurado*), der in Spanien als solcher registriert ist, angefertigt werden muß.

Der Antrag ist bei der *Dirección Provincial de Educación y Cultura* oder der Delegación del Gobierno am Ort des Wohnsitzes des Antragstellers oder bei folgenden Einlaufstellen des spanischen Ministeriums für Unterricht und Kultur einzureichen:

Ministerio de Educación y Cultura http://wwwn.mec.es
c/ Los Madrazo, 15-17,
Paseo del Prado, 28, Madrid

Die Einreichung des Antrages auf Homologisierung von ausländischer Schulausbildung in den entsprechenden Einlaufstellen der Verwaltung berechtigt zur bedingten Anmeldung für das nächsthöhere Schuljahr als dasjenige, um dessen Anrechnung angesucht wurde, oder zur Anmeldung für die Eignungsprüfung zur

Aufnahme an der Universität. Wenn Sie die Dokumente eingereicht haben, bekommen Sie eine Empfangsbestätigung, als bedingte Anmeldung, die Bearbeitung des Antrages bei der spanischen Behörde bis zur definitiven Anmeldung kann einige Wochen dauern.

Die öffentlichen Schulen

Die öffentlichen Schulen sind unentgeltlich, die Eltern müssen jedoch gewisse Kosten übernehmen (Uniform, Material, außerschulische Aktivitäten etc.). Manche Einrichtungen bieten Spanischintensivkurse speziell für ausländische Schüler an. Sollten Sie sich in Katalonien, dem Baskenland oder Galicien niederlassen, sollten Sie nicht vergessen, daß der Unterricht an den öffentlichen Grundschulen in den meisten Fächern in der Sprache der jeweiligen Autonomen Region erteilt wird.
Die spanische Schulausbildung ist ähnlich strukturiert wie in Deutschland. Der Unterricht findet von Montag bis Freitag statt. Um der größten Hitze zu entgehen, beginnt das Schuljahr normalerweise Anfang September und endet im Monat Juni. Während der „kälteren" Monate, beginnt der Schultag um 8.30 Uhr und endet um 17.30 Uhr. Die Mittagspause ist von 12.30 Uhr bis 15.00 Uhr, in der die meisten Schulen Freizeitangebote, sowie eine warme Mahlzeit für die Schüler anbieten.
In den Monaten Juni und September findet der Unterricht wegen der Hitze nur von 8.30 Uhr bis 13.30 Uhr statt. Die Schüler beginnen im Klassenverband, erst in den letzten beiden Schuljahren gibt es einige Fächer zur Auswahl.

Das wirklich schulpflichtige Alter beginnt mit sechs Jahren und dauert bis zum 16. Lebensjahr. Es splittet sich auf in sechs Jahre Unterricht in der Grundschule „*Educación Primaria*" und weitere 4 Jahre in einer Art Mittelschule *„Educación Secundaria Obligatoria*" (ESO).

Die ESO gliedert sich wieder in zwei Zyklen von jeweils zwei Jahren und läßt im letzten Jahr Wahlfächer zur Spezialisierung zu. Nach dem erfolgreichem Abschluß der ESO sind die Schüler *Graduado en educación secundaria obligatoria*, Graduierte(r) der obligatorischen Sekundarausbildung. Dieser Schulabschluß entspricht in etwa unserer Mittleren Reife. Anfangen kann man damit indessen wenig. Deshalb bemühen sich die meisten Absolventen bzw. ihre Eltern auch um eine weiterführende Ausbildung. Die allgemeine Schulpflicht endet mit der ESO.

An der weiterbildenden Schule (vergleichbar mit der Sekundarstufe des deutschen Gymnasiums) besteht die Wahl zwischen einem beruflichen Zweig (bestimmter Fachbereich) oder dem allgemeinbildenden Zweig (Gymnasiumsausbildung).

So ist es z.B. möglich aus verschiedenen Fächern (eine zweite Fremdsprache, Computertechnik, höhere Mathematik etc.) auszuwählen. Es gibt keinen Unterricht am Nachmittag. Der erfolgreiche Abschluß führt zum Titel „*Bachiller*", vergleichbar mit unserem deutschen Abitur. Allerdings führt dies noch nicht – wie in Deutschland - zur Studienberechtigung, dafür muß der Schüler noch ein weiteres Jahr durchlaufen und eine spezielle Abschlußprüfung ablegen.

Universitätszulassung

Das *Bachillerato* berechtigt prinzipiell zum Studium an einer Universität. Es gibt aber auch die Möglichkeit, sich nach dem Fachschulabschluß noch für die Universität zu qualifizieren. Dabei entscheidet in Spanien nicht der Notendurchschnitt über einen Studienplatz, sondern die *selectividad*, eine Auswahlprüfung, die in Madrid abzulegen ist. Alle Studienbewerber müssen diese unabhängig von ihrer Vorbildung ablegen. Nur wer die selectividad besteht, wird zum Studium zugelassen.

Die Ausschreibung dieser Prüfung erfolgt durch Veröffentlichung im spanischen Staatsanzeiger (*Boletín Oficial del Estado*, BOE). Ausländische Schüler, die ihren Wohnsitz noch in ihrem Land haben und ihr erstes Studienjahr an einer spanischen Universität zu absolvieren wollen, können diese Prüfung zum vorgesehenen Termin und nach Einreichen des entsprechenden Antrags an den spanischen Botschaften ablegen. Im Staatsanzeiger (BOE) wird auch das Programm der Prüfungsfächer veröffentlicht.

Die Universitätsausbildung umfasst drei Zyklen von jeweils zwei Jahren, so daß die Studenten normalerweise mit 24 Jahren ihre Examina ablegen.

Technische Fachausbildung

Den berufsbezogenen praktischen Zweig, kann man bereits nach einen Jahr, nach kombiniertem Schulbesuch und längerem Praktikum in einer Firma, mit einem „mittleren Grad" abschließen. Der Auszubildende ist dann ein Fachgehilfe (*Técnico Auxiliar*). Das höhere Ausbildungsniveau, den *grado superior*, kann man in zwei Jahren erreichen. Dies geschieht ebenfalls mit einem kombinierten Schulbesuch und einer praktischen Ausbildung in einem Unternehmen. Der Auszubildende erlangt einen Fachschulabschluß, mit der Bezeichnung *Técnico Especialista.*

Berufsausbildung

Berufsausbildung (*Formación profesional reglada*) in Spanien findet überwiegend in rein schulischer Form statt. Am Ende der Ausbildung sollen kurze Praktikumsphasen den Praxisbezug sicherstellen.

Die *„Formación profesional especifica de grado medio*" ist die mittlere Berufsausbildung für Jugendliche, die die Pflichtschule abgeschlossen haben. Sie findet an Sekundar- oder Berufsschulen statt und bietet neben den theoretischen Inhalten auch berufspraktische Ausbildungsmodule an. Nach 2 Jahren können Auszubildende den Facharbeiterabschluß (*Tecnico*) erlangen. Gleichzeitig berechtigt dieser Abschluß in bestimmten Bereichen zu einer weitergehenden Ausbildung, die mit dem Fachabitur (*Bachillerato*) abschließt.

Für Abiturienten stellt die *„Formación profesional especifica de grado superior*", die eine Berufsausbildung höheren Grades ist, eine sinnvolle Alternative zum Universitätsstudium dar. Neben dem Abitur (*Bachillerato*), können je nach Beruf, besondere fachspezifische Zulassungsvoraussetzungen hinzukommen. Der Ausbildungsabschluß *„Técnico superior*" beinhaltet gleichzeitig die Fachhochschulreife (*Escuela universitaria*).

Interessant für deutsche Bewerber ist das Angebot der ASET (*Asociación Hispano-alemana de Enseñanzas Técnicas*), das im Internet unter der Adresse http://www.aset.es/ aufgerufen werden kann. Die ASET ist ein gemeinnütziger Verein, der in Madrid und Barcelona seit über 20 Jahren eine zweisprachige Berufsausbildung nach dem deutschen dualen System durchführt. Unterrichtet wird in den ASET-Berufsschulen nach deutschen Lehrplänen. Die Ausbildung dauert 2 Jahre. Während der theoretische Unterricht in deutscher Sprache durchgeführt wird, findet der praktische Teil der Ausbildung in spanischer Sprache statt. Der Berufsabschluß findet vor der „Deutschen Industrie- und Handelskammer für Spanien" - mit der die ASET eng zusammenarbeitet statt und wird sowohl in Spanien, wie auch in Deutschland anerkannt. Voraussetzung für eine Ausbildung sind gute Deutsch- und Spanischkenntnisse. Das Alter sollte zu Beginn der Ausbildung bei 18 Jahren liegen.
In Spanien ist das „*Ministerio de Education y Ciencia*" (MEC) die Nationale Referenzstelle für Transparenz Beruflicher Qualifikationen. Auf ihrer Internetseite bietet http://wwwn.mec.es die Informationen über das berufliche, fachliche und technische Niveau spanischer Qualifikationen.
Weitere Informationen zur Berufsausbildung in Spanien finden Sie auf der Internetseite des Deutschen Bildungsservers http://bildungssysteme-international.dipf.de

Privatschulen

Es gibt zahlreiche Privatschulen in Spanien: Zweisprachige, ausländische oder internationale Schulen. Der Lehrplan dieser Schulen wird im Allgemeinen vom spanischen Staat anerkannt, es ist aber in jedem Fall empfehlenswert, sich dessen zuvor zu versichern.
Die Kosten für den Unterricht an den Privatschulen sind relativ hoch. Die Anmeldeformalitäten sollten so rechtzeitig wie möglich erledigt werden, da Wartelisten an der Tagesordnung sind.
Es entstehen immer mehr zum Teil nicht-spanischsprachige Privatschulen. Es fragt sich ob das empfehlenswert ist, da diese Schüler später Probleme haben könnten sich in die spanische Kultur und Lebensart zu integrieren.

Auskünfte

Für weitere Auskünfte wenden Sie sich bitte an das Ministerium für Unterricht und Kultur (*Ministerio de Educación y Cultura*), Informationsstelle und Bürgerbetreuung, Abteilung für Information im Bereich Unterrichtswesen. Alcalá, 36, 28014 Madrid, Tel.: 0034/91/521 55 11 Fax: 0034/91/521 37 75, Internet: http://wwwn.mec.es

Studium in Spanien

Hochschulsystem

Spanien blickt auf eine lange Hochschul-Tradition zurück. Den Anschluß an moderne westeuropäische Standards schafften die spanischen Universitäten aber erst nach dem Ende der Franco-Diktatur 1975. Heute zählt die Halbinsel über 50 Universitäten.

Darin eingeschlossen sind auch „*Escuelas Universitarias*“ und „*Colegios Universitarios*“, die verkürzte, stark praxisorientierte Studiengänge anbieten.

Studien an spanischen Universitäten sind in Abschnitte von zwei bis drei Jahren untergliedert: der „*primer ciclo*“ entspricht dem deutschen Grundstudium, darauf folgt der „*segundo ciclo*“, der dem deutschen Hauptstudium vergleichbar ist. Das Studium im „tercer ciclo“ dient der Promotion. Nach allen Abschnitten kann ein berufsqualifizierender Abschluß erworben werden.

Der aktuelle Stand des Studiums wird nach angelsächsischem Vorbild zunehmend in Studienpunkten, sogenannten „*créditos*“ angegeben. Leider sind die vergebenen „*créditos*“ nicht immer mit dem European Credit Transfer System kompatibel.

Austauschstudenten müssen sich häufig an die Einseitigkeit des Unterrichts gewöhnen. Ihre spanischen Kommilitonen pflegen die Kunst des exakten Mitschreibens. Frontalunterricht und Auswendiglernen sind an spanischen Universitäten allgemein üblich. Eine längere wissenschaftliche Arbeit verfassen die Studenten erst im „*tercer ciclo*“.

Bewerbung

Wer sein ganzes Studium in Spanien absolvieren möchte, wendet sich zunächst an das Ministerium für Bildung und Wissenschaft in Madrid. Studenten, die ihr in Deutschland begonnenes Studium in Spanien fortsetzen, schicken ihren Antrag direkt an die Hochschule ihrer Wahl.

Das deutsche Abitur wird in Spanien anerkannt. Zwischen Schulabschluß und Studienbeginn liegt aber noch eine weitere Hürde: die obligatorische Aufnahmeprüfung (*Prueba de aptitud para el acceso a la universidad - Selectividad*). Sie ist auch für Deutsche, die ein Vollstudium in Spanien beginnen, Pflicht. Erasmus-Studenten und Teilnehmern an Austauschprogrammen bleibt die Prozedur erspart.

Alltag

Das Studium in Spanien ist kostenpflichtig, mit allerdings im internationalen Vergleich moderaten Studiengebühren: pro Studienjahr werden ungefähr 500 Euro verlangt, für technische Studiengänge etwas mehr.

Das akademische Jahr beginnt im Oktober und endet im Juni. In den heißen Sommermonaten sind die Universitäten nahezu verwaist. Die spanischen Studentenwohnheim (*Colegio Mayor, Residencia*) ähneln einfachen Hotels: übernachtet wird in Ein- bis Vierbettzimmern mit Halb- oder Vollpension, die Bettwäsche wird gewaschen. Die meisten Studenten wohnen noch bei ihren Eltern und haben in der Vorlesungszeit ein Zimmer im Wohnheim. Gefeiert wird selten zu Hause, sondern meist in größeren Gruppen in den zahlreichen „*bares*“ (Kneipen) der Uni-Städte.

Gute Sprachkenntnisse sind für ein Studium in Spanien unterläßlich. Spanisch ist eine Weltsprache: Über 300 Millionen Menschen sprechen Spanisch, neben Spanien selbst vor allem in Lateinamerika und in den USA. In Barcelona finden Vorlesungen meist in Katalanisch statt. Unterricht in der Regionalsprache gibt es auch in Galicien und im Baskenland. [1]

Lebensunterhalt verdienen

Einen Job suchen

Hat man die Frage wo man Leben will abgeklärt, muß man sich Gedanken darüber machen, wie man sich seinen Lebensunterhalt verdienen kann. Grundsätzlich sollte man sich schon darüber im Klaren sein, daß man, wenn man in ein fremdes Land kommt, sich so weit wie irgend möglich mit der Sprache vertraut machen sollte. Es erleichtert nicht nur den Umgang mit den Behörden, auch im Alltag bringt das „sich verständigen können" erhebliche Vorteile mit sich.

Trotz eines kräftigen Wirtschaftswachstums in den letzten Jahren, ist der spanische Arbeitsmarkt immer noch das Sorgenkind innerhalb der EU. Es bestehen jedoch innerhalb des Landes starke regionale Unterschiede, sowohl in Bezug auf die Arbeitslosenrate als auch das Lohnniveau. Als reiche Regionen gelten vor allem die Metropolen Madrid und Barcelona.

Die Arbeitsbedingungen sind - trotz Einführung des Euro - nicht die gleichen wie in Deutschland. Während das Lohnniveau in etwa nur 80 % des europäischen Durchschnitts beträgt, ist die Arbeitszeit überdurchschnittlich hoch.

Die 40-Stunden-Woche ist gesetzlich verankert, jedoch kann die daraus resultierende Jahresarbeitszeit auch unregelmäßig über das Jahr verteilt werden. Nichts Ungewöhnliches ist es zudem, an Samstagen oder Sonntagen zu arbeiten und auch die Tradition der Siesta, der 3-stündigen Mittagspause, gehört zunehmend der Vergangenheit an.

Immerhin, wer viel arbeitet hat auch Urlaub verdient - 22 Werktage (auf Basis 5-Tagewoche) bei vollem Gehalt sieht der spanische Gesetzgeber mindestens vor. Und zu den landesweiten Feiertagen kommen in der Regel auch noch zwei Lokalfeiertage. In vielen Tarifverträgen ist es aber durchaus üblich, mehr Urlaubstage zu vereinbaren.

Natürlich besteht durch die Europäische Union für EU-Mitglieder jederzeit die Möglichkeit hier in Spanien zu arbeiten, neuerdings auch ohne „Residencia". Das man von seinem spanisches Gehalt nicht reich wird, wurde schon erwähnt, oft werden aber freie Verpflegung und/oder Unterkunft vom Arbeitgeber angeboten. In den Tarifverträgen ist auch immer ein 13. Und 14. Gehalt vorgesehen, aber in den Genuß dieser Zahlungen kommt eben nur ein fest Angestellter. Es ist verhältnismäßig schwierig, eine feste Anstellung zu bekommen.

Leicht kompensiert werden die niedrigen Löhne durch die etwas geringeren Lebenshaltungskosten als in Deutschland, was aber auch nicht mehr in allen Gebieten Spaniens gilt.

Die besten Chancen auf einen Job bestehen im Bereich der Gastronomie und der Touristikbranche im allgemeinen, Vorraussetzung hierfür sind allerdings immer sehr gute Fremdsprachenkenntnisse in möglichst mehreren Sprachen, da sich in den Touristengebieten Besucher aus vielen, unterschiedlichen Ländern einfinden, mit dem Anspruch den gewünschten Service in ihrer Sprache zu erhalten.

Auch im Immobilienbereich werden Fremdsprachenkenntnisse jeglicher Art erwartet, man will schließlich einen möglichst großen Kundenkreis ansprechen.

In Spanien sind Arbeitnehmer grundsätzlich sozialversicherungspflichtig. Die Beiträge zur Arbeitslosen- und Krankenversicherung werden dabei überwiegend vom Arbeitgeber aufgebracht. Um im Ernstfall nicht ohne ärztliche Betreuung dazustehen, sollte auf die Anmeldung dringend geachtet werden: einige Arbeitgeber „vergessen" dies mit Verweis auf die langsame spanische Bürokratie nur zu gerne. Die Beiträge zur gesetzlichen Rentenversicherung sind jedoch sehr niedrig. Wer seinen Lebensstandard auch im Ruhestand erhalten will, wird nicht um eine private Vorsorge herumkommen.

Man muß umdenken können, auf keinen Fall darf man sich darauf versteifen: „ ich habe diesen Beruf gelernt und in dieser Branche muß ich nun unbedingt weiterarbeiten". Man sollte offen sein für alles, was man sich zutraut und den Mut haben gänzlich neue Wege zu betreten. Das könnte auch heißen die eigenen Kenntnisse und Fähigkeiten ohne den Umweg über einen Arbeitgeber zu Geld zu machen.

Selbständigkeit

Bei den vorgegebenen Bedingungen des spanischen Arbeitsmarktes ist in vielen Fällen der Schritt in die Selbständigkeit die Lösung, damit einem die Lust am Auswandern nicht so schnell vergeht.

Manch ein Selbständiger hier hat klein angefangen, für einen „Hungerlohn" z. B. im Immobilienbüro, hat aber nach dem Erlernen seines „Handwerks" sein eigenes Büro eröffnet, mit dem er jetzt seinen Kunden einen besseren Service bietet als dies sein ehemaliger Arbeitgeber getan hat. So z.B.: www.punto-sur.com

Egal in welche Branche man auch einsteigt, ob auf dem Bausektor, im Handwerksbereich, Pflegedienste, Dienstleistungsservice aller Art, durch die EU besteht die Niederlassungsfreiheit und es gibt kein Hindernis in Spanien eine Firma aufzubauen.

Einer der **Vorteile** hier in Spanien ist es, daß man **für die Gründung eines handwerklichen Betriebes keinen Meisterbrief vorlegen muß**. Jeder der sich für befähigt hält, einen Aufgabenbereich abzudecken, kann dies auch versuchen. Das dann letztendlich die gebrachte Leistung ausschlaggebend für den Erfolg ist, versteht sich natürlich von selbst.

Ohne entsprechenden Einsatz schafft es auch hier niemand, und sicher ist es ein großes Risiko eine Existenz ohne jegliches Hintergrundkapital aufzubauen, da man zu Beginn wohl immer damit rechnen muß, daß man erst einmal ordentlich investieren muß, bevor man Ertrag erzielen kann. Auch in Spanien sind schon viele mit ihrer Firma in Konkurs gegangen, und oft weil die Idee nicht richtig durchgerechnet wurde.

Manch einer glaubt ein spanisches Geschäft das anscheinend gut funktioniert, einfach nachahmen zu können, dabei übersehend, daß eine Vielzahl dieser Geschäfte nur überleben können weil es sich um Familienunternehmen handelt, in denen Ehefrau und Kinder nicht auf der Lohnliste stehen.

Der einfachste Weg zur Existenzgründung ist die Anmeldung einer Einzelfirma , die allerdings aus haftungsrechtlichen Gründen eventuell bedenklich sein kann. Wie in Deutschland besteht die Möglichkeit zur Gründung einer GmbH, hier in Spanien S.L

(*Sociedad Limitada*), das vergleichsweise niedrige Mindestkapital einer spanischen GmbH mit 3.006 Euro erleichtert die Gründung.

Das spanische GmbH-Gesetz gestattet auch die Einmanngesellschaft, also die Gesellschaft mit lediglich einem einzigen Gesellschafter. Ins Detail geht es zu dieser Thematik ab S.124.

Bereiche mit Nachfrage nach Arbeitskräften

In einem Urlaubsland wie Spanien suchen häufig Saisonkräfte als Kellner ihr Glück. Nach 5-6 Monaten Arbeit mit 10 bis 12 Stunden täglich, mitunter an 6 Tagen in der Woche meist „schwarz" stehen sie dann wieder auf der Strasse.

Gut ausgebildete, vor allem mehrsprachige Hotelfachkräfte jeder Art, Köche, Animateure und Reiseverkehrs-Kaufleute sind gefragt, wie Masseure und Physiotherapeuten – also sämtliche Berufe, die auch im weiteren Sinne der Gästebetreuung dienen. In Madrid, auf den Kanaren und den Balearen dominiert der Dienstleistungssektor, dort sind Angebot und Nachfrage am größten. Allerdings tritt hier langsam eine gewisse Sättigung ein.

Der spanische Arbeitsmarkt hat im Jahr 2003 vom Wachstum im Bau- und Dienstleistungssektor profitiert. Die Zahl der Beschäftigten stieg im zweiten Halbjahr 2003 um 2,6 Prozent gegenüber dem Vorjahreszeitraum. Ein Rückgang der Beschäftigtenzahlen zeigte sich dagegen im Industrie- und Agrarsektor.

Gute Perspektiven für die Schaffung von Arbeitsplätzen bieten der Umweltsektor, Land- und Forstwirtschaft, Gesundheitssektor und Tourismus. Eine Untersuchung der Stellenangebote im Sommer 2003 zeigte, daß zurzeit mehr Facharbeiter in traditionellen Zweigen als in Hightechbereichen gesucht werden.

Trotzdem bestehen Chancen für Ausländer, in Spanien eine Position zu bekommen auch für mit Mitarbeitern des nicht ausgelasteten Bereichs der Telekommunikation, IT- und Computerbranche und für qualifizierte Fachkräfte wie Naturwissenschaftler und Ingenieure. In solchen Bereichen haben ausländische Bewerber bereits durch Spanischkenntnisse Vorteile, da spanische Unternehmen häufig Probleme haben, ihren Bedarf an Personal mit Fremdsprachenkenntnissen zu decken.

Interessanter Weise werden in Tochterunternehmen deutscher Konzerne kaum Deutsche beschäftigt. Spanische mittelständige Unternehmen, die sich auf dem deutschen Markt engagieren, bieten dagegen die größten Beschäftigungsmöglichkeiten. Den größten Anteil der Schaffung von Arbeitsplätzen hatten qualifizierte Baufachkräfte, Handwerker. Hintergrund ist der Boom auf dem Immobilienmarkt.

EU-Bürger haben das Recht, in der gesamten Europäischen Union zu arbeiten. Sie werden bei der Jobsuche in Spanien aufgrund ihrer Nationalität im Allgemeinen nicht benachteiligt.

Trotz der europäischen Regelungen der beruflichen Anerkennung von Ausbildungen und Hochschuldiplomen liegt die endgültige Entscheidung über eine Einstellung immer noch beim Arbeitgeber und kann deshalb bei einigen Berufen mit Schwierigkeiten verbunden sein.

Seit einigen Jahren gibt es sogar Teilzeitarbeitsplätze, und die Einstellung älterer Arbeitnehmer oder Behinderter wird ebenso gefördert, wie bei uns.
Gute Sprachkenntnisse, Berufserfahrung und die nötige Qualifikation sind - wie immer - die Voraussetzungen für eine erfolgreiche Bewerbung.

In Spanien liegt die Arbeitslosigkeit noch wesentlich höher als in Deutschland. Bevor Sie also Ihren Umzug in das Mittelmeerland planen, versuchen Sie unbedingt, Ihre persönlichen Chancen herauszufinden.

Stellensuche

Wenn Sie eine Beschäftigung im europäischen Ausland suchen, können Sie bereits von Deutschland aus mit der Suche nach Stellenangeboten beginnen. Auf dem Internetportal der Bundesagentur für Arbeit - SIS-Stellensystem (www.arbeitsamt.de) haben Sie Zugang zum Virtuellen Arbeitsmarkt, der Stellenbörse der Bundesagentur. Unter „Wirtschaftsraum auswählen", werden Sie aktuelle Auslandsstellenangebote in Ihrem Wunschland finden.

Es kann durchaus Sinn machen, einen Job im Ausland über die Zentralstelle für Arbeitsvermittlung (ZAV) zu suchen. So haben im vergangenen Jahr 3500 Deutsche Arbeit im Ausland gefunden, etwa die Hälfte waren zuvor arbeitslos. Ein paar tausend Vermittlungen, bei mehr als vier Millionen Arbeitslosen, das löst keine strukturellen Probleme, aber für den Einzelnen ist die Jobsuche über die ZAV allemal eine Chance.

Im Eures-Stellenpool, der auch übers Internet zu erreichen ist, stehen vor allem Jobs in nicht-akademischen Berufen. Auch die ZAV vermittelt zu 80 Prozent nicht-akademisches Personal ins europäische Ausland. Dennoch sieht sich die internationale Personalagentur auch als Ansprechpartner für Akademiker.
Es passiert aber leider häufig, daß die Deutsche duale Berufsausbildung vom ausländischen Arbeitgeber nicht richtig eingeschätzt wird. Deutsche in Spanien müssen oft auf einem niedrigeren Niveau anfangen.

Deutsche Ausreisende sind gesetzlich geschützt, dafür wurde auch ihre Beratung geregelt: Das Deutsche Rote Kreuz, das Diakonische Werk und das Raphaelswerk stehen Auswanderern zur Seite, kostenfrei.

Wer **Fragen rund um das Thema „Leben und Arbeiten in Europa"** hat oder erste Informationen zur Aufnahme einer Erwerbstätigkeit im Ausland benötigt, sollte sich direkt an die Europa- und Auslands-Hotline der Bundesagentur für Arbeit wenden. Die Hotline ist aus dem deutschen Festnetz über die **Telefonnummer** 0180 - 52 22 02 3 (12 Cent / Minute) zu erreichen.
Die Europa- und Auslands-Hotline ist für Sie Mo.-Do. 8:00 - 20:00 Uhr und Fr. 8:00 - 16:00 Uhr erreichbar. Das Hotline-Team sendet Ihnen gerne Informationsmaterial zu oder nennt Ihnen bei Bedarf einen persönlichen Ansprechpartner, der Ihnen eine weitergehende Beratung bietet. Per E-mail erreichen Sie das Hotline-Team unter: InfoHotline-Ausland@arbeitsagentur.de

Zeitarbeit

Vorteile von „*agencias de trabajo*“ (Zeitarbeitsfirmen): Es wird darauf geachtet, dass die Arbeitsverträge in Ordnung sind, und man hat bei den Leih-Unternehmen erst mal einen „Fuß in der Tür“ - sprich: wenn's gut läuft, besteht die Chance einer Übernahme.
Adressen findet man in den spanischen Gelben Seiten
(Such-Stichwörter: *agencias de trabajo, contratación de personal temporal*).

Informationsveranstaltungen

Die Europaservice-Zentren und die Agenturen für Arbeit führen eine Vielzahl von Veranstaltungen zum Thema Arbeiten, Lernen und Leben in Europa durch. Ob und welche Veranstaltungen es in Ihrer Nähe gibt, erfahren Sie über die Veranstaltungsdatenbank http://vdb.arbeitsamt.de/vdb/.
Die Datenbank erlaubt auch die Volltextrecherche nach Stichworten (z.B. Europa, Praktika, Studium im Ausland etc.)
Erkundigen Sie sich vor Ort, zum Beispiel während Ihres Urlaubs, bei spanischen Arbeitgebern aus Ihrer Branche über die Arbeitsmarktsituation.
Versuchen Sie, ins Gespräch mit Arbeitnehmern aus Ihrer Branche zu kommen.
Suchen Sie den Kontakt zu anderen Deutschen, die in der Wunschregion bereits Arbeit gefunden haben.
Erkundigen Sie sich bei Ihrer regionalen Handels- oder Handwerkskammer über Ihre Möglichkeiten.
Knüpfen Sie über deutsche Handelspartner Kontakt zu spanischen Firmen.
Recherchieren Sie in Internet-Foren zwecks Erfahrungsaustausch nach Gleichgesinnten, die im gleichen Land arbeiten möchten.
Gehen Sie auf Jobsuche, entweder persönlich vor Ort oder aber über die größeren Spanischen Zeitungen wie ‚El País‘, „ABC“, „El Mundo“ die auch in Deutschland erhältlich oder natürlich auch im Internet präsent sind (www.elpais.es).
Auch die Zeitschriften der Berufsverbände wie „*Colegios Profesionales*“ sind hilfreich.

Beginnen sie rechtzeitig vorab mit dem Erlernen der Sprache.
Bemühen sie sich eventuell erst einmal um eine Praktikantenstelle.
Wenden Sie sich an die staatliche spanische Arbeitsverwaltung ‚*Instituto Nacional de Empleo*‘ (INEM) oder die örtlichen Vermittlungsbüros ‚*Oficinas de Empleo*‘.
Um einen allgemeinen Überblick über die Rechte und Pflichten der Arbeitgeber und Arbeitnehmer zu erhalten, können Sie die Internetseite des spanischen Arbeitsministeriums besuchen.
Ministerio de Trabajo y Asuntos Sociales

Weitere Informationsmöglichkeiten:
Arbeitsamt – Arbeiten in Spanien
Informationen zum Arbeitsmarkt
EU-Informationssystem
EU-Projekt zur Förderung der Mobilität

Links zum Thema im Anhang !

Das Arbeitsleben in Spanien

Vorsicht mit den Glücksgefühlen im Urlaub. Das Arbeitsleben sieht anders aus. Im Urlaub mag man die spanische Lässigkeit toll finden. Wenn es ums Überleben geht sieht man die Sache anders. Im Allgemeinen können Sie davon ausgehen, daß man Ihnen positiv gegenübertritt. Die Deutschen sind bei den Spaniern gern gesehen, nicht nur als Touristen, sondern auch als Arbeitnehmer oder Geschäftspartner. Geschätzt werden deutsche Organisation, Effizienz, Zuverlässigkeit und Pünktlichkeit. Der Spanier dagegen zeichnet sich durch Gelassenheit und Improvisationsgabe aus, es fällt Deutschen auf, daß die menschliche Komponente in Spanien ganz wichtig ist.

So wird das freundschaftliche "Du" wesentlich eher angeboten wird als in Deutschland. Dies bedeutet jedoch nicht, daß man mit dem Spanier direkt gut Freund ist, es wird lediglich der tägliche Umgang erleichtert. Oft wird mit Arbeitskollegen morgens ein kurzes gemeinsames Frühstück in einer nahegelegen Bar eingenommen.

Es existieren Unterschiede in den Wertesystemen von Deutschen und Spaniern, die leicht zu Mißverständnissen im Arbeitsalltag führen können. So das Thema Pünktlichkeit. Spanier sind oft nach dem Verständnis von Deutschen unpünktlich, es ist fast normal, daß der Spanier zu einem Treffen mit Verspätung erscheint. Wenn sich ein Spanier verabredet, dann kalkuliert er bereits eine Zeitspanne von 10-20 Min. ein. Kommt der Deutsche dann punktgenau, bringt er die Vorstellung des Spaniers ein wenig durcheinander, er fühlt sich nach seinem Zeitverständnis pünktlich.

Ein anderer Unterschied im Arbeitsalltag ist die Art und Weise der Problemlösung. Der Spanier geht oft Probleme nicht direkt an, sondern bevorzugt diese auszusitzen. In der Hoffnung, daß die Zeit das Problem lösen wird. Das planerische Denken scheint nicht so stark ausgeprägt zu sein wie in Deutschland. Wenn bei langfristigen Verhandlungen die "deutsche Seite" stets gerne einen Arbeitsplan für die nächsten Zeitabschnitte erstellt, begrüßt die „spanische Seite“ dies zwar, nimmt das Planen aber nicht so ernst. Der Spanier scheint eher seine Kreativität zur Lösung des Problems einsetzen zu wollen. Die detaillierte Planung wird hier anscheinend (unterbewußt) nur als Störfaktor gesehen.

Nerven kosten vor allem die Vorstellungstermine, die oft nicht eingehalten werden. Auch passiert es immer wieder, daß man hingehalten wird. Die Spanier können einfach nicht „Nein!“ sagen. Das wäre zu unhöflich. So wartet man und wartet ... Das Vorhandensein guter Beziehungen ist ein wichtiger Faktor auf dem spanischen Markt. Ohne Verbindungen über Familie oder Freunde kann es passieren, daß auf Bewerbungen nicht geantwortet wird.

Wer in Spanien arbeiten will, muß perfekt Spanisch sprechen und weitere besondere Qualifikationen vorweisen können, die einheimische Bewerber nicht haben. Die hohe Arbeitslosigkeit bringt es mit sich, daß allenfalls ausländische Spezialisten oder Saisonkräfte im Tourismus eine Stelle bekommen. In den großen Touristikzentren bieten sich Beschäftigungsmöglichkeiten z.B. für Friseure, Masseure, Kosmetikerinnen aber auch für Zahntechniker und Laboranten.

In diesen Bereichen kann es mitunter passieren das eine in spanischer Sprache verfaßte Bewerbung auf Deutsch oder Englisch beantwortet wird - die Chefs sind eben keine Spanier. Wer das Glück hat, eine Stelle zu finden, muß zunächst mit einer Befristung rechnen. Etwa 30 Prozent aller Stellen in Spanien sind befristet.

Arbeitszeiten

40 Stunden - soviel Zeit muß man in Spanien auf seinen Job verwenden. Allerdings kann man die Jahresarbeitszeit durch tarifliche Vereinbarung unregelmäßig auf das Jahr verteilen. Dann sind auch mehr als 40 Stunden pro Woche möglich.
Wenn mehr als 9 Stunden am Tag gearbeitet werden muß, muß die arbeitsfreie Zeit mindestens 12 Stunden betragen.

Urlaubsanspruch

Laut spanischem Gesetz hat der Arbeitnehmer Anrecht auf 30 Tage Urlaub. Währenddessen wird der Lohn voll weiterbezahlt. Bei Tarifverträgen wird meist eine höhere Anzahl an Urlaubstagen festgelegt.

Gehälter

Die Gehälter sind in der Regel wesentlich niedriger als in Deutschland - oft gerade mal halb so hoch. Zum Beispiel verdienen Vollzeit-Sekretärinnen oder-Bürokauffrauen nur rund 1100 bis 1600 Euro brutto.

Das durchschnittliche Bruttomonatsgehalt spanischer Arbeitnehmer lag 2002 bei rund 1650 Euro. Mit 3110 Euro im Monat verdienen Beschäftigte im Bereich der Finanzdienstleistungen überdurchschnittlich gut. Gleiches gilt für Arbeitnehmer in der Energiewirtschaft, deren Durchschnittsmonatsgehälter bei 2867 Euro liegen. Unter dem Landesdurchschnitt liegen mit 1100 Euro pro Monat die Bruttolöhne im Hotel- und Gaststättenwesen. Ein Großteil der Löhne und Gehälter basiert auf dem jährlich neu festgesetzten Mindestlohn (*Salario mínimo interprofesional*). Er beträgt 2004 15,35 €/Tag oder 460,50 €/Monat. Dazu kommen je nach Arbeitsvertrag Zuschläge für die Zeit der Betriebszugehörigkeit, Fahrtkostenerstattungen und ähnliches. Üblich sind 14 Monatsgehälter, die auch über das Jahr verteilt ausgezahlt werden können.

Im Vergleich zu Deutschland kann man in Spanien von insgesamt etwa 15% niedrigeren Lebenshaltungskosten ausgehen, wobei diese zwischen Großstädten wie Madrid oder Barcelona und den ländlichen Gegenden bisweilen stark variieren können. Mehr dazu im Kapitel Lebenshaltungskosten, S. 80.

Sozialversicherung

Die Pflicht zur Sozialversicherung besteht. Die Beiträge zur Arbeitslosen- und Krankenversicherung werden anteilig zur Hälfte von Arbeitnehmer und Arbeitgeber bezahlt. Die Beiträge betragen ca. 7% vom Bruttolohn, also wesentlich weniger als in Deutschland, die Leistungen aus der Versicherung sind aber nicht mit der deutschen Sozialversicherung vergleichbar.
Mehr dazu im Kapitel Soziale Absicherung S.113.

Behördenkram

Weder für die Ausübung einer nichtselbständigen noch einer selbständigen Tätigkeit ist für EU-Bürger eine Arbeitsgenehmigung erforderlich. Voraussetzung für die Tätigkeit in Spanien ist allerdings eine Steuernummer (die sogenannte NIF-Nummer), die die Ausländerbehörde (*Policia National*) in der ‚*Oficina de Extranjeros*' oder dem Polizeikommissariat der Provinz erteilt.
Je nach Art der gewünschten Tätigkeit, selbständig oder nichtselbständig, sind folgende Schritte zu unternehmen:

Bei nichtselbständiger Tätigkeit

Für die nichtselbständige Tätigkeit (Arbeiter oder Angestellte) ist ein schriftlicher Arbeitsvertrag (Formvordruck) erforderlich, der beim zuständigen Arbeitsamt registriert wird. Dieser Vertrag kann zeitlich begrenzt oder unbefristet, für Vollzeit oder Teilzeit abgeschlossen werden. Gleichzeitig wird durch den Arbeitgeber die Anmeldung bei der Sozialversicherung vorgenommen und dem Arbeitnehmer eine Sozialversicherungskarte ausgestellt. (*Cartilla de la Seguridad Social*), die ihm ärztliche Behandlung garantiert, jedoch ohne Anspruch auf freie Arztwahl.
EU-Bürger können eine nichtselbständige Tätigkeit ausüben, ohne die *Residencia* (Aufenthaltserlaubnis) in Spanien zu beantragen.

Bei selbständiger Tätigkeit

Spätestens nach einem Monat muß das Unternehmen mit seinen Angestellten bei der Sozialversicherung (*Tesorería General de la Seguridad Social*) angemeldet werden.

Als Arbeitsloser auf Stellensuche

Als Arbeitsloser auf Stellensuche, dürfen Sie sich in Spanien „ausreichend lange" aufhalten. Da die entsprechende Frist noch nicht durch Gemeinschaftsbestimmungen der EU festgelegt worden sind, gilt in den meisten Mitgliedstaaten ein Zeitraum von sechs Monaten, auch wenn in einigen Mitgliedstaaten noch ein Zeitraum von drei Monaten gilt.
Falls Sie also in ihrem EU-Heimatland **eine Arbeitslosenunterstützung beziehen,** können Sie diese **drei Monate lang in Spanien weiterbeziehen.**

Vor Ihrer Abreise sollten Sie sich Zuhause an das Arbeitsamt wenden, das die Unterstützung bewilligt, um das entsprechende Formular zu erhalten (E303). Innerhalb von sieben Tagen nach Ihrer Ankunft müssen Sie sich beim INEM in Spanien registrieren lassen.

Falls Sie nach drei Monaten keine Arbeit gefunden haben, können Sie bei Rückkehr **vor Ablauf der Dreimonatsfrist** die Arbeitslosenunterstützung von Deutschland aus weiterhin bis zum Ende des Anspruchszeitraums beziehen.

Auch nach dieser Frist und unabhängig von ihrer Dauer, müssen Sie das Land nicht unbedingt verlassen, wenn Sie nachweisen können, daß Sie weiterhin ernsthaft auf Stellensuche sind und begründete Aussichten haben, Sie z.B. zu einem Vorstellungsgespräch oder einem Eignungstest eingeladen sind.

Normalerweise gilt das **bei Rückkehr nach Ablauf der Dreimonatsfrist alle weiteren Ansprüche an die Arbeitslosenversicherung verfallen ! !**
Sprechen die mit Ihrem Arbeitsamt !

Sie können sich in Spanien bei allen Arbeitsämtern und sonstigen Stellenvermittlungen als Arbeitssuchender registrieren lassen und haben Anspruch auf die gleichen Hilfen wie einheimische Arbeitssuchende. Eine Unterstützung bei der Stellensuche darf nicht von ihrem Wohnsitz abhängig gemacht werden.

Die Arbeitsämter in Spanien können zur Vermittlung zwar aufgesucht werden, sind aber in der Regel nicht erfolgreich, denn obgleich alle EU-Bürger gleich zu behandeln sind, kann ein Nicht-Spanier nicht unbedingt mit großem Arbeitseinsatz der Ämter rechnen.

Für Deutsche, die über ein Jahr in Spanien als Angestellte gearbeitet haben, ergibt sich ein Anspruch auf spanisches Arbeitslosengeld, das fällt allerdings wesentlich geringer aus als das deutsche. Der Zeitraum der Gewährung von Unterstützung während der Arbeitslosigkeit ist abhängig vom Umfang der Versicherungsdauer. Wer beispielsweise mindestens während 360 Tagen in die Arbeitslosenversicherung eingezahlt hat, erhält während 120 Tagen Arbeitslosenunterstützung. Die Höchstdauer der Leistung beträgt in jedem Fall 720 Tage.

Anmerkung:Arbeitslosenunterstützung von Deutschland aus beziehen

Im Jahr 2003 war ein Bekannter für 3 Monate in Spanien um Arbeit zu finden. Er hatte sich beim Arbeitsamt den Antrag E-303 besorgt um sich damit in Spanien beim zuständigen Arbeitsamt anzumelden und sein Arbeitslosengeld aus Deutschland zu beziehen. Innerhalb von 2 Tagen meldete er sich beim zuständigem Arbeitsamt und stellte den Antrag.

Die Spanier sind sehr gemütliche Menschen. Das Arbeitsamt in Spanien arbeitete so langsam, daß es fast die 3 Monate brauchte um seinen Antrag zu bearbeiten. Das Geld bekam er erst nach 4 Monaten! In Spanien wird eben ein wenig anders gearbeitet wird als in Deutschland.

Eine persönliche Erfahrung in Sevilla, in Andalusien. Mag sein, daß in Andalusien die Ämter langsamer Arbeiten als in anderen Teilen Spaniens. Das Recht sich in Europa nach Arbeit umzusehen mit dem Antrag E-303 hört sich toll an, aber die Realität sind anders aus. Die spanischen Ämter haben oft kein geschultes Personal das sich damit auskennt, es sei denn man ist in einer Großstadt. Manchem zuständigen Sachbearbeiter ist sogar unbekannt das es so etwas gibt.
Also mit genug Rücklagen anrücken, das Geld kommt, aber wann...

Die Bewerbung

Persönliche und fachliche Eignung sowie das berühmte Quentchen Glück sind ausschlaggebende Faktoren für eine erfolgreiche Arbeitsplatzsuche. Als eine Art Visitenkarte Ihres Könnens hält ein Arbeitgeber allerdings Ihre Bewerbungsunterlagen in der Hand. Form und Gestaltung sind also keine Nebensache.

Die Bewerbung ist natürlich in spanischer Sprache abzufassen, sofern nichts Gegenteiliges angegeben ist. Um eine paßgenaue Bewerbung zu erstellen, lohnt der Blick auf die Internetdarstellung der Unternehmen, bei denen Sie sich bewerben wollen.

Einige Unternehmen bieten ein Bewerbungsformular an, am gebräuchlichsten ist jedoch der Lebenslauf mit einem Anschreiben (*Acompaña al historial / carta de solicitud*). Sie sollten in A4-Format mit dem Computer geschrieben (nicht handgeschrieben) und nicht länger als eine Seite sein. Die Sprache sollte präzis und förmlich sein. Das Anschreiben muß unmittelbar auf die entsprechende Stelle Bezug nehmen; wenn vorhanden, sollten Sie die Referenznummer mit angeben, Standardbriefe sind zu vermeiden.

Üblicherweise werden Kurzbewerbungen an eine Anzahl von Firmen verschickt und bei Interesse des Arbeitgebers reicht man detaillierte Unterlagen wie Referenzen und Zeugnisse zum Vorstellungsgespräch nach. Oft hat die Ausbildung keinen so hohen Stellenwert. In Spanien ist der persönliche Kontakt von Bedeutung.

Die Unterlagen sollten im Original oder besser als beglaubigte Übersetzungen mitgebracht werden. Benötigt werden sie selbst dann nicht unbedingt.

Bewerbungsunterlagen werden von Arbeitgebern nicht zurückgeschickt. Rechnen Sie nicht mit einer Absage bei Desinteresse . Es wird einfach nicht auf die eingesandte Bewerbung reagiert.

Eine Bewerbung via E-Mail ist durchaus üblich und bietet sich vor allem an, wenn in der Adresse des Arbeitgebers die E-Mail-Anschrift enthalten ist und eine Bewerbung via Post nicht ausdrücklich gefordert ist. Lassen Sie sich jedoch nicht zu einem lockeren „E-Mail-Ton" hinreißen. Für eine Bewerbung via E-Mail gelten die gleichen Regeln wie für Bewerbungen auf dem Postweg.

Es existieren wenig festgelegte Regeln bei der Erstellung von Bewerbungsunterlagen für Spanische Firmen. Grundsätzlich gehört aber folgendes dazu:

Das Anschreiben

Ihre Bewerbung sollten Sie auf jeden Fall in spanischer Sprache abfassen. Fügen Sie in den Text eine Passage ein, aus der ein Empfänger auch das Interesse am Land und dessen Kultur erkennen kann. Für deutsche Verhältnisse ist das zwar ungewöhnlich, aber in Spanien wichtig. Zeigen Sie Ihren Hang zu Sprachen und nennen Sie die, die Sie beherrschen.

Wenn es sich nicht um eine Initiativbewerbung handelt, sollte Sie sich auf die Stellenanzeige beziehen und anschließend ihre Motivation für die Bewerbung darlegen. Schildern Sie Ihre wichtigsten Qualifikationen für die ausgeschriebene Stelle, heben Sie die positivsten für die Stelle relevanten Aspekte des Lebenslaufs hervor. Geben Sie Referenzen an, weniger Zeugnisse und Noten.

Für Spanier zählt eher Erfahrung und Qualifikation, nicht Notendurchschnitt. Gehaltsforderungen sollten Sie nur angeben, wenn es in der Annonce verlangt wurde (meist wird schon in der Annonce darauf hingewiesen, daß nach Tarif gezahlt wird)

Aufbau des Anschreibens:
Rechts oben: Name, Vorname, Anschrift und Telefonnummer des Absenders. darunter: Ort und Datum des Schreibens; links: Name des Unternehmens und Ansprechpartner. Unten: Kennziffer der entsprechenden Stelle.
Anrede: „*Muy Señor Mío*“ oder „*Estimado Sr./Sra*“:
Schlußformel: „*En espera de sus noticias, le saluda atentamente*“
(In Erwartung Ihrer Antwort verbleibe ich mit freundlichen Grüßen).
Unterschrift mit Vor- und Zuname.

Der Lebenslauf
normalerweise in tabellarischer Form, klar strukturiert und knapp formuliert, Abkürzungen sind zu vermeiden. Bei der stichwortartigen Gestaltung können nicht ganz perfekte Spanischkenntnisse gut verdeckt bleiben. Kurz, maximal 2 Seiten, mit Unterschrift und Datum. Ein Foto muß nicht beigefügt werden, ist allerdings üblich. Das Foto sollte in Paßfotogröße oder kleiner sein.

Ein Lebenslauf soll das Interesse Ihres möglichen Arbeitgebers an Ihnen wecken, ist also als Marketing-Instrument anzusehen, das es an den Markt, auf dem es zum Einsatz kommt, anzupassen gilt. Den perfekten Lebenslauf gibt es nicht. Es gibt immer nur eine perfekte Übereinstimmung mit den gestellten Anforderungen. Um Ihre Chancen zu verbessern, sollten Sie bei der Abfassung Ihres Lebenslaufs darauf achten, daß mögliche Fragen Ihres potentiellen Arbeitgebers kurz und präzise beantwortet werden.

Der Lebenslauf sollte vom persönlichen Berufsziel angeführt sein. Das Ziel sollte dabei nicht zu hochgesteckt und zu ehrgeizig sein. Da in Spanien die Berufsausbildung keinen so hohen Stellenwert hat, sollte man nach dem Ziel mit seiner letzten Tätigkeit fortfahren und anschließend zeitlich zurückgehen, um dann separat die Ausbildung aufzuführen. Es werden keine Angaben zu Religion oder etwaigen verwandtschaftlichen Beziehungen gemacht. Eher schwach gewichtet werden außeruniversitäre Aktivitäten, aber dennoch sollten sie angegeben werden.
Ein Lebenslauf sollte in Spanien folgendes beinhalten:

*Angaben zur Person (Name, Adresse, Telefonnummer, Nummer des Ausweises, Geburtsdatum und -ort, Nationalität, Familienstand, Kinderzahl und -alter.)

* Berufsziel

*Berufspraktische Erfahrungen (Chronologisch, hierbei wichtig sind konkrete Aussagen zu den Tätigkeiten, Erfolgen und Verantwortlichkeiten.)

*Ausbildung (Ausbildungsabschlüsse müssen unbedingt den gleichwertigen spanischen Bezeichnungen entsprechen, Noten sind nicht wichtig.)

* Sprachkenntnisse (gliedert man nach *muy bien*, *bien* oder *regular*, hier kann man je nach angestrebter Tätigkeit zwischen *hablado* (gesprochen) und *escrito* (geschrieben) unterscheiden.)

*PC-Kenntnisse

- sonstige Angaben: In diesem optionalen und frei gestaltbaren Abschnitt können weitere für die Stelle nützliche Angaben gemacht werden, wie z. B. Führerschein, Verfügbarkeit für Geschäftsreisen usw...
  * Referenzen sind nicht üblich, obwohl an dieser Stelle die Formulierung *se facilitaran referencias en caso de ser solicitadas* (auf Wunsch können Referenzen vorgelegt werden) verwendet werden kann.

Musterlebensläufe und Tips zu deren Abfassung können auch auf den meisten Web-Seiten der Arbeitsämter in Spanien eingesehen werden.

Hobbys, Weiterbildungen oder ähnliches sind in Spanien nicht so wichtig, sollten aber in jedem Falle bei einem Bezug auf die ausgeschriebene Stelle erwähnt werden.

Nach Namen, Adresse und ähnlichem werden sehr häufig auch die Maße angegeben: Größe und Gewicht (*estatura, peso*)

Diese Angabe ist nach Meinung mancher eine spanische Albernheit.

Entscheiden Sie selbst ob Sie mitmachen wollen, es könnte mitunter helfen.

Hilfreiche Vokabeln

Bewerbungsschreiben	Acompana al historial / Carta de solicitud
Angaben zur Person	Datos personales
Berufsziel	Objetivo profesional
Berufserfahrung	Experiencia laboral bzw. profesional
Ausbildung und Abschlüsse	Formación, Estudios
Sprachkenntnisse	Idiomas
Referenzen	Referencias, Informes

Vorstellungsgespräch

Beim Vorstellungsgespräch geht es vor allem um Motivation und Ausbildung. Für den Ausgang des Vorstellungsgespräches ist entscheidend, ob Sie zum Unternehmen und zur Belegschaft passen. Oft werden Standardfragen gestellt: „Warum möchten Sie gerade in Spanien arbeiten?“, „Erzählen Sie etwas von sich“, „Warum möchten Sie gerade bei uns arbeiten?“, „Warum sollen wir ausgerechnet Sie anstellen und nicht einen anderen Bewerber?“, „Was sind Ihre guten Seiten und was sind Ihre Schwächen?“

Sie können nicht davon ausgehen, daß Reisekosten zu Vorstellungsgesprächen von Arbeitgebern übernommen werden.

Eine der wichtigsten Tugenden in Spanien ist Höflichkeit, insbesondere gegenüber Damen. Auch wenn die Frau im modernen Spanien eine emanzipierte Stellung einnimmt - Frauen haben hier gute Karrierechancen -, steht das Kavaliersein der Herren nicht im Widerspruch dazu. Höflichkeit, Freundlichkeit und Bildung sind die Erwartungen, die spanische Arbeitgeber vorrangig in das Auftreten potentieller Kandidaten setzen; dies sollte jedoch nicht die Ausprägung zu starker Zurückhaltung annehmen. Im Gegenteil, Sie dürfen sich in Spanien gerne direkt und extrovertiert zeigen, lediglich die Katalanen erwarten etwas mehr Zurückhaltung.

Im Gespräch ist Takt gefragt, insbesondere da es in Spanien in dieser Situation nur wenige Tabus gibt. Das in Spanien allgemein geltende Sprichwort „Rede nicht über dich selbst und nie schlecht über andere“ ist natürlich schwer einzuhalten, sollte allerdings als Richtlinie dienen.

Bezüglich der Kleidung zeigt sich in Spanien ähnlich wie in Italien ein höheres Modebewußtsein als in Deutschland. Während die Damen auch im Geschäftsleben Chic zeigen, allerdings immer unter Achtung des allgemeinen Schamgefühls der Spanier, hat die Kleidung der Herren grundsätzlich formell und dem Anlaß entsprechend zu sein. Freizeitkleidung, auch das Weglassen der Krawatte, sind normalerweise lediglich am Wochenende gestattet, wobei es diesbezüglich je nach Unternehmen, Position oder Branche selbstverständlich Ausnahmen gibt. Titel spielen in Spanien keine Rolle - die Benutzung derselben bei der Anrede gebührt lediglich hohen Würdenträgern.

Weiterhin wissenswert ist der Umgang der Spanier mit dem Thema Pünktlichkeit: Auch wenn sie selbst sich nicht unbedingt an vereinbarte Termine halten, wird von Ihnen absolute Pünktlichkeit erwartet.

Arbeitsvertrag

Den Arbeitsvertrag unbedingt schriftlich abschließen, darin folgende Punkte enthalten:

Name und Anschrift der Vertragspartner,
Art der Tätigkeit,
Bezüge und Zulagen,
Stellenbeschreibung und Arbeitszeit,
Beginn des Arbeitsverhältnisses und Laufzeit des Vertrages,
Kündigungsfristen (üblicherweise 15 Tage) und Termine,
Jahresurlaub (meist 30 Arbeitstage) und sonstige Sondervereinbarungen.
Bezugnahme auf einen Tarifvertrag

Im „*Boletín Oficial del Estado*“ sind die rechtlichen Grundlagen für Arbeitsverträge festgeschrieben. Arbeitgeber verweisen im Arbeitsvertrag häufig auf die einzelnen Punkte dieser Verordnung, ohne sie im Einzelnen auszuformulieren. Unter www.inem.es: „*Modalidades y descarga de contratos*“ findet man sowohl eine gut gegliederte Beschreibung der verschiedenen Verträge als auch Musterverträge.

Der größte Teil der neu abgeschlossenen Arbeitsverträge sind befristet (im Jahre 2003 in EU-15, ca.13%, in Spanien 30,6% und z.B. in Andalusien 44,8%; Quelle: El País vom 04. März 2004).

Die Ursache hierfür liegt im spanischen Arbeitsrecht, das die Kündigung langfristig Beschäftigter erschwert. Krankheit oder Entlassung des Arbeitnehmers können für spanische Arbeitgeber sehr teuer werden, daher schließen sie ungern feste Anstellungsverträge ab. Statt dessen bevorzugen sie die Vertragsform „*fijo discontinuo*“ (wörtlich übersetzt: fest unterbrochen).

Dabei wird der Mitarbeiter für ein paar Monate „fest" eingestellt und hat auch im Folgejahr Anspruch auf Einstellung für die entsprechenden Monate. Eine weitere beliebte Vertragsform: die sogenannten „*temporales*", Zeitarbeitsverträge für drei bis neun Monate. Laut Arbeitsministerium sind rund 80 % dieser Verträge illegal, daher gibt es diese Vertragsformen immer seltener.

Sie sollten sich durch die Befristung nicht irritieren lassen. Arbeitgeber, die von Ihrer Leistung überzeugt sind, werden Sie nach Ablauf der Frist fest einstellen. Die Probezeit beträgt je nach Qualifizierung 15 Tage bis maximal sechs Monate. Für die Arbeitszeit gibt es keine gesetzliche Beschränkung. Üblich sind je nach Tarifvertrag und Region 40 Stunden pro Woche. Der durchschnittliche Urlaubsanspruch liegt bei 30 Arbeitstagen. Die Kündigungsfrist liegt je nach Vertrag bei bis zu drei Monaten.

Die deutsche Handelskammer für Spanien hat „Erläuterungen zum spanischen Arbeitsrecht" veröffentlicht. Hilfreich ist auch der „*Guía Laboral*". Er ist in Buchhandlungen erhältlich und im Internet abrufbar und unter der Adresse: http://www.mtas.es

Deutsche Arbeitnehmer, die sich von ihren spanischen Arbeitgebern unrechtmäßig behandelt fühlen, dürfen sich auch an die großen spanischen Gewerkschaften „*Comisiones Obreras*" (CC.OO) und „*Unión General de Trabajadores*" (UGT) wenden (es gibt deutschsprachige Ansprechpartner).
Betrügerische Arbeitgeber können bei der „*Inspección de Trabajoy Seguridad Social*" (*Ministerio de Trabajo*) angezeigt werden.

Anerkennung von akademischen Graden und Berufsabschlüssen

Abhängig Beschäftigte

Für die meisten Tätigkeiten ist es unerheblich, ob Ihr Ausbildungs- oder Studienabschluß in Spanien anerkannt ist. Nur bei Berufen, die eine staatliche Anerkennung voraussetzen - wie beispielsweise Arzt oder Lehrer - sollte die Anerkennung definitiv geklärt sein, bevor Sie sich bewerben. Die Europäische Union hat für diese Berufe Richtlinien entwickelt, mit deren Hilfe die gegenseitige Anerkennung von Abschlüssen geregelt wird.
In den meisten Fällen entscheidet der Arbeitgeber jedoch auf der Basis Ihrer Bewerbungsunterlagen, ob Ihre Ausbildung und Qualifikation seinen Anforderungen entspricht.

Sie sollten allerdings davon ausgehen, daß der Arbeitgeber, bei dem Sie sich bewerben, in der Regel nicht weiß, was sich hinter Ihrer deutschen Berufsausbildung und -bezeichnung genau verbirgt. Zeugniserklärungen, aber auch die Anerkennung von Abschlüssen, können unter diesem Gesichtspunkt sinnvoll sein.

Offizielle Übersetzungen für Ausbildungsprofile von Ausbildungsberufen ins Englische und Französische bietet die Nationale Referenzstelle beim Bundesinstitut für Berufsbildung unter http://www.bibb.de/an.

Adressen, Kontaktpersonen und weitere Informationen, die im Zusammenhang mit der Anerkennung akademischer Berufe wichtig sein können, finden Sie unter http://www.enic-naric.net/ im Gateway to recognition of academic and professional qualifications.

Bei Problemen mit der Anerkennung Ihres Diploms hilft die gebührenfreie EU-Hotline 00 800 67 89 10 11 weiter. Die Experten des Wegweiserdienstes können Sie aber auch über den Internet-Dienst „Dialog mit Bürgern" unter http://europa.eu.int/citizensrights/ erreichen. Details zu den Anerkennungsmodalitäten für „reglementierte" Berufe sind hier zu finden.

Selbständige

Für die Anerkennung Ihrer Ausbildung gelten für Selbständige die gleichen Grundsätze wie für abhängig Beschäftigte. Wenn Ihr Beruf im Gastland nicht reglementiert ist, müssen Sie Ihren Abschluß nicht extra anerkennen lassen. Dann darf Ihnen die Ausübung des Berufs nicht aus Gründen der Ausbildung oder Qualifikation verweigert werden.

Bei einigen selbständigen Berufen wie Friseur, Versicherungsvertreter, Kaufmann oder Bauberufe, ist folgendes zu beachten: Wollen Sie in einem anderen Mitgliedstaat arbeiten, in dem für die Ausübung Ihres Berufs eine besondere Qualifikation erforderlich ist, brauchen Sie lediglich nachzuweisen, daß Sie Ihren Beruf über einen bestimmten Zeitraum hinweg als Selbständiger ausgeübt haben. Dieser Zeitraum wurde auf europäischer Ebene festgelegt und beträgt in den meisten Fällen je nach Beruf 3 bis 6 Jahre. Den Befähigungsnachweis, die so genannte EU- Bescheinigung, können Sie bei der Industrie- und Handelskammer Ihres Bundeslandes beantragen.

Wenn Sie in Spanien, einen reglementierten Beruf ausüben möchten, z.B. als Lehrerin, Rechtsanwalt, Ingenieurin, Psychologe etc., müssen Sie bei den zuständigen Behörden die Anerkennung Ihres Berufsabschlusses beantragen. Die Behörden haben vier Monate Zeit, Ihren Antrag zu bearbeiten. Wird festgestellt, daß Dauer und Inhalt Ihrer Ausbildung erheblich von der entsprechenden Ausbildung in Spanien abweichen, so kann man von Ihnen verlangen, daß Sie Berufserfahrung nachweisen, an einem Anpassungslehrgang teilnehmen, oder sogar eine Eignungsprüfung ablegen müssen. Allerdings dürfen die Behörden nur eine dieser Zusatzmaßnahmen fordern

Sind Sie Ärztin, Krankenpfleger (der allgemeinen Pflege), Zahnarzt, Hebamme, Tierärztin, Apotheker oder Architektin, wird der Abschluß automatisch anerkannt. Die Abschlüsse für diese Berufe sind auf europäischer Ebene (mit Ausnahme der Architekten) bereits in einem Mindestmaß koordiniert.

Das Grundprinzip der Europäischen Union (EU) ist sehr einfach: Wenn Sie in Ihrem Heimatland für Ihren Beruf qualifiziert sind, dürfen Sie ihn auch in allen anderen Mitgliedstaaten ausüben. Für die meisten reglementierten Berufe besteht auf Gemeinschaftsebene ein allgemeines System zur Anerkennung der Qualifikationen.

Die Anerkennung erlaubt Ihnen, in Spanien den Beruf auszuüben, für den Sie in Ihrem Heimatland die Befähigung erhalten haben.
Das Anerkennungsverfahren von Abschlüssen ist kostenlos.

Sämtliche Dokumente (Diplome, Zeugnisse etc.), die von einer Behörde oder einer Einrichtung innerhalb der Europäischen Union ausgestellt wurden, sind von zusätzlichen Formalitäten wie der Beglaubigung oder der Apostille befreit.

Die *Subdirección General de Títulos, Convalidaciones y Homologaciones* des spanischen Ministeriums für Bildung und Kultur ist zuständig für allgemeine Anfragen zur Anerkennung von Berufsausbildungen in der Europäischen Union.
Die Anschrift lautet: Ministerio de Educación, Cultura y Deporte
C/ Alcalá, 36; 28071 Madrid; Tel.: 0034-91 701 80 00.

Falls Sie ein Diplom der im Folgenden genannten Berufe besitzen, wird dieses in der Regel **ohne weitere Erfordernisse anerkannt:**
Architekt , Arzt, Facharzt, Zahnarzt, Apotheker, Tierarzt, Krankenpfleger/-in, Kinderkrankenschwester/pfleger, Hebamme, Krankengymnast/in, Physiotherapeut/in, Logopäde/Logopädin, Heilpädagoge/-pädagogin, Medizinisch-technische/r Laboratoriumsassistent/in, Radiologieassistent/in, Medizinisch-technische/r Assistent/in für Funktionsdiagnostik, Veterinärmedizinisch-technische/r Assistent/in, Diätassistent/in, Pharmazieingenieur/in, Psychiatrische/r Krankenschwester/pfleger, Sprachtherapeut/in, Augenoptiker/in, Zahntechniker/in, Bandagist/in, Hörgeräteakustiker/in, Orthopädiemechaniker/in, Orthopädieschumacher/in, Atem-, Sprach- und Stimmlehrer/in.
Voraussetzung für die Anerkennung dieser Titel in Spanien ist eine berufliche Ausbildung von mindestens drei Jahren.

Zur Anerkennung des Titels **erforderliche Dokumentation:**

* beglaubigte Fotokopie des Universitätsabschlusses oder des Diploms
* beglaubigte Fotokopie des Staatsangehörigkeitsnachweises eines Mitgliedstaates der Europäischen Union (Reisepaß genügt)
* Übersetzung des Universitätsabschlusses und des Ausbildungszeugnisses ins Spanische durch vereidigten Übersetzer (möglichst spanischer traductor jurado)

Das Antragsmuster für die Anerkennung der Berufsausbildung kann im Internet heruntergeladen werden: *Ministerio de Educación y Cultura* www.mec.es

Für andere Berufe, die im allgemeinen nur nach einer Hochschulausbildung ausgeübt werden können, erfolgt die Anerkennung nicht automatisch. Je nach dem Fachgebiet sind verschiedene Behörden zuständig, um über den Antrag zu entscheiden (so ist z.B. für einen Facharzt das Ministerio de Sanidad y Consumo zuständig;
für einen Lehrer das Ministerio de Educación y Ciencia). Außerdem muß für den betreffenden Beruf in Spanien eine gesetzliche Regelung bestehen.
Erforderliche Dokumentation für die Anerkennung solcher Berufe:

* Diplom der akademischen Ausbildung auf Hochschulniveau bzw. über den erworbenen Ausbildungsabschluß

* Akademische Zeugnisse über die zur Erreichung des Abschlusses getätigten Studien, in welchen auch die Studiendauer und die belegten Fächer angegeben werden müssen.
* Staatsangehörigkeitsnachweis (Beglaubigte Ausweiskopie) eines Mitgliedstaats der Europäischen Union
* Übersetzung des Studienabschlusses und der Berufszulassung ins Spanische durch vereidigten Übersetzer

Freiberufler
Falls Sie einen freien Beruf wie z.B. Arzt oder Rechtsanwalt ausüben, wenden Sie sich an den entsprechenden Berufsverband, der Ihnen Informationen zukommen lassen wird. Die Anschriften einiger Berufsverbände:

Anwaltskammer
(Consejo General de Abogacía Española)
C/Serrano, 9; 28001 Madrid, Telefon: 0034-91-435 78 10
http://www.cgae.es/

Notarverein
(Consejo General de Colegios de Notarios en España)
P° de General Martinez Campos, 46/6; 28010 Madrid, Telefon: 0034-91-308 72 32
http://www.notariado.org/

Ärztekammer
(Consejo General de Colegios de Médicos en España)
C/Villanueva, 11; 28001 Madrid, Tel.: 0034-91-431 77 80, Fax: 0034-91-575 95 48,
http://www.cgcom.org/

Tierärzte
(Consejo General de Colegios Veterinarios de España)
C/Villanueva, 11; 28001 Madrid, Telefon: 0034-91-435 35 35, Fax: 0034 91-578 34 68
http://www.colvet.es/

Architektenkammer
(Consejo General de la Arquitectura Técnica de España)
P° de la Castellana, 155, Telefon: 0034-91-570 55 88, 91-570 15 35,
Fax: 0034-91-571 28 42
http://www.arquitectura-tecnica.com/

Zahnärzte
(Ilustre Consejo General de Colegios Oficiales de Odontólogos y Estomatólogos de España)
C/Alcalá, 79 2a planta, 28009 Madrid, Telefon: 0034-91-426 44 10, Fax: 915770639
http://www.consejodentistas.org/ [1]

Soziale Absicherung

Europäische Verordnungen koordinieren die unterschiedlichen Systeme der sozialen Sicherheit der Mitgliedstaaten der Europäischen Union und des Europäischen Wirtschaftsraumes. Sie beziehen sich auf Leistungen der Krankenversicherung, der Rentenversicherung, der Arbeitslosenversicherung, der Unfallversicherung und Familienleistungen. Die Verordnungen stellen sicher, daß kein Arbeitnehmer Nachteile erleidet, weil er im Laufe seines Erwerbslebens in mehreren Mitgliedstaaten erwerbstätig war: Kein Sozialversicherungsbeitrag soll verloren gehen, erworbene Rechte sollen geschützt werden, und jedes Land soll die Rente zahlen, die den dort zurückgelegten Versicherungszeiten entspricht.

Beitritt zur spanischen Sozialversicherung

Wenn Sie zum ersten Mal in Spanien arbeiten, müssen Sie bei der Sozialversicherung angemeldet werden. Wenn Sie selbständig sind, müssen Sie sich selbst anmelden.
Siehe entsprechendes Kapitel. Bei Lohn- oder Gehaltsempfängern erfolgt die Anmeldung durch den Arbeitgeber.

Es ist ratsam, bereits vor der Anreise bei der zuständigen Behörde das Formular E-104 (Übersicht über gesamte Versicherungs-, Arbeits- und Wohnsitzzeit in jedem Mitgliedsstaat) zu beantragen. Das erleichtert die Aufnahme in die spanische Sozialversicherung.

Für weitere Informationen wenden Sie sich an das *Instituto Nacional de Seguridad Social* (INSS) der Provinz, in der Sie wohnen. In Madrid: INSS, C/Serrano, 102, Telefon: 91 590 71 00, Fax: 91 577 96 38, Internet: http://www.seg-social.es/ kostenlose Infonummer: 900 16 65 65.

Der gesetzliche Beitritt eines Arbeitnehmers zur Sozialversicherung erfolgt für das gesamte Versicherungssystem und gilt für das ganze Leben. Er erfolgt nur einmal, nämlich dann, wenn der Arbeitnehmer seine erste Beschäftigung aufnimmt.
Sie erhalten Mitgliedschaftsunterlagen, aus denen Ihre persönlichen Daten und die Ihrer Familienangehörigen sowie Ihre Mitgliedsnummer hervorgehen. Diese Unterlagen müssen Sie sorgfältig aufbewahren.

Nach dem Beitritt können im Erwerbsleben des Arbeitnehmers verschiedene Situationen eintreten, die auch das Versicherungsverhältnis beeinflussen: Mit der Aufnahme einer Erwerbstätigkeit wird die betroffene Person zum aktiven Beitragszahler der Sozialversicherung und ist folglich versichert. Die Zeiträume der Beschäftigung und Beitragszahlung heißen „*Altas*“. Arbeitet die betroffene Person nicht, ist sie kein aktiver Beitragszahler mehr und hat kein Recht mehr auf Leistungen der Sozialversicherung, außer das spanische Arbeitsamt übernimmt Versorgungsleistungen. Die Zeiträume der unterbrochenen Erwerbstätigkeit heißen „*bajas*“.
Die Mitgliedschaft bei der Sozialversicherung („*alta*“) stellt fast immer eine generelle Voraussetzung für den Leistungsanspruch dar. Anträge auf Mitgliedschaft sind bei den Dienststellen der *Tesorería General de la Seguridad Social* zu stellen.

Höhe des Beitrags

Obwohl in Spanien die Sozialversicherung vom Staat beträchtliche finanzielle Mittel erhält, wird sie im wesentlichen aus den Beiträgen der Arbeitgeber und Arbeitnehmer finanziert.

Die Höhe des Beitrags eines Arbeitnehmers errechnet sich durch Multiplikation der Berechnungsgrundlage mit dem anzuwendenden Beitragssatz. Die Beiträge betragen ca. 7 - 9 % vom Bruttolohn, also wesentlich weniger als in Deutschland.

Es gibt unterschiedliche Berechnungsgrundlagen mit Mindest- und Höchstwerten für die einzelnen Gruppen, in die die Berufskategorien eingeteilt sind. Die Beitragssätze ändern sich gewöhnlich von Jahr zu Jahr.

Im allgemeinen Versicherungssystem stimmt die Berechnungsgrundlage in etwa mit dem tatsächlichen Einkommen des Arbeitnehmers überein. Es gibt jedoch sowohl eine Untergrenze (die dem SMI, also dem gesetzlich garantierten Mindestlohn entspricht, wenn der Arbeitnehmer vollzeitbeschäftigt ist, und die sich bei Teilzeiterwerbstätigen entsprechend verringert) als auch eine Obergrenze (sie liegt etwas über dem Fünffachen des SMI).

Bei den abhängig Beschäftigten obliegt die Versicherungspflicht dem Arbeitgeber. Der Arbeitgeber führt seinen und den vom Arbeitnehmer zu tragenden Anteil (der wie die Lohnsteuer vom Bruttoeinkommen des Arbeitnehmers einbehalten wird) an die Sozialversicherung ab.

Es gibt eine Ausnahme von diesem allgemeinen Grundsatz: Der Unternehmer ist allein verantwortlich für die Absicherung der Risiken bei Berufsunfällen und Berufskrankheiten.

Versicherungspflicht für selbständig arbeitende Personen

Die Sozialversicherung für Selbständige ist Pflicht. Die Versicherten sind nur gegen nicht berufsbezogene Risiken versichert. Sie zahlen keine Beträge für Arbeitslosigkeit, Berufsunfälle usw. und sind selbst für Zahlung ihrer Beiträge verantwortlich. Der Beitrag beträgt im Jahr 2005 ungefähr 210 Euro, dieser Betrag wird jährlich neu festgesetzt.

Zur Anmeldung wenden Sie sich mit Ihrer Beleg der Beantragung der NIE Nummer und der Steueranmeldebescheinigung des Finanzamts an die spanischen Sozialversicherung (*Tesorería General de la Seguridad Social*). In diesem Fall zahlen Sie selbst den Sozialversicherungsbeitrag. Sie müssen sich innerhalb eines Monats nach Eröffnung ihres Betriebes anmelden. Beim Beitritt zur Sozialversicherung kann der Versicherungspflichtige wählen, ob er für knapp 15 Euro mehr im Monat eine Verdienstausfallversicherung abschließen möchte. Diese Versicherung zahlt dem Selbständigen einen Betrag ab dem 4 Arbeitsunfähigkeitstag.

Auswirkung von Trennung, Scheidung oder Verlassen der Familie

Solche familiären Umstände können im Bereich der Sozialversicherung komplexe Probleme aufwerfen. Am besten erkundigen Sie sich in solchen Fällen bei den Dienststellen des Bezirksbüros der zuständigen Verwaltungsbehörde (INSS, INEM, IMSERSO). Sie können sich aber auch an einen Anwalt oder an eine Sozialfürsorgestelle (Sozialhelfer, Beratungsstelle für Frauen usw.) wenden.

Falls Sie Anspruch auf ärztliche Leistungen aus der Versicherung des Hauptleistungsempfängers (üblicherweise Ihr Ehegatte) hatten und mit diesem nicht mehr zusammenleben, können Sie in allen Fällen einen Berechtigungsschein für ärztliche Leistungen für sich selbst und für die bei Ihnen lebenden Kinder beantragen.

Bei besonderen Familiensituationen werden die Leistungen - Waisenrente, Familienleistungen, Zulagen für behinderte Personen und generell alle einem minderjährigen Kind oder einer erwerbsunfähigen Person zustehenden Leistungen - an die Person ausgezahlt, die die Personensorge für das minderjährige Kind oder die erwerbsunfähige Person ausübt. [1]

Medizinische Versorgung

Der Sozialversicherte kann die Dienste der Sozialversicherungsärzte, sowie die öffentlichen Krankenhäuser in Anspruch nehmen. Die zahnärztlichen Behandlungen, müssen in Spanien separat bezahlt werden (Zahnextraktionen sind kostenfrei). Viele Spanier schließen eine zusätzliche private Krankenversicherung ab, um die Dienste der Zahnärzte ebenfalls kostenfrei in Anspruch nehmen zu können.

Die medizinische Versorgung erfolgt in Krankenhäusern, die man Centro de Salud (Gesundheits-Zentrum) nennt. Dort muß man die Versicherungskarte vorlegen. Jedes Wohngebiet hat ein eigenes Centro de Salud, gehen Sie zu dem das Ihrem Wohnsitz am nächsten liegt. In den Centros sind eine Vielzahl von Medizinern beschäftigt sind. Unter diesen Ärzten kann der Sozialversicherte den Arzt seines Vertrauens frei auswählen.

Allerdings ist es z.B. nicht möglich, innerhalb einer Stadt, das Gesundheits-Zentrum zu wechseln. Der persönliche Ansprechpartner muß immer ein Arzt des zugeordneten Gesundheits-Zentrums sein. Es versteht sich von selbst, daß im Falle einer Krankheit jedes Gesundheits-Zentrum Spaniens aufgesucht werden kann. Die *Centros de Salud* sind durchgehend, 24 Stunden am Tag geöffnet.

Falls es Ihnen Ihr Gesundheitszustand nicht erlaubt, persönlich den Arzt aufzusuchen, können Sie die Praxis auch telefonisch erreichen und einen Hausbesuch vereinbaren. Falls für die Behandlung ein Spezialist erforderlich ist, der nicht innerhalb des Zentrums tätig ist, so erhält der Patient eine Überweisung (*volante* - Mod-P10).

Mit dieser Überweisung kann der Patient den zuständigen Arzt aufsuchen und seine Dienste in Anspruch nehmen. Bei einen nicht akuten Krankheitsfall muß man allerdings für diesen Termin eine längere Wartezeit in Kauf nehmen. Betreuung durch einen Spezialisten gibt es nur dann umgehend, wenn es sich um einen akuten Krankheitsfall handelt. Sollten Sie eine weitergehende Behandlung benötigen, wird Sie der Hausarzt bzw. der Spezialist in ein Krankenhaus einweisen.

Medikamente

Der Hausarzt oder der Spezialist verschreibt auf dem Rezept des INSALUD Medikamente, die er für erforderlich hält. Die Medikamente erhalten Sie in jeder Apotheke gegen Vorlage des Rezeptes und wenn Sie 40% des Betrages zahlen. Arzneimittel sind in Spanien wesentlich preiswerter als in Deutschland.
Falls das Rezept mit einem Arbeitsunfall oder einer arbeitsbedingten Erkrankung in Zusammenhang steht oder falls der Patient Pensionist ist bzw. von einem solchen wirtschaftlich abhängig ist, so können die Medikamente kostenlos ausgegeben werden.

Notdienst

Der Notruf lautet 112. Bei schwerwiegenden Notfällen sollten Sie sich zur Notaufnahme des nächsten Krankenhauses der Sozialversicherung begeben (denken Sie daran, daß nicht alle Krankenhäuser zur Sozialversicherung gehören und daß private Krankenhäuser Ihnen die Behandlung auf der Stelle in Rechnung stellen).

Arbeitsunfähigkeitsbescheinigung

Sollten Sie berufstätig sein und aufgrund einer Erkrankung Ihrer Arbeit nicht nachgehen können, wird Ihnen Ihr Hausarzt eine Bestätigung über Ihre vorübergehende Arbeitsunfähigkeit ausstellen.

Informationen und Beschwerden

Für zusätzliche Informationen über das Gesundheitswesen in Spanien oder bei Problemen in Zusammenhang mit Ihrer ärztlichen Betreuung wenden Sie sich bitte an den Patientenschutz (*Servicio de Atención al Paciente*) in dem für Sie zuständigen Ambulatorium, an das Ärzteinspektorat oder an die Landesstelle des INSALUD, c/ Sagasta Nr. 6, Madrid.

Die E-Formulare und die EKV/ Europäische Krankenvesicherungskarte

Die bisherigen E-Formulare werden europaweit allmählich durch elektronische Krankenversicherungskarten ersetzt.

Wenn Sie als Langzeiturlauber die medizinische Versorgung in Spanien nutzen wollen, so benötigen Sie das Formular E111, das Sie von ihrer Krankenkasse in Deutschland ausgehändigt bekommen. Dieses Formular gilt als Nachweis dafür, daß Sie in einem Mitgliedsland der EU krankenversichert sind.

Die EKV wurde in der EU per 1. Juni 2004 eingeführt. Allerdings werden 15 Länder der EU - darunter auch Deutschland während der Übergangsfrist bis 01.01.2006 weiterhin die Formulare E-111 ausstellen.

Die EU-Gemeinschaftsbestimmungen gelten nur für gesetzlich Krankenversicherte. Privat Versicherte sollten mit Ihrer Krankenkasse vor Reiseantritt eine private Auslands-Krankenversicherung abschließen, die dann in der Regel zwölf Monate gültig ist und mit einem Einmalbetrag abgegolten wird.

Mit dem Formular E111 können Sie in Spanien ihren Anspruch auf ärztliche Behandlung geltend machen. Gegen Vorlage dieses Formulars wird Ihnen von der Provinzialdirektion bzw. Agentur der Staatlichen Anstalt für Soziale Sicherheit „*Instituto Nacional de la Seguridad Social*“ (I.N.S.S.) ein Gutscheinheft für ärztliche Behandlung (*Talonario de volantes de asistencia en estancia temporal*) ausgestellt. Im Falle einer ärztlichen Behandlung, entnimmt der Vertragsarzt des INSALUD, RASSA oder ICS aus dem Heft einen für ihn bestimmten Gutschein. Das Gutscheinheft berechtigt auch zu weiteren Behandlungen an anderen Orten. Sie erhalten die verordneten Medikamente gegen Vorlage des Rezeptes und des Gutscheinheftes von den hiesigen Apotheken. Hierfür ist in der Regel eine Eigenbeteiligung von 40 v.H. zu entrichten.

Zuständige Provinzdirektionen: *Instituto Nacional de la Salud* (INSALUD), *Red de Asistencia de la Seguridad Social en Andalucia* (RASSA), *Instituto Catalán de la Salud* (ICS).

Übersicht über das Gesundheitswesen betreffende E-Formulare

E 101: Dieses Formular erhalten Sie von Ihrem Arbeitgeber/Unternehmen, wenn er/es Sie für einen Zeitraum von höchstens einem Jahr zum Arbeiten in einen Mitgliedstaat der EU entsendet. Dieses Formular ist verlängerbar.

E 102: Wird zur Erneuerung von Formular E-101 benötigt.

E 104: Bescheinigung über die Zusammenrechnung der Versicherungs-, Beschäftigungs-, oder Wohnzeiten in den Mitgliedstaaten, falls zum Erwerb eines Anspruchs eine Wartezeit erforderlich ist;

E 106: Eintragung im Wohnsitzstaat;

E 109: Bescheinigung zur Eintragung der Familienangehörigen, die nicht mit dem Arbeitnehmer bzw. Selbständigen im selben Staat wohnen. Ähnlich wie E-111, wird von Personen benötigt, die in ein Land reisen, um dort als Au Pair zu arbeiten.

E 111: für dringend benötigte Sachleistungen während eines vorübergehenden Aufenthalts in einem anderen Mitgliedstaat; (bei Rentenberechtigten und ihren Familienangehörigen eröffnet es Anspruch auf alle erforderlichen Sachleistungen);

E 119: Bescheinigung über den Anspruch auf Leistungen der Krankenversicherung von Arbeitslosen und ihren Familienangehörigen die sich zum Zweck der Stellensuche in einen anderen Mitgliedstaat begeben,. Wird in Verbindung mit E-303/3 ausgestellt.

E 121: Bescheinigung über die Eintragung der Rentenberechtigten und ihrer Familienangehörigen im Wohnsitzstaat;

E 128: Bescheinigung des Anspruchs auf die während eines Aufenthalts in einem Mitgliedstaat erforderlichen Sachleistungen für entsandte Arbeitnehmer, Selbständige, ihre Familienangehörigen und Auszubildende/Studierende.

Private Krankenversicherungen

Manche sprechen die Empfehlung aus etwaige private Krankenversicherungen in Anspruch zu nehmen, um somit die Dienste von Privatärzten nutzen zu können.
Es ist fraglich ob diese Ärzte besser sind. In Spanien beginnt jeder Mediziner seine Laufbahn in der sozialen Medizin. Natürlich wechseln einige dieser Ärzte zu den privaten Sektor. Dies geschieht aber meistens aus finanziellen Gründen, als Privatarzt kann man eben mehr verdienen. Es bedeutet aber auf keinen Fall, daß die Privatärzte eine bessere Qualifikation haben.

Das soziale Versorgungssystem ist in einigen Teilen Spaniens überbelastet, daher ist die Ausstattung (Betten, Fernseher, Aufenthaltsräume, Cafeteria usw.) in einigen öffentlichen Krankenhäusern nicht mit deutschem Standard zu vergleichen. Die besten medizinischen Gerätschaften sind allerdings im sozialen Versorgungssystem zu finden.

Natürlich haben die privaten Krankenversicherungen (abhängig vom Versicherungstarif) auch ihre Vorteile. Die hauptsächlichen Vorzüge sind die kostenfreie zahnärztliche Behandlung, eine weltweite freie Arztauswahl, und bei nicht akuten Krankheiten die Garantie einer sofortigen ärztlichen Betreuung.

Die Kosten für eine private Krankenversicherung sind in Spanien erheblich niedriger als in Deutschland.

Arbeitslosengeld - Sozialhilfe

Als Sozialversicherter in Spanien haben Sie Anspruch auf Arbeitslosengeld, sofern sie den Arbeitsplatz unverschuldet verlieren oder kurzarbeiten, arbeitsfähig und arbeitswillig sind.
Es bestehen ähnlich wie in Deutschland zwei Leistungsarten:

1. Das Arbeitslosengeld kann auf beitragsgebundener Basis gezahlt werden (*Prestaciones de Desempleo*), für die ersten 180 Tage der Arbeitslosigkeit werden 70 %, danach 60 % des letzten Lohns gezahlt, es gibt obere und untere Bemessungsgrenzen.
2. Personen, die keinen Anspruch mehr auf beitragsgebundene Leistungen haben bekommen Leistungen auf beitragsfreier Basis (*Subsidio por Desempleo*), i.d.R. 75 % des Mindestlohnes , auf gut Deutsch: Sozialhilfe.

Diese Leistungen erhalten Sie aber nur wenn Sie zu einer der folgenden Personengruppen gehören:
- Arbeitnehmer, deren Anspruch auf beitragsbezogenes Arbeitslosengeld endet und die familiäre Verpflichtungen haben.
- Arbeitnehmer über 45 Jahre, die seit mindestens zwölf Monaten kein Arbeitslosengeld mehr bezogen und keine familiären Verpflichtungen haben.
- spanische Wanderarbeiter.

- Arbeitnehmer, die bei Entstehung der rechtlich als Arbeitslosigkeit eingestuften Situation den für den Anspruch auf das beitragsbezogene Arbeitslosengeld erforderlichen Mindestbeitragszeitraum nicht vorweisen können.
- ehemalige Häftlinge
- Arbeitnehmer, die nach einem Prüfungsverfahren hinsichtlich der Genesung nach schwerer Invalidität, Erwerbsunfähigkeit oder vollständiger Invalidität im Hinblick auf ihren Beruf entweder als vollständig arbeitsfähig oder zu Teilinvaliden erklärt werden.

Das Recht auf Arbeitslosenunterstützung betreffende E-Formulare

E-301. Bestätigung über Beitragszeiträume, die für die Bewilligung von Arbeitslosenunterstützung in jedem beliebigen Mitgliedstaat angerechnet werden können.

E-302. Bescheinigung über die Familienmitglieder des Arbeitslosen, die für die Berechnung der Leistungen zur Arbeitslosenunterstützung berücksichtigt werden.

E-303 (von E303/0 bis E303/5). Bestätigt den weiterhin bestehenden Anspruch auf Arbeitslosenunterstützung. Wird beantragt, wenn man den Anspruch auf Arbeitslosenunterstützung in ein anderes EU-Land als dasjenige, das den Anspruch anerkannt hat, übertragen möchte. Der maximale Zeitraum für die Übertragung beträgt 3 Monate. Wird in Verbindung mit E-119 ausgestellt.

Die E-300-Formulare werden in den Büros des nationalen Arbeitsamtes (Instituto Nacional de Empleo - INEM) ausgestellt.

Altersrente

Die folgenden Grundsätze gelten für Personen, die ihre Berufstätigkeit in einem Mitgliedstaat beenden, um sie in einem anderen Mitgliedstaat fortzusetzen:
In jedem Land, in dem die betreffende Person versichert war, bleiben die Rentenversicherungsbeiträge so lange erhalten, bis das nach den Rechtsvorschriften dieses Staates vorgesehene Rentenalter erreicht ist.

Bereits entrichtete Beiträge werden also weder in ein anderes Land überwiesen noch an denjenigen ausgezahlt, dessen Versicherung in diesem Land endet.
Jedes Land, in dem die betreffende Person mindestens ein Jahr lang versichert war, zahlt eine Altersrente, sobald das Rentenalter erreicht ist.

Die jeweilige Altersrente wird nach Maßgabe der in dem betreffenden Land zurückgelegten Versicherungszeiten berechnet. Waren Sie dort sehr lange versichert, werden Sie eine verhältnismäßig hohe Rente erhalten. Hingegen wird Ihre Rente verhältnismäßig niedrig ausfallen, wenn Sie dort nur kurze Zeit beruflich tätig waren.

Kein einziger Beitrag geht verloren, erworbene Rechte werden gewahrt, und jedes Land wird die Rente zahlen, die den dort zurückgelegten Versicherungszeiten entspricht.

Zusammenrechnung
Waren Sie in einem bestimmten Mitgliedstaat während eines gewissen Zeitraums versichert und reicht dieser Zeitraum nicht aus, um einen Rentenanspruch in diesem Land zu begründen, so werden die Versicherungszeiten berücksichtigt, die Sie in anderen Mitgliedstaaten zurückgelegt haben.

Wohn- oder Aufenthaltsort im Ausland
Ihre Altersrente wird Ihnen ohne Kürzungen, Änderungen oder Verzögerungen gezahlt, ganz gleich, in welchem Mitgliedstaat der Europäischen Union oder des Europäischen Wirtschaftsraums Sie wohnen oder sich aufhalten.

Sie waren nur in einem einzigen Mitgliedstaat versichert
In diesem Fall wird der Betrag Ihrer Rente nach den Rechtsvorschriften dieses Mitgliedstaats in genau der gleichen Weise berechnet wie für die Staatsangehörigen dieses Landes. Es spielt keine Rolle, ob Sie zum Zeitpunkt des Erreichens des Rentenalters in diesem Land wohnen.

Sie waren in mehreren Mitgliedstaaten versichert
Sie erhalten eine gesonderte Rente von jedem Mitgliedstaat, in dem Sie mindestes ein Jahr lang versichert waren. Der Betrag Ihrer Rente entspricht den Versicherungszeiten, die Sie im jeweiligen Land zurückgelegt haben.

Vorruhestandsregelungen
Die meisten Vorruhestandsregelungen beruhen auf Vereinbarungen zwischen den Sozialpartnern. Die Gemeinschaftsvorschriften über die Koordinierung der Rentensysteme sind auf sie nicht anwendbar. Es ist also möglich, daß ein Arbeitnehmer im vorgezogenen Ruhestand den Anspruch auf vorgezogenes Altersruhegeld verliert, wenn er sich in einem anderen Mitgliedstaat als dem Staat niederläßt, der die vorgezogene Altersrente zahlt. Hier muß man sich also individuell beraten lassen. [6]

Checkliste - Fit für den Ausstieg

1. Ist Ihr finanzielles Polster so gut, daß Sie notfalls eine Zeit lang auch ohne Einkünfte auskommen könnten?
2. Haben Sie eine realistische Vorstellung von Mieten und Kaufpreisen?
3. Haben Sie sich über Arbeitsbedingungen und Verdienstmöglichkeiten informiert?
4. Sprechen Sie einigermaßen Spanisch? Haben Sie gute Englisch-Kenntnisse?
5. Haben Sie bereits Freunde und Bekannte in ihrer zukünftigen Heimat ?
6. Sind Sie kontaktfreudig und gewöhnen Sie sich schnell an eine neue Umgebung?

Checkliste - Vor der Abreise

Wegen Kündigungsfristen oder ähnlichem ggfs. frühzeitig erledigen:

Mietwohnung ggf. kündigen
bzw. Hausverkauf abwickeln
Versicherungen kündigen
Zeitungabos kündigen
Medien (TV, Premiere etc.) abmelden
Wasser, Strom, Telefon kündigen/ abmelden

Neue Anschrift mitteilen:

Verwandten, Freunden, Bekannten, Geschäftskontakten
Steuerberater, Finanzamt, Bank
Wohnsitz ab/ ummelden
Post - Nachsendeantrag

Mobiliar - was verkaufen, was einlagern, was mitnehmen ?

Was wird sofort mitgenommen ?
Was bringt die Spedition ?
Angebote von Speditionen anfordern

Papiere ordnen
Alle Arztbesuche erledigen
Haustiere impfen lassen

Krisenszenario Immobiliencrash - Wirtschaftskrise ?

Die spanischen Immobilienpreisen sind in den letzten Jahren stark gestiegen, die Immobilienblase bläht sich immer bedenklicher auf. Die Preise für Immobilien lagen im Schnitt zuletzt fast doppelt so hoch wie vor sieben Jahren. Nach Meinung mancher Experten könnte diese Blase bald platzen. Einige Experten sehen aber noch schlimmeres voraus: Eine handfeste Wirtschaftskrise könnte mit einer Immobilienkrise Hand in Hand gehen.

Schon im Jahr 2003 hatte eine EU-Kommission gewarnt, die „überdurchschnittlich hohe Verschuldung" der Familien in Spanien werde dann gefährlich, wenn die Zinsen steigen. Das die Zinsen steigen, das passiert gerade jetzt. Da die Einkommen in Spanien nicht mit der Verschuldung schritt hielten, seien die Haushalte „empfindlicher als früher" für mögliche Lohnausfälle oder Zinssteigerungen, folgerte die Kommission.

Zwar gibt es seitens der Europäische Zentralbank (EZB) z. Zt. noch keine Leitzinserhöhung wie in den USA, trotzdem müssen schon jetzt drei Millionen Familien in Spanien monatlich mit weniger Geld auskommen.

Die Zinsen für Kredite in Spanien werden fast ausschließlich variabel abgeschlossen, dabei ist der Zinssatz nicht an den Leitzins gebunden, sondern meist an den Euribor. Das ist ein Zinssatz, den europäische Banken voneinander verlangen. Der Euribor ist in den zurückliegenden Monaten schon leicht gestiegen.

Der durchschnittlichen Kreditnehmer, der sich 120.000 Euro mit einer Laufzeit von 20 Jahren geliehen hat, zahlt 23 Euro monatlich mehr an Zinsen seit Juli 2004.
Das scheint nicht viel zu sein, doch eine Studie der Nationalen Statistikbehörde Spanien (INE) stellt klar das es für mehr als die Hälfte aller Familien in Spanien schon jetzt ein Problem ist, mit ihrem Einkommen klar zu kommen. Sparen ist sogar für fast zwei drittel unmöglich geworden. Die Zahl der Haushalte in Not steigt zügig.

Wie geht es weiter, sollte die noch gut laufende spanischen Ökonomie an Fahrt verlieren ? Noch wird das Wachstum von unbesorgter Baulust getragen, der Konsumboom schwächelt schon leicht. Die Spanier scheinen auf ewig währendes paradiesisches Wachstum zu setzen, finanzieren eifrig per Kredit.

Doch die Caja de Madrid macht bereits in einem Bericht auf eine schwierige Lage der spanischen Ökonomie aufmerksam. So hat Spanien in den letzten vier Jahren stetig an Wettbewerbsfähigkeit verloren, Tendenz weiter abwärts. Die Haupteinnahmequelle Spaniens, der Tourismus stagnierte schon im Jahr 2003, 2004 war sogar ein Rückgang zu verzeichnen. Die Arbeitslosenrate stieg ausgerechnet im August, der schlechteste August seit 20 Jahren. Die wichtigste Motivation für Eigenheimkäufer, sichere Arbeitsplätze, bröckelt.

Spanien exportiert einen Großteil seiner Waren nach Deutschland. Ein Andauern der deutschen Krise könnte auch Spanien beeinträchtigen. Deutsche Reiselust hatte einst den Hauptanteil am Tourismusgeschäft, jetzt bleiben die Deutschen zunehmend Zuhause oder steuern günstigere Ziele an. Auch das Ferienhaus im Süden können sich immer weniger Deutsche leisten.
Dazu kommt das Spanien seit Jahren etwa ein Prozent seines Wachstums aus den Kassen der EU finanziert. Wenn dem Hauptempfängerland ab 2005 wegen der EU-Osterweiterung die Gelder drastisch gekürzt werden und in 2006 ganz wegfallen, wird sich das deutlich bemerkbar machen.

Die Risiken erreichen ein allmählich kritisches Niveau, der Konjunkturmotor Binnennachfrage ist bereits ins Stocken geraten. Auch bei der Bauwirtschaft ist nach dem Boom der letzten Jahre mittelfristig ein Abflauen zu erwarten. 2005 werden die Subventionen aus Brüssel für die großen Infrastrukturprojekte gekappt, ausländische Investitionen, etwa im Automobilsektor, fließen vermehrt in osteuropäische Länder. Die hohe Abhängigkeit der spanischen Wirtschaft vom Bausektor wird dann sehr gefährlich.

In Spanien wechselt ein Drittel aller Beschäftigten von Zeitvertrag zu Zeitvertrag, eine Flexibilität die in schlechten Zeiten viele Jobs kosten kann. Ein großer Teil der privaten Haushalte, die 2004 mit über 800 Milliarden Euro einen neuen Schuldenrekord aufgestellt haben, könnten ins Trudeln geraten.

Der Löwenanteil der Schulden resultiert aus der Finanzierung von Immobilien, in Spanien wird eher gekauft als gemietet. Fast die Hälfte des Bruttoeinkommens einer Durchschnittsfamilie wird für die Hypothek gebraucht. Wenn aufgrund fauler Kredite Immobilien vermehrt auf den Markt drängen und dadurch der Preisanstieg der Immobilienwerte ins Stocken gerät, muß zudem mit Verkäufen spekulativer Investments gerechnet werden. Eine Krise im Immobiliengeschäft wäre dann ein weiterer Antrieb einer Abwärtsspirale mit harter Landung. Das könnte bitter werden für die Spanier.

Mag sein das nun mancher die Hoffnung hegt in der Krise ein günstiges Objekt an der spanischen Küste zu erstehen. Aber in den touristisch erschlossenen Regionen wird ausländische Nachfrage wohl preisstützend wirken.

Ob das oben beschriebene Krisenszenario tatsächlich stattfindet, da sind die Experten sich nicht einig. Bei der Researchabteilung der spanischen Großbank BBVA bleibt man noch gelassen. Selbst wenn die Zinsen wie erwartet nach oben tendieren: „Der Anstieg wird nur sehr langsam vor sich gehen", heißt es.

Das die Zuversicht im Lande trügerisch ist, scheint Spaniens Finanzminister Pedro Solbes zu ahnen. Bei Vorstellung des Etats 2005 verkündete er das Ziel, „ein neues wirtschaftliches Modell" für Spanien zu entwerfen: mit zweistelligen Zuwächsen der Investitionen in Infrastruktur und Forschung, damit sich das schwache Produktivitätswachstum beschleunigt.

Das Problem dabei könnte sein, daß es einige Jahre dauert, bis solche Investitionen zu Produktivitätswundern führen. Fraglich ob der große Ausgabenboom der Spanier so lange halten wird. Ohne neues Wachstum werden dem Finanzminister rasch die (Steuer-) Einnahmen für seine Investitionspläne fehlen. Pedro Solbes Traum vom Etat 2005 ganz ohne Neuverschuldung wäre damit ausgeträumt.

Selbständig Arbeiten

Die wirtschaftliche Lage für Existenzgründer

„Spanien erwartet den stärksten Aufschwung Europas, während Deutschland bereits zum dritten Mal hintereinander der Bremser der EU bleibt" (Präsident der spanischen Handelskammer José Manuel Fernández Norniella)

Anders als in Deutschland (und einigen anderen Ländern in Europa) wird die wirtschaftliche Lage in Spanien von den Betrieben selber als sehr optimistisch gesehen. Laut einer Umfange unter 100.000 Betrieben rechnet die Hälfte mit höheren Exporten, Zweidrittel der Unternehmen erwarten, daß sie in diesem Jahr den Umsatz steigern können, fast ein Drittel will die Belegschaft erweitern und rund ein Viertel die Investitionen verstärken.

Diese guten Aussichten gelten für das ganze Land, einzige Ausnahme: die Balearen. Sie bleiben unter dem EU-Schnitt. Mit diesen Werten, die den EU-Schnitt mehr als das doppelte übertreffen, liegt Spanien mit Abstand auf dem ersten Rang, während Deutschland in fast allen Bereichen erneut den letzten Platz belegt.

Der Umfrage zufolge haben folgende Regionen die besten Perspektiven: Madrid, Katalonien, Murcia, Asturien, Andalusien und Aragóon. Diese Regionen gehören zu den zehn Regionen mit den besten Erwartungen innerhalb der EU.

Trotz der starken Unterschiede zwischen der spanischen und deutschen Wirtschaft, sollte man die positiven Aussichten nicht überinterpretieren. Spanien exportiert 70% seiner Waren in die EU und einen Großteil davon nach Deutschland. Eine weitere Verschärfung der deutschen Krise könnte die guten Aussichten für Spanien empfindlich beeinträchtigen.

Als Selbständiger in Spanien

Sehr viele Aussteiger aus Deutschland wollen in Spanien ihre eigene Firma eröffnen. Vom aktuellen Wirtschaftsboom in Spanien können deutsche Firmen z. Zt. nur träumen. Eigentlich kein Wunder das Firmengründungen schweizerischer, österreichischer oder deutscher Unternehmer in Spanien zunehmen. Gemessen an der Bevölkerungszahl gibt es fünfmal so viele kleine Unternehmen wie in Deutschland und nur einen Bruchteil der Pleiten im Verhältnis zu Deutschland.

Persönliche Neigung, spezielle Kenntnisse, Hobby und Lust am Neuen bestimmen in der Regel die Branche, in der man tätig werden will. Die Niederlassungsfreiheit in der EU macht's möglich. Ob nun Surfschule, Küchenstudio oder Antiquitätenladen, Installationsfirma, Sprachschule oder Kindergarten, Werbeagentur, Pension oder Importfirma, natürlich muß die Idee in die richtige Form umgesetzt werden. Ausländische Investitionen sind in Spanien völlig liberalisiert; auch gibt es für EU-Angehörige keine Probleme mit der Aufenthalts- oder Arbeitserlaubnis.

Eine gewerbliche Tätigkeit können Sie als sogenannter *autonomo* ausüben, d.h. als Einzelunternehmer. Hierfür müssen Sie sich beim Finanzamt (*hacienda*) anmelden, unter der genauen Bezeichnung der Tätigkeit, die nach Klassen, sog. *epígrafes* eingeteilt ist. Hierbei kann es Ihnen aber passieren, je nachdem welches Geschäft Sie betreiben, daß Sie gemäß dieser Klassen pauschal besteuert werden, egal ob oder wieviel Gewinn Sie machen ...

Interessanter für Firmengründer in Spanien ist die spanische GmbH, genannt *Sociedad Limitada* (S.L.). Diese „animiert" geradezu zur Firmengründung, vor allem durch das vergleichsweise niedrige Mindestkapital von 3.006 Euro gegenüber dem Mindestkapital einer deutschen GmbH von 25.000 Euro. Dazu kommt eine Vielzahl von Abschreibungsmöglichkeiten von der deutsche Unternehmer nur träumen können.

Gleich welche Rechtsform Sie wählen, seien Sie vorsichtig, Spaniens Gesetzgebung ist zwar der Deutschen sehr ähnlich, aber die Umsetzung der Gesetze verläuft mitunter ganz anders.

Anfangs, wenn man in Spanien etwas von den Behörden will, läuft man sich die Hacken wund, der Bürokratismus ist wesentlich schlimmer als in Deutschland. Hat man dann endlich die Anmeldeprozedur erledigt, halten sich die Behörden zurück, man wird in Ruhe gelassen, auch deshalb gibt es allgemein einen großen Drang in die Selbständigkeit.

Bevor eine gewerbliche Aktivitäten begonnen werden kann, muß eine Gewerbeerlaubnis beim zuständigen Rathaus beantragt werden. Die Gewerbeerlaubnis bescheinigt, daß die technische Ausstattung und die beabsichtigten Aktivitäten des neuen Geschäftes mit gültigem Recht konform sind. Nach Erteilung der Erlaubnis werden Inspektoren der Stadtverwaltung vor Ort prüfen, ob die Tatsachen wirklich mit den vorhergehenden Anträgen übereinstimmen. Danach wird ggf. der Unternehmensbetrieb endgültig frei gegeben (*Acta de Ocupación y Funcionamiento*).

Setzen sich vor Ort mit einer *Gestoria* in Verbindung, die Sie berät und Ihnen gegen Gebühren alle notwendigen Behördengänge und sonstigen Schritte abnehmen kann. Die gleiche Gestoria sollte auch Ihre Unterlagen entgegennehmen und die Buchführung erledigen.

Abhängig vom jeweiligen Berater (*Gestor*) und Ihren Spanischkenntnissen können Sie auch viele dieser Behördengänge selbst erledigen. Ihr Gestor erklärt Ihnen welche Formblätter Sie beim Finanzamt (*Hacienda*) kaufen und wie Sie auszufüllen sind. So ermäßigen sich die Gebühren, die von 40 - 80 Euro pro Monat variieren.

Spanische Zahlungsmoral

Über eins sollte man sich im klaren sein: Das Geschäft mit den Spaniern ist schwierig. Zum einen handelt der Spanier lieber mit dem Altbekannten, bevor er etwas neues ausprobiert. Das andere Problem ist die Zahlungsmoral. In Spanien ist es fast normal erst dann zu zahlen, wenn es gar nicht mehr anders geht. So werden die Stromrechnungen unglaublich oft erst dann gezahlt, wenn das Abstellung des Stroms kurz bevor steht. So sollten Sie Geschäfte nur gegen Barzahlung tätigen. Nehmen Sie keine Schecks, die Spanier tun es auch nicht.

Einem säumigen Kunden mit dem Anwalt zu drohen erzeugt nur ein müdes Lächeln, denn jeder weiß, daß es bei der ineffizienten spanischen Justiz überhaupt keinen Sinn macht einen Anwalt und die Gerichte zu bemühen, man kommt zu Lebzeiten kaum zu seinem Recht.

Obwohl die wirtschaftliche Lage in Spanien für Existenzgründer rosiger ist als in Deutschland, sollte man nichts überstürzen! Viele Spanien-Aussteiger glauben immer noch lockere Arbeit mit Urlaubsvergnügen verbinden zu können, besonders wenn man sich in Spanien selbständig macht.

Selbstcheck: Bin ich ein Unternehmertyp ?

Unternehmer sein ist nicht leicht, der gute Wille allein reicht da nicht. Sie sollten sich daher erst einmal die wichtigste Frage stellen: Bin ich für die Selbständigkeit wirklich geeignet? Sie werden sehr viel für ihre Unabhängigkeit, ihren Erfolg tun müssen.

Selbstdisziplin, Eigeninitiative, Kreativität und Identifikation mit der eigenen Idee müssen die Antriebskräfte gerade in der Gründungsphase sein. Seien Sie sich darüber im klaren, daß fast alles in ihren Händen liegt, außer Sie haben eine Person gefunden die sich Ihrer Idee genauso annimmt wie Sie. Das ist allerdings seltener der Fall. Der „geborene Unternehmer“ ist selbstbewußt, kontaktfreudig und risikobereit, besitzt zudem noch kaufmännisches und fachliches Wissen

- so betritt niemand diese Welt. Doch bestimmte Charakterzüge eines zukünftigen Unternehmers, aber auch ein bestimmtes persönliches Umfeld, schaffen gute Voraussetzungen für den Erfolg.

Prüfen Sie einmal Ihr Umfeld sowie Ihre persönlichen Eigenschaften und Einstellungen und bedenken Sie dabei, daß sie sich oft noch verstärken oder entwickeln lassen. Jeder Mensch kann sich, in bestimmten Grenzen, verändern und jeder Mensch wächst mit seinen Aufgaben.
Hinweis zum Test: Je öfter Sie den folgenden Aussagen zustimmen können, um so besser sind Sie für eine Selbständigkeit in Spanien geeignet.

* Mein Partner/meine Familie ist von der Idee der Selbständigkeit in Spanien begeistert und unterstützt mich.
* Partner/Familie können mich in der Startphase von privaten Tätigkeiten entlasten.
* Partner/Familie werden einen Teil der anfallenden Arbeiten für mein zukünftiges Unternehmen übernehmen.
* Mein/e Ehepartner/in oder Lebensgefährte/-in kann durch sein/ihr Einkommen für den gemeinsamen Lebensunterhalt in Spanien in der Anlaufphase sorgen, oder ich habe andere sichere Einkommensquellen.
* Ich habe schon Kontakte in Spanien und kann diese auch für meine Idee nutzen.
* Ich besitze genügend Kapital oder Sicherheiten, die ich als Eigenkapital in meine neue Firma einbringen kann.

Als Selbständiger braucht man meist einiges an Gottvertrauen daß alles gut ausgeht. Es hilft sich einmal auszumalen was passiert wenn alles schief geht. Wenn einen das nicht streßt, ist man auf einem guten Weg in die Selbständigkeit.

Persönliche Einstellung

* Mir ist klar, daß vor allem in der Startphase sehr viel Arbeit auf mich zukommt.
* Ich bin bereit auch am Abend sowie am Wochenende zu arbeiten und zunächst auf Freizeit zu verzichten.
* Ich kann mich, wenn nötig, in den ersten Jahren meiner Selbständigkeit finanziell einschränken.
* Ich bin bereit, persönliche Risiken auf mich zu nehmen (Beleihung meines Eigenheims, Einbringen von Ersparnissen).
* Ich meistere gerne schwierige Aufgaben.
* Ich versuche nicht Unangenehmes auszusitzen.
* Schwierigkeiten sind dazu da, um bewältigt zu werden.

Persönliche Eigenschaften

* Ich finde mich in einer neuen, ungewohnten Umgebung schnell zurecht.
* Ich bin in der Lage positiv und offen auf Menschen zuzugehen.
* Ich komme auch mit „schwierigen“ Personen zurecht.
* Ich schaffe es oft Kollegen und Gesprächspartner für meine Pläne begeistern.
* Ich bin kreativ und flexibel.
* Ich entscheide mich schnell, aber wohlüberlegt.
*Ich lasse mich nicht so schnell verunsichern.
* Ich kann Arbeiten ohne Probleme an andere delegieren.
* Ich kann auch unter Streß konstruktiv arbeiten.
*Ich gelte als Organisationstalent.
*Ich bin es beruflich bisher schon gewohnt, mir selber Ziele zu setzen und diese selbstständig zu Ende zu bringen.
* Ich kann Kritik vertragen.
* Was ich anpacke, bringe ich auch zu Ende.
* Ich kenne meine Möglichkeiten und persönlichen Grenzen.
* Ich fühle mich körperlich fit und leistungsfähig.
* Ich verfüge über kaufmännische und/oder technische Kenntnisse sowie Erfahrungen.
* Ich habe schon Führungserfahrung gesammelt und kann Mitarbeiter motivieren.
* Ich kenne mich in der Branche aus, in der ich mich selbstständig machen will.

Persönliches Know How

Sie müssen etwas vom anvisierten Bereich verstehen - eigene berufliche Praxis oder Erfahrungen im privaten Bereich sind hier sehr wichtig. Sind sie auf dem aktuellsten Stand der Entwicklungen ? Weiterbildung und Branchenkontakte sind also wichtig.
Ein häufiger Makel bei Unternehmensgründern ist mangelnde kaufmännische Bildung. Gewinn, Umsatz, Umsatzsteuer..., Begriffe die ihnen etwas sagen müssen.
Sie können das alles lernen, klar. Aber fangen Sie damit nicht zu spät an, der Besuch eines Volkshochschul- oder Existenzgründerkurses kann wichtige Wissenslücken füllen.

Standortwahl

Grundsätzlich sollte man nicht ins Blaue hinein in Spanien eine Existenz gründen. Man sollte sich vorab eine pfiffige Geschäftsidee überlegen, sich eine geeignete Region aussuchen und vor Ort noch mal gründlich die Lage prüfen!

Die Wahl des richtigen Standorts bei der Gründung ihres Unternehmens ist entscheidend für die Konkurrenzfähigkeit ihrer Produkte oder ihrer Dienstleistungen. Der Firmenstandort bestimmt in der Regel einen großen Teil der Kosten.

Wenn es sich nicht gerade um eine große Produktionsstätte handelt die nicht an Endverbraucher liefert, ist der wichtige kundennahe Standort wie z.B. in der Fußgängerzone, meist teuer. Auch das Angebot an Parkplätzen und öffentlichen Nahverkehrsmitteln ist unter Umständen wichtig.

Planen Sie einen Handelsbetrieb, müssen Sie mögliche Standorte in Hinblick auf die Käuferschicht eingehend analysieren. Schließlich ist es ein großer Unterschied, ob ein Lebensmittelgeschäft in einem Villenviertel oder in einer Hochhaussiedlung am Stadtrand betrieben wird.

Überprüfen sie vor der Standortentscheidung die Konkurrenzsituation.
Klar, daß es keinen Sinn macht sein Geschäft unmittelbar neben dem etablierten Marktführer der Branche zu öffnen. Es hilft sich selbst bei der Konkurrenz über deren Geschäftstätigkeit zu informieren. Aber von Firmen, die zunächst eine direkte Konkurrenz darstellen, kann man sich unter Umständen durch eigenes Image, speziellen Service oder die Besetzung einer Marktnische abgrenzen.

Erst wenn man alles gut recherchiert und vorbereitet hat, sich auch in der Gegend wohl fühlt und grundsätzlich die spanische Mentalität liebt, ist einer Existenzgründung nichts mehr entgegen zu setzten. Wichtig ist die richtige Grundeinstellung und Motivation zum Auswandern. Wer einfach nur die Ferienfreuden mit schnellem Geldverdienst und Daueraufenthalt in der Wärme verbinden will, wird ganz schnell auf die Nase fallen und schneller bankrott sein, als er sich in Spanien eingelebt hat!

Der Zeitrahmen

Meist wird von den neuen Selbständigen unterschätzt wie lange es dauert, bis man von seiner Selbständigkeit wirklich leben kann. Man muß nämlich nicht nur einen guten Umsatz machen, sondern auch mehr einnehmen als man gerade am Anfang für den Aufbau seines Geschäftes ausgeben muß. Man vergißt oft, daß Geld ausgeben nicht zwingend etwas mit Geld verdienen zu tun hat. Viele Selbständige investieren anfangs zuviel in schöne Büros, Möbel, schnelle Computer etc. Sowas kann man immer noch kaufen wenn es gut läuft.

Faustregel hier: Sparen bei allem was der Kunde nicht sieht. bzw. für den Kunden nicht wichtig ist. Der Spagat zwischen eisernen Sparen und mutigem Investieren ist eine Kunst die jeder Selbständige lernen muß und man sollte damit klein anfangen.

In manchen Fällen gilt, daß man erst im zweiten oder dritten Jahr seiner Selbständigkeit ein zuverlässiges Einkommen verdient. Bis dahin muß das Finanzpolster sowohl fürs Leben als auch den Aufbau der Selbständigkeit reichen.

Selbständigkeit - Partner - Lebenspartner

Für umfangreichere Projekte empfiehlt es sich das Vorhaben nicht allein in die Wege zu leiten. Vernünftig ist es einen Partner zu haben der sich im avisierten Bereich ebenfalls auskennt. Oder finden Sie einen Partner der eine vernünftige Ergänzung zu z. B. Ihren technischen Fertigkeiten durch seine Kenntnisse im kaufmännischen Bereich darstellt. Der Gedankenaustausch, konstruktive Kritik, das gegenseitige Fragen stellen, hilft Schwachpunkte im Vorhaben zu entdecken und Schwierigkeiten die einer allein übersehen könnte, im Vorfeld zu umgehen.

Selbständigkeit heißt in erster Linie Leben mit Unsicherheit und warten auf den Erfolg. Das heißt man muß einiges an Stimmungsschwankungen mitmachen.
Gerade wer für so etwas empfindlich ist, sollte sich dessen bewußt sein und auch, daß sich sowas auf eine Partnerschaft auswirkt.
Egal ob es sich um Geschäfts-oder Lebenspartner handelt - die Partnerschaft muß etwas aushalten können. Sie sollten von Anfang an klare Regelungen über finanzielle Themen festlegen. Das wird im ersten Überschwang des Auswanderns gerne vergessen, wenn es doch zu einer Trennung kommen sollte, ist der Streit zumindest in diesen Punkten begrenzt. Klare Regelungen, er finanziert was, wem gehört was? Ein Ehevertrag ist sehr nützlich, wenn man denn verheiratet ist.

Geschäftsideen

Eine gute Geschäftsidee ist die Basis für Ihren unternehmerischen Erfolg!
Geschäftsideen gibt es viele, eine Idee zu haben ist nun mal leichter als einen Plan in die Realität umzusetzen. Generell gilt: Es gibt keine per se schlechten Geschäftsideen oder gar Branchen. Letztlich kommt es immer darauf an ein bißchen besser zu sein als die Wettbewerber um Erfolg zu haben. Um das zu erreichen sollten Sie etwas Erfahrung in- und Spaß an Branche und Geschäftsidee haben. Nur wo man gut ist, macht das Arbeiten auf Dauer auch Freude.
Wo liegen ihre Stärken ? Haben Sie verkäuferisches Talent oder handwerkliches Geschick, Plan von Computern oder reichlich Erspartes und können mit Geld und Bank gut umgehen ? Von ihren Voraussetzungen hängt es ab welche Geschäftsidee sich für Sie eignet.

Kopieren ist in

Ihre Idee für den Einstieg in die Selbständigkeit in Spanien muß nicht völlig neu sein. Auch in Deutschland sind neue Geschäftsideen eher die Ausnahme: Die meisten der scheinbar neuen Geschäftsideen stammen nach Expertenschätzung aus den USA.
So wie Ideen aus Übersee als Kopien im Norden Europas erfolgreich sein können, so kann auch eine Kopie eines in Deutschland erfolgreichen Konzepts am richtigen Ort in Spanien reiche Früchte tragen.
Wenn Sie eine innovative Imitation einer altbekannten erfolgreichen Geschäftsidee auf spanische Verhältnisse übertragen, verringert das Ihr Gründungs-Risiko beträchtlich.

Alte Kamellen - Neue Verpackung

In manchen etablierte Branchen herrscht eine gewisse Betriebsblindheit.
Noch dem Motto: „Das haben wir schon immer so gemacht ...“, ist man für Neuerungen nicht zu haben. Darin könnte Ihre Chance liegen.
Eine pfiffige Innovation oder ein cleverer Marketing -Trick macht mitunter
aus einem langweiligen Konzept eine Super-Geschäftsidee.

Marktlücken
Neue Trends, sich ändernde Vorlieben der Kunden oder neue gesetzliche Regelungen halten die Märkte ständig in Bewegung.
Neue Märkte entstehen, alte schrumpfen, manche verschwinden. Das dabei Marktlücken entstehen passiert immer wieder, diese clever auszufüllen schafft eine gesunde Basis für den Erfolg.
Wer es dann noch schafft seine erfolgreiche Geschäftsidee gesetzlich schützen zu lassen - Der Traum jedes Unternehmers !
Hier jetzt Links zu Webseiten zu nennen würde dieses breite Thema zu sehr einschränken. Unter dem Suchbegriff: „Geschäftsidee" finden Sie im Internet reichlich Material, www.spanienclub.de wird ebenfalls Tips dazu veröffentlichen

Franchising

Wenn Ihnen beim besten Willen keine gute Geschäftsidee einfällt, oder Ihnen das Risiko eines Fehlschlags zu hoch ist, könnte Ihnen vielleicht die (relative) Sicherheit eines Franchise Systems zusagen. Sie erhalten sämtliche Unterlagen um ein erfolgreiches Geschäftsmodell zu kopieren - das kostet Sie allerdings etwas.

Ein einfaches Konzept, Sie kaufen die Lizenz sich mit einem bewährten Geschäftskonzept und einer eingeführten Marke selbstständig zu machen. Der große Vorteil gegenüber anderen Existenzgründern in der gewählten Branche: An Ihrem Betrieb prangt der Name eines bekannten Franchise-Gebers. Davon und von dessen Know-how profitieren Sie: Produkte, Werbung und Marktauftritt sind erfolgserprobt, und Sie als Gründer werden vor und nach Ihrem Start umfassend geschult und betreut. Dafür müssen Sie eine Einstiegsgebühr in das Franchise-System zahlen sowie eine laufende Gebühr.

Franchising triff man häufig in Handel und Dienstleistungen, Gastronomie und Tourismus an. Die Franchise Branche wächst weltweit mit rasanter Geschwindigkeit, sie ist in Deutschland die am schnellsten wachsende Branche überhaupt.

Der **Franchise-Nehmer** arbeitet zwar als selbständiger Unternehmer, muß aber den Vorgaben des Franchise-Gebers folgen. Unter anderem sind dies Vorschriften zur Einrichtung des Ladengeschäftes, damit einheitliches Auftreten gewährleistet ist, auch Anweisungen über Vorgehensweisen werden vorgegeben.

Der **Franchise-Geber** schließt mit einem Franchise-Nehmer einen Franchisevertrag. Darin werden die Vertragsbedingungen und die Tragweite der Nutzungsrechte geregelt, also alle Rechte und Pflichten des Franchisegebers sowie des Franchisenehmers.

Pflichten des Franchisegebers sind Beratung und Schulung des Franchise-Nehmers, Unterstützung durch einen einheitlichen Markenauftritt und die Nutzung eines gemeinsamen Werbekonzeptes. Dazu gehören überregionale Anzeigenschaltung, Presse- und Medienarbeit, Gestaltung von Prospekten, Flyern usw. Diese Leistungen läßt sich ein Franchise-Geber natürlich vergüten.

Der Franchisenehmer zahlt bei Einstieg in ein Franchisesystem an den Franchisegeber eine einmalige Eintrittsgebühr. Feste Gebührensätze gibt es nicht, d. h. die Höhe der Gebühr legt jeder Franchisegeber selbst fest. Meist beträgt die Gebühr 20.000 - 30.000 Euro. Mit der Entrichtung der Einstiegsgebühr, Bestandteil des Franchisevertrages, erwirbt der Franchisenehmer im Grunde sämtliche vertraglich vereinbarten Nutzungsrechte am Franchisesystem.

Zusätzlich zur Einstiegsgebühr muß der Franchisenehmer eine laufende Franchisegebühr zahlen. Diese wird regelmäßig während der gesamten Dauer des Franchisevertrages entrichtet. Sie wird entweder prozentual vom Umsatz berechnet (meist zwei bis acht Prozent) oder pauschal erhoben.

An den Franchise-Nehmer werden die gleichen Anforderungen wie an jeden Unternehmer gestellt. Deshalb sollte man sich auch hier fragen ob kaufmännisches und fachliches Know-how vorhanden ist. Haben Sie Kenntnisse in Mitarbeitermotivation und -führung, verfügen Sie über ein gewisses Maß an Durchsetzungsvermögen und Entscheidungsfreude?

Auch hier wichtig: Haben Sie genügend finanzielle Ressourcen?
In Spanien existiert ein spezielles Franchiserecht, die Branche befindet sich auch hier im Aufbruch. Gehen Sie auf Nummer sicher - verfügt der Franchise-Geber über genügend Erfahrungen mit bereits jahrelang laufenden Geschäften?

Wenn Sie einen Franchise Geber in der Ihnen naheliegenden Branche suchen, können Sie im Internet, in den *Paginas Amarillas*, den spanischen Gelben Seiten leicht an der Vielzahl von Vertretungen einer Marke erkennen, welche wahrscheinlich einem Franchise System angehören. Aber vor allem, wenn es konkreter wird - wenn Unterlagen eines Franchise-Systems vorliegen, sollten Sie diese von unabhängigen Dritten (Steuerberater, Rechtsanwälte und Bankangestellte) hinsichtlich der angegebenen Umsätze, Gewinne und weiteren Geschäftsdaten prüften lassen.

Franchise-Gebern sollte man intensiv auf den Zahn fühlen, schließlich bindet man sich lange und es gibt auch ein paar graue bis schwarze Schafe in der Branche.
Ein persönliches Gespräch mit einem Unternehmer der Ihr favorisiertes System nutzt, bringt Sie bestimmt weiter.

Franchise Glossar

Franchise Dienstleister & Zulieferer

Unternehmen, welche Dienstleister & Zulieferer einer Franchise-Kette sind. Für diese eröffnen sich durch Franchising neue Vertriebsmöglichkeiten wie z.B. die „Automatisierung“ des Verkaufs (Beispiel FRANKE als vertraglicher FDZ-Küchenzulieferer von McDonalds).

Franchise Eintrittsgebühr

Einmalige Gebühr, die Franchisenehmer bei Einstieg in ein Franchisesystem an den Franchisegeber entrichten. Sie wird in der Regel zu Beginn der Tätigkeit erhoben. Feste Gebührensätze gibt es nicht.

Die Höhe der Einstiegsgebühr legt jeder Franchisegeber selbst fest. Mit der Entrichtung der Einstiegsgebühr erwirbt der Franchisenehmer im Grunde sämtliche, vertraglich vereinbarten Nutzungsrechte am Franchisesystem, denn die einmalige Einstiegsgebühr ist Bestandteil des Franchisevertrages.

Franchise Handbuch
Ein Handbuch oder auch Betriebshandbuch genannt, gehört zu jedem seriösen Franchisesystem. Darin ist das vom Franchisegeber entwickelte Franchisekonzept detailliert beschrieben. Es enthält Angaben über die Art des Geschäftes, beispielsweise Vorschriften zur Einrichtung eines Ladengeschäftes (einheitliches Auftreten), Anweisungen über Vorgehensweisen, Muster von Formblättern, Frequently Asked Questions (FAQ) und vieles mehr. Das Handbuch ist wesentlicher Bestandteil der Leistungen eines Franchisegebers. Es wird häufig online angeboten.

Franchise Marketingkonzept
Zum Marketingkonzept des Franchise-Gebers zählen alle Maßnahmen, die den Franchise-Nehmer in seinen Marketingaktivitäten unterstützen. Wie beispielsweise überregionale Anzeigenschaltung, Presse- und Medienarbeit, Gestaltung von Prospekten, Flyern usw. Diese Leistung läßt sich ein Franchise-Geber häufig extra vergüten. Wenn sie nicht in der laufenden Franchisegebühr enthalten ist, werden die dadurch entstehenden Kosten mittels einer Marketing- oder Werbungsgebühr erhoben. Hierzu gehört auch das Partner-Marketing.

Franchise Master
Person oder Gesellschaft, welche einer Firma schnelle internationale Expansion ermöglicht. Hierfür wird dem Master vom Franchise-Geber das Recht erteilt, seinen Namen und sein Know-how innerhalb eines vertraglich festgelegten überregionalen Territoriums zu benutzen.
Der Master hat dafür eine Eintrittsgebühr in das ihm übergebene Territorium sowie einen proportionalen Umsatz-Anteil zu entrichten.
Hauptaufgabe eines Franchise-Masters ist es also nicht, selbst am Markt aktiv zu sein, sondern die Franchise-Idee und das Konzept, das dahinter steht, weiterzuverkaufen – neue Franchise-Nehmer zu finden. Master-Franchise wird auf eigenen Namen und eigene Rechnung betrieben.
In der Regel entscheiden sich Franchise-Geber für Master-Franchise, wenn sie mit ihrer Geschäftsidee auch andere, ausländische Märkte erschließen möchten.

Franchise Nehmer (FN)
Selbständiger Unternehmer, der auf der Grundlage des Franchising (gegen eine Lizenzgebühr) eine Geschäftstätigkeit ausübt. Das Geschäftskonzept wird vom Franchise-Geber (FG) zur Verfügung gestellt, nachdem es im Rahmen eines Franchise-Pilot erfolgreich getestet worden ist. Der FN tritt als selbständiger Unternehmer in die Kette des FG ein und eröffnet dessen lokalen Markt.

Franchise Nehmer Beirat
Speziell in größeren Franchisesystemen ist es üblich, einen Franchise-Nehmer-Beirat einzurichten. In der Regel ist es der Franchise-Geber, der dieses Gremium ins Leben ruft und auch unterstützt. Mittels dieses Beirats haben Franchise-Nehmer auf Landes- und Bundesebene die Möglichkeit, Informationen und Erfahrungen über einen Vertreter auszutauschen, ihre Interessen besser durchzusetzen und von Marktveränderungen und eventuellen Unzulänglichkeiten frühzeitig zu erfahren.

Franchise-Royalities
Laufende Franchisegebühr, welche im Gegensatz zur Einstiegsgebühr regelmäßig, während der gesamten Dauer des Franchisevertrages entrichtet werden muß. Sie wird entweder prozentual vom Umsatz berechnet (meist zwei bis acht Prozent) oder pauschal erhoben und vom Franchisenehmer an den Franchisegeber abgeführt.
In den meisten Fällen handelt es sich bei der laufenden Gebühr um eine Gegenleistung für Dienstleistungen des Franchisegebers (Betreuung der Franchisenehmer, Erarbeitung und ständige Aktualisierung eines Handbuches, Weiterentwicklung des Franchisesystems, ...). Neben der einmaligen Einstiegs- und der laufenden Franchisegebühr können weitere Kosten wie Werbungspauschalen oder Schulungskosten anfallen.

Franchise- Systemzentrale
Die Systemzentrale ist das Herzstück des Franchisesystems. Von hier aus erbringt der Franchisegeber sämtliche Serviceleistungen für seine Franchisenehmer. Die Systemzentrale unterstützt Sie in Fragen der kaufmännischen und der personellen Führung ihres Betriebes. Sie ist darüber hinaus zuständig für die Organisation von Schulungen - produkt- sowie auch verkaufsbezogen.

Spezielle Geschäftsideen in Spanien

Gastronomiebranche
Gerade in der Tourismusbranche bzw. im Gastronomiebereich haben immer noch viele Einwanderer die Illusion als Inhaber einer Bar oder eines Cafés schnell und relativ leicht ihren Unterhalt verdienen zu können. Hier wird allerdings übersehen daß in der Gastronomiebranche Spaniens ein harter Wettbewerb herrscht. Denjenigen, die keine einschlägigen Erfahrungen in der Gastronomie-/Tourismus-Branche haben, ist dringend davon abzuraten, sich auf diese Weise selbständig zu machen!
Denn die Realität sieht leider so aus, daß viele deutsche Restaurants und Bars nur eine Saison lang gut leben, dann nach 5 guten Monaten kommt der Winter und eine lange Durststrecke. Das traurige Ergebnis ist oftmals, daß danach die Existenz komplett kaputt ist.

Handwerk

Echtes Handwerk hingegen hat in Spanien goldenen Boden! Das Ausbildungsniveau in Spanien im handwerklichen Bereich liegt weit unter dem in Deutschland, da in Spanien die praktische Ausbildung zu kurz kommt. Wer also wirklich arbeiten will und guten Service z. B. im Reparaturbereich bietet, hat in Spanien eine reelle Chance sich eine weniger kapitalintensive Existenz aufzubauen. Deutsches Handwerk ist in Spanien hoch angesehen.

Da es in Spanien keine Handwerksordnung gibt, braucht man für die Gründung eines Handwerksbetriebes **keinen Meisterbrief,** jeder der solide Kenntnisse und Fähigkeiten in seinem Beruf hat, kann einen eigenen Betrieb eröffnen. Natürlich gibt es auch einige nicht so gute Handwerker die ihre Dienste anbieten, daher stößt man häufig auf mißtrauische Kundschaft.

In Spanien gibt es keine Kammerorganisation für Handwerker. Handwerksbetriebe sind ab einer bestimmten Größe Pflichtmitglieder bei den Industrie- und Handelskammern. Kleingewerbetreibende können freiwillig Kammermitglieder werden. Das spanische Handwerk geht vom Grundsatz der Gewerbefreiheit aus.

Nur für bestimmte Berufe (wie z. B. Zahntechniker, Augenoptiker, Raumausstatter) oder die so genannten „gefahrengeneigten" Berufe (z. B. Gas- und Wasserinstallateur) bestehen in Spanien zusätzlich spezielle Berufszulassungsregeln. Diese Berufe dürfen nur von autorisierten Inhabern eines Titels ausgeübt werden, wenn diese vor Tätigkeitsbeginn einen Berufsnachweis beantragt haben (Anerkennung seines Titels). Die EU-Bescheinigung ist hierfür nicht ausreichend. Für die anderen Gewerke reicht die EU-Bescheinigung aus.

In praktisch allen Branchen ist der Bedarf nach guter handwerklicher Dienstleistung groß. Es fehlen allerorten Leute, die solide ordentliche handwerkliche Arbeit abliefern - und pünktlich und zuverlässig die vereinbarten Aufträge abarbeiten. Doch sollten Sie wissen, daß an den Markt für die spanischen einheimischen Kunden nicht so leicht dranzukommen ist, oft besteht die Kundschaft fast ausschließlich aus Deutschen und Engländern die eine Immobilie besitzen.

Bereiche mit Zukunft

Der **Baubereich** ist nach wie vor ein Zugpferd der spanischen Wirtschaft, alles was damit zu tun hat, hat Zukunft. Auch und gerade ein Sonderfall des Hausbaues, der Bau von **Holzhäusern**. Die Häuser gelten in vielen Gebieten Spaniens als mobil, was ein Aufstellen auf Flächen erlaubt wo für „normale" Häuser keine Baugenehmigung erteilt würde. So erlebt das Holzhaus nach dem Sprecher des Holzhäuserverbandes AFCCM, Juanma Miranda, einen deutlichen Boom und wird von immer mehr potentiellen Bauherren wiederentdeckt. Gute Handwerker sind in diesem Bereich gefragt, aber auch geschickte Kaufleute die preiswertes Holz aus den skandinavischen Ländern oder aus Osteuropa importieren, von dort kann man auch komplett vorgefertigte Bausätze liefern lassen. Ein Beispiel für ein florierendes Kleinunternehmen: www.hadera.com.es

Klar, daß bei so vielen Sonnentagen wie in Spanien, sich natürlich die **Solarenergie** geradezu aufdrängt. Wer sich mit Thermosolar- und/oder Photovoltaikanlagen auskennt kann hier gutes Geld machen. Ein Riesenvorteil ist es natürlich, wenn man zur Finanzierung auch noch Fördermittel des Landes, des Staates oder der Europäischen Union erhält. Diese gibt es allerdings nur, wenn die Anlage durch ausgebildete Techniker erstellt bzw. abgenommen wird.

Dann wiehert der spanische Amtsschimmel laut auf, das wie und wo, das Ausfüllen der notwendigen Papiere ist ist selbst für erfahrene Installateure ein Problem. Mehr Informationen dazu unter: www.aven.es

Eine gute Zukunftsbranche ist in Spanien zum Beispiel derzeit der Bereich „Körperkultur, Fitness und Wellness". Top ausgestattete Fitnessstudios, Beautyfarmen und fernöstliche Gesundheitstrends von Feng Shui bis Reiki blühen derzeit auch in Spanien. Man muß aber meist viel Geld mitbringen, um hier mitschwimmen zu können. Ein Beispiel das hier gut funktioniert: www.morisco.de

An den Sonnenküsten Spaniens leben unzählige Rentner noch rüstig und voller Tatendrang. Diese sind finanziell meist recht gut ausgestattet aber ohne ausreichendes Freizeitangebot. Jeden Tag Strand, Sonne und Spaziergänge wird auf die Dauer langweilig. Wer hier das richtige Angebot erstellt, hat gute Karten. Türkisches Bad, Jakuzzi, Sauna und Massagen bieten z.B. www.spaparaisodeagua.com

Was passiert wenn diese Rentner in ein Alter kommen in denen sie auf Hilfe von außerhalb angewiesen sind? Kopien von in Deutschland funktionierenden Modellen wie Einkaufsdienst, Essen auf Rädern oder jegliche Form von Hilfe im eigenen Haus sollten Zukunft haben.

Autotuning und der Zubehörhandel sind ebenfalls „in". Wenn Sie solide Kenntnisse als Automechaniker mitbringen, könnte das etwas für sie sein.

Daneben läuft auf der iberischen Halbinsel, wie bei uns gegenwärtig auch, das Geschäft mit Informationstechnologie, also Handy-Läden, usw., aber Vorsicht, die Margen sind geringer als in Deutschland.

Neu im Kommen wie bei uns ist auch in Spanien der Gedanken „zurück zur Natur". Es fehlt auch dort immer mehr das Geld für große, teure Reisen ins Ausland. Vielleicht haben Sie etwas besonders Interessantes und Billiges als kleiner Spezial-Reiseveranstalter anzubieten, in Spanien oder in Deutschland.

Haben Sie Ihre Geschäftsidee schon gefunden ? Wenn ja dann stellt sich die alles entscheidenden Frage: Ist meine Geschäftsidee gut, habe ich damit realistische Chancen? Die Antwort darauf müssen Sie selbst finden, bevor Sie Ihre Gründung in die Tat umgesetzt haben. Zwar braucht jeder Existenzgründer eine gehörige Portion Begeisterungsfähigkeit als Energielieferant, um sein Vorhaben durchzuziehen. Blinder Optimismus jedoch ist im Geschäftsleben tödlich. Ein guter Plan für Ihr Vorhabens, gute Vorbereitung und wenn möglich ein Vorab-Test Ihrer Geschäftsidee sind daher schon der halbe Erfolg.

Der Business Plan

Ihr Vorgehen in der Fremde bei der Neugründung ihrer Firma muß nach Plan verlaufen, einem genauen schriftlichen Konzept - Ihrem persönlichen Businessplan.

Ein Businessplan ist mehr als nur die Beschreibung des geplanten Projekts. Er ist zugleich der Realisierungsfahrplan, er gibt Auskunft über die Führung des Betriebs, enthält wirtschaftliche Analysen über Umsätze und Kosten, über Gewinne und Wachstum des Unternehmens.

Ein Unternehmer in spe mit einer, wie er glaubt, guten Geschäftsidee, verfügt meist nicht über das notwendige Grundkapital zur Gründung seines Unternehmens. Daher legt er seinen gut ausgearbeiteten Businessplan einem potentiellen Investor vor, in der Hoffnung diesen davon zu überzeugen das seine Idee bare Münze bringt.
In ihrem Businessplan müssen Sie sich selbst und andere Zweifler überzeugen !
„Was muß ich als Unternehmer bedenken?“ Der Lerneffekt bei der Erstellung Ihres Businessplanes ist eine der wichtigsten Voraussetzung für Ihren erfolgreichen Start als Unternehmer. Dieses Werk wird zudem Ihr Leitfaden für den Start im Ausland sein.

Ihr Businessplan zwingt Sie vor allem, Ordnung in die eigenen, manchmal noch ziemlich unausgegorenen Gedanken zu bringen. Denn eine Geschäftsidee haben ist eine Sache. Eine andere Sache ist es, alles in ein schlüssiges, plausibles und realitätsnahes Konzept umwandeln. Es wird richtig interessant, wenn es nicht mehr allein darum geht, von einer tollen Idee zu schwärmen, sondern sich plötzlich über die realen Marktgegebenheiten und die Konkurrenz Gedanken zu machen. Was kommt raus, wenn man mit spitzer Feder die möglichen Einnahmen und Ausgaben nachrechnet ?

Ihr Business Plan kann eine sehr ernüchternde Wirkung haben. Vielleicht müssen Sie feststellen, daß Ihre Idee in eine Sackgasse läuft. Doch das sollte Sie nicht verzweifeln lassen. Sehen Sie es einfach so: Es gibt keine Probleme, sondern nur Herausforderungen. Suchen Sie nach Wegen Ihre Idee zu verbessern oder - wenn´s denn gar nicht anders geht - schließlich eine neue zu entwickeln.

Geben Sie sich Mühe, alle erfolgsrelevanten Bereiche ihres Vorhabens genau zu betrachten und dies in eine kurze, prägnante schriftliche Form zu bringen. Die Schriftform zwingt Sie dazu, ihre Gedanken exakt und präzise zu formulieren.

„Hat die Idee eine Chance auf Realisierung?“ Eine wichtige Aufgabe des Konzepts ist die Überprüfung der Idee auch in den Details, die Prüfung der verschiedenen Möglichkeiten und die Erarbeitung von Alternativen.

Wenn die Alternativen geprüft und Entscheidungen getroffen sind, sollten Sie das Konzept als Planung festschreiben. Damit ist es Grundlage für die Realisierung des Vorhabens und die Umsetzung in die Praxis. Es wird später zum Beurteilungs-Maßstab während der Umsetzung in die Tat.

„Wie wird das alles finanziert?“ die Schlüsselfrage im Hinblick auf eine mitunter jahrelange finanzielle Durststrecke, sollte hier klar beantwortet werden. Der Lebensunterhalt in der Startphase (Nebenjob, Partner/in mit Einkommen, Ersparnisse,

Kredite ...) muß gesichert sein, was hat man von der besten Geschäftsidee, wenn vor dem Erreichen der Gewinnschwelle das Geld ausgeht ?

Ein guter Businessplan enthält alle Informationen, ist übersichtlich strukturiert, es werden nur Fakten ohne Umschweife dargestellt. Ohne Business-Plan fliegt man im Blindflug. Bereiten Sie ihren Weg in die Selbständigkeit also mit einem gut entwickelten Businessplan. Versuchen Sie alle wichtigen Zusammenhänge Ihres Geschäftes zu formulieren. In Worten und Zahlen. Das hilft in chaotischen Zeiten.

Aber: Es kommt immer anders als man denkt. Besonders in der Selbständigkeit. Seien Sie sich also bewußt, daß Ihr schöner Businessplan ständig den Realitäten angepaßt werden muß. Behalten Sie Ihren ursprünglichen Businessplan im Auge und arbeiten Sie gleichzeitig an dem sich parallel zu den Ereignissen entwickelnden flexiblen Businessplan. Passen Sie auf, daß Sie sich nicht völlig von den ursprünglichen Vorgaben entfernen.

Eine interessante **Informationsquelle** dazu im Internet ist das Handbuch Businessplan, das für die Teilnehmer an dem *bwcon* (baden württemberg: connected): *award CyberOne für Hightech- Unternehmen* erstellt wurde. Unter http://www.einfachanfangen.de/service/downloads/mvstartup/index.html finden Sie einen Musterbusinessplan.pdf, sowie weitere Downloads zu den folgenden Themen: Distribution, Kommunikation und Werbung unter http://www.einfachanfangen.de/service/downloads/Marketing/index.html

Die Struktur Ihres Businessplans

Da es Geschäftsideen wie Sand am Meer gibt, kann hier nur eine grob gerasterte Anleitung dargestellt werden, diese müssen Sie schon auf ihre Idee „umstricken“.
Jeder Businessplan sollte ein umfassenden Überblick über das Projekts vermitteln. Daher muß der Businessplan alle wichtigen Aspekte in kurzer Form enthalten.
Dazu gehören:

Die Geschäftsidee

Beschreiben Sie Ihre Geschäftsidee. Überlegen Sie welches Problem wird Ihre Idee lösen, betrachtet aus der Sicht der Kunden. Was unterscheidet Ihr Konzept von anderen. Welchen Vorteile hat der Kunde, wenn er Ihren Service nutzt, bzw. Ihr Produkt benutzt.

Unternehmer(team)

Trauen Sie sich (und ggf. Ihrem Mitarbeitet/Team) zu, das geplante Projekt zum Erfolg zu führen ? Denn egal wie gut eine Geschäftsidee auch sein mag, sie steht und fällt mit den Menschen, die dahinter stehen. Decken Sie durch ihre individuelle Ausbildung und Erfahrung alle wichtigen Bereiche des Unternehmens ab ? Sind die Aufgaben innerhalb dieses Gründerteams klar verteilt, fehlt vielleicht noch ein wichtiger Kopf ?

Markt und Marketing

Schaffen sie sich zunächst einen Überblick über den Markt, den Sie in Zukunft bedienen wollen.
* Welche Umsätze werden in diesem Markt erzielt, wie haben sich diese Umsätze in letzter Zeit entwickelt und wie sieht die prognostizierte Entwicklung in Zukunft aus? Wenn möglich untermauern Sie Ihre Aussagen mit konkreten Zahlen.
* Für wieviele Verbraucher innerhalb Ihres Geschäftsbereichs ist Ihr Produkt interessant, und wieviele davon glauben Sie wirklich als Kunden innerhalb eines bestimmten Zeitraums gewinnen zu können?
* Nutzen Sie einen gängigen Mode-Trend?

Nach dieser Übersicht über den Markt im allgemeinen überlegen Sie, welche Kunden speziell für Sie in Frage kommen und warum. Gespräche mit möglichen Kunden könnten dabei hilfreich sein.
* Was wollen Ihre Kunden?
* Wer sind Ihre Kunden?
* Wie alt sind Ihre Kunden?
* Welches Einkommen habe Ihre Kunden?
* Welche soziale Stellung haben Ihre Kunden?
* Hängt Ihr Unternehmen von genau einschätzbaren Einzelkunden ab?
* Bedienen Sie überwiegend Stammkunden, oder eher Laufkundschaft?

Betrachten Sie die Konkurrenz, erklären Sie sich, welche Vorteile Sie dem Kunden gegenüber anderen Konkurrenten bieten oder warum Ihr Konzept so einzigartig ist.
* Wer und wo sind Ihre Hauptkonkurrenten?
* Welche Produkte zu welchen Preisen bieten diese Konkurrenten an?
* Welche Besonderheiten (Qualität, Verpackung, Service etc.) bieten die Konkurrenten an?
* Welche Konditionen bieten die Konkurrenten an?

Durchdenken Sie Ihre Marketingstrategie, wie Sie Ihre zukünftigen Kunden ansprechen wollen und wie Sie Ihre Firma am Markt positionieren wollen. Dazu gehören alle geplanten Marketingaktionen, wie z.B. Anzeigenwerbung, direkte Ansprache der Kunden oder strategische Partnerschaften mit anderen Unternehmen.
* Hat Ihr Produkt bzw. Ihre Dienstleistung einen besonderen Nutzen für den Kunden, den Sie hervorheben sollten ?
* Bieten Sie etwa einen technischen-, Umwelt-, Qualitäts-, Image-, -, Gesundheits- oder finanziellen Nutzen ?
* Welchen Einfluß hat die Gestaltung des Produkts und die Preisgestaltung auf die Vermarktung und wie wird der Vertrieb organisiert.
Alle Angaben müssen schlüssig und logisch begründet sein, belügen Sie auf keinen Fall sich selbst !

Der gute Name Ihrer Firma
Der Name einer Firma spielt eine oft unterschätzte Rolle. Viele Existenzgründer meinen, mit einem besonders phantasievollen Namen Erfolg zu haben. Doch oft verwirrt eine solche Wahl einen potentiellen Kunden. Der bessere Firmenname ist ein produktbezogener, den ein Kunde auch ohne weitere Erklärungen versteht.

Ein „Einrichtungshaus Frantze“ wirbt schon allein mit seinem Firmennamen, wogegen eine „Fidelius GmbH“ dem Kunden erst klarmachen muß, was eigentlich ihr Geschäftszweck ist. Wenn Sie den ins Handelsregister einzutragenden Namen einer SL oder SA suchen müssen Sie wissen, daß Namen nicht genehmigt werden, die eine Übersetzung des spanischen Begriffes *Sociedad Limitada*, wie z.B. Limited oder GmbH enthalten. Darüber hinaus sind der Phantasie bei der Namensgebung keine Grenzen gesetzt.

Erfolgreiche Werbung

Ein erfolgreiches Unternehmen ohne Werbung gibt es nicht. Vor allem als ein neues Unternehmen müssen Sie auf sich und Ihr Angebot aufmerksam machen. Auch mit kleinen Werbeetats lassen sich große Erfolge verbuchen. Dazu muß Ihre Werbung anders sein, sich von der 08/15-Werbung etablierter Firmen abheben.

* Verlassen Sie sich nicht nur auf Mundpropaganda. Zwar ist sie überaus wirksam, sie entwickelt sich jedoch naturgemäß erst langsam.
* Denken Sie bei Werbung nicht gleich an Fernsehen, bunte Anzeigen oder lustige Radiospots. Für kleine Unternehmen spielt sich Werbung vorwiegend in anderen Bereichen ab, im Umgang mit Mitarbeitern, Kunden und Lieferanten. Vor oder im Geschäft. In der Betreuung nach dem Kauf. Oder im Service generell.

Werbestrategie
Planen Sie Ihre Werbung strategisch, entscheiden Sie Ihre Werbeausgaben nicht „aus dem Bauch heraus“. Das ist fast immer rausgeworfenes Geld. Sie brauchen einen Werbeplan, legen Sie lang- und mittelfristige Ziele Ihrer Werbung fest und sorgen Sie dafür, daß Sie jederzeit auf dem richtigen Kurs bleiben. Tips dazu:

Zielgruppengerecht werben
Nur wer seine Zielgruppe sowie deren Bedürfnisse und Vorlieben kennt, kann sie mit der richtigen Werbung im richtigen Medium erreichen. Sie müssen nicht um jeden Preis in der Öffentlichkeit bekannter werden, damit Sie mehr Kunden gewinnen.
Wenn Sie ein Geschäft für den Baubedarf haben, reicht es wenn die regionalen Baufirmen Sie kennen. Also: Zunächst die Zielgruppe exakt analysieren und diese dann Zielgruppengerecht bewerben.

Alternativen zu den Klassikern
Anzeigenwerbung und andere vermeintlich bewährter Werbemittel wie Prospekte oder Gelbe Seiten sind nicht der einzige Weg zum Ziel.

Und lassen Sie sich nicht von cleveren Anzeigenverkäufern ein vermeintliches Schnäppchen aufschwatzen. Bei Anzeigen gilt:
* Besser die kleinstmögliche Anzeige und diese oft wiederholen. So wird der Werbeeffekt größer.
* Eine kostenlose Werbemöglichkeit ist den Tausch von Werbeflächen. Ein Bäcker kann z.B. auf eine Metzgerei aufmerksam machen und umgekehrt.

Mitbewerber kennenlernen
Wie sieht das Produkt-/Dienstleistungsangebot Ihrer Konkurrenz aus? Wo liegen deren Stärken, wo die Schwächen? Welche Werbemedien bevorzugen Ihre Mitbewerber? Aber versuchen Sie nicht einen erfolgreicheren Konkurrenten nachzuahmen um ihn dann doch nie zu erreichen.
Gerade wenn es jeder in Ihrer Branche so macht, das sind die schlechtesten Voraussetzungen um mit Werbung auf sich aufmerksam zu machen.

Einheitliches Erscheinungsbild schaffen
Mit einem einheitlichen Bild nach außen erreichen Sie höheren Werbeerfolg. Außenanstrich, Wagenfarbe, Prospekte und Produktgestaltung, alles im Einheitslook!

Bestimmte Botschaft hervorheben
Zeigen oder sagen Sie Ihrem Kunden, warum er gerade bei Ihnen, warum er gerade Ihr Produkt kaufen soll. Übertreiben Sie aber nicht.
Die Werbeprofis unterscheiden zwischen Imagewerbung und produkt- oder verkaufsorientierter Werbung. Für einen kleinen Unternehmers ist Imagewerbung nur Geldverschwendung. Für Sie zahlt sich nur Werbung aus, die ein Ziel hat: verkaufen, verkaufen, verkaufen.

Ausreichend großen Werbeetat einplanen
Selbst Jungunternehmer sollten mindestens 2 bis 3 Prozent ihres Umsatzes in die Werbung stecken. In der Startphase darf es ruhig sogar etwas mehr sein. Planen Sie langfristig, aber entscheiden Sie sich für Werbemedien kurzfristig nach deren Erfolg. Sparen Sie nicht an der Gestaltung Ihrer Werbung. Wer kein Gefühl dafür hat, sollte lieber Fachleute beauftragen. Denn billig gemachte Reklame kann zur Antiwerbung werden.

Eigene Kundendatei führen
Erfassen Sie in jedem Fall die Namen und Adressen Ihrer Kunden. Gute Kundendateien enthalten außerdem die Geburtstage und die Hobbys der Stammkunden sowie die erworbenen Produkte oder Dienstleistungen.
Mit einer gut geführten Kundendatei können Sie preiswert Direktwerbeaktionen durchführen, persönliche Geburtstagswünsche versenden oder zu besonderen Anlässen (zum Beispiel Sommerfest) einladen.

Um die Kosten für die einzelnen Werbemedien vergleichbar zu machen, werden sie als sogenannter Tausend-Kontakte-Preis (TKP) oder Tausend-Nutzer-Preis (TNP) angegeben. Der TKP besagt, wie viel Sie ausgeben müssen, um zum Beispiel bei einer Zeitung oder Zeitschrift 1.000 Leser zu erreichen.
Welches Werbemedium eignet sich für Sie? Hier ein Überblick der Möglichkeiten:

Adreßbücher	Hörfunk
Anzeigenblätter	Internet
Außenwerbung	Kino
Direktwerbung	Lesezirkelwerbung
Fachzeitschriften	Publikumszeitschriften
Fernsehen	Tageszeitungen

Risiken

Jedes Geschäft enthält Risiken. Sie müssen die Risiken Ihres Geschäfts kennen und abschätzen können. Machen Sie sich klar, von welchen Faktoren der Erfolg des Unternehmens abhängt und wie Sie die Risiken von vorn herein vermeiden oder zumindest begrenzen wollen. Lesen Sie so viel wie möglich an Marktstudien, Unternehmenskonzepten, Büchern, Loseblattwerken und Fachzeitschriften über Ihre Geschäftsidee und die Märkte drumherum.

Simulieren Sie mögliche Fehlentwicklungen

Machen Sie sich Gedanken über Fragen wie:

* Was passiert, wenn nur 80 Prozent der angenommenen Kunden kommen?
* Was passiert, wenn die viele der Kunden erst nach Mahnungen, nach Monaten bezahlen?
* Was wenn der Umsatz in den ersten Monaten nur die Hälfte des erwarteten beträgt ?

Versuchen Sie Ihre Idee sinnvoll zu testen. Wenn möglich sollten Sie Ihr zukünftiges Produkt, bzw. die Dienstleistung bei Mitbewerbern selbst kaufen bzw. nutzen
Testen Sie die Reaktion Ihrer Freunde/Bekannten bei der Präsentation Ihrer Idee.

Organisation

In diesem Kapitel wird der genaue Geschäftsablauf erläutert,
- von der Entstehung des Produkts bis zur Auslieferung an den Kunden, bzw.
- der genaue Ablauf Ihrer Dienstleistung.

Stellen Sie besonders die Bereiche in den Vordergrund, die Sie von anderen Unternehmen unterscheidet und die den Kunden und Ihrem Unternehmen besondere Vorteile bringen, wie z.B. Einsparungen gegenüber herkömmlichen Methoden.

Realisierung

Der zeitliche Ablauf ihrer Umsiedlung und der Firmengründung unterteilt sich in verschiedene Phasen. Planung, vor Ort Recherche, Vertragsabschlüsse, Aufbau- und Testphase, Markteinführung, Expansion sind einige der Schritte, die Ihr Unternehmen durchlaufen wird.

Stellen Sie einen Zeitplan auf, wann einzelne Meilensteine in dieser Entwicklung erreicht werden sollen. Achten Sie darauf, daß dieser Zeitplan möglichst realistisch ist, denn größere Abweichungen bei der Realisierung führen zwangsläufig zu Problemen bei der Finanzierung

Finanzierung

Nun kommen die Zahlen auf den Tisch. Hier müssen Sie sich darüber klar werden, wieviel Kapital insgesamt benötigt wird, woher das Kapital kommen soll und welche Rendite erwartet wird.

Dabei sollte auch deutlich werden, wie das eingesetzte Kapital Ihre Existenz langfristig sichert. Je nachdem was Sie genau vorhaben, kommt hier evtl. eine große Aufgabe auf Sie zu. Sollten Sie weniger kaufmännisch vorbelastet sein könnte der Besuch eines Existenzgründerkurses hilfreich sein.

Ein Finanzplan klärt wofür das Geld verwendet werden soll. Die Ausgaben unterteilen sich in Investitionen in die Ausstattung der Firma (Maschinen, Büroeinrichtung, etc.), in Betriebsstoffe oder Rohmaterialien zur Herstellung von Produkten und in die laufenden Kosten für den Geschäftsbetrieb. Die Ausgaben können meist durch Erfahrungswerte und Recherchen in der Branche kalkuliert werden.

Hier zeigt sich ein Problem: Da Sie für künftige Aufträge kalkulieren, müssen Sie auch von künftigen Kosten ausgehen. Die Kosten der Vergangenheit können für Sie nur ein Anhaltspunkt sein. Deshalb müssen Sie in der Kostenrechnung mit Planzahlen rechnen. Dabei orientieren Sie sich an den Vergangenheitswerten und der voraussichtlichen Teuerung.

Ein anderes Problem ist natürlich, daß Sie mit Preisen in Spanien rechnen müssen. Es gibt einige Dinge die in Spanien zu ganz anderen Preisen als in Deutschland gehandelt werden.

Mögliche Kosten

Personalkosten

Dabei müssen Sie nicht nur das Bruttogehalt Ihrer Mitarbeiter berücksichtigen, sondern auch: Weihnachtsgeld, Urlaubsgeld, in Spanien als 13. Und 14. Gehalt Pflicht
Vermögenswirksame Leistungen, Freiwillige Sozialleistungen
Gesetzliche soziale Aufwendungen (Arbeitgeberanteil zur Sozialversicherung)

Sachgemeinkosten:

Miete, Pacht, Heizung
Gas, Strom, Wasser, Telefon
Versicherungen, Steuern, Beiträge

Kfz-Kosten
Werbung, Reisekosten, Repräsentation
Instandhaltung, Maschinen und Geräte
Steuerberatung, Rechtsberatung, Buchführung
Bürobedarf, Sonstige Kosten, Zinsen

Einnahmen

Bei den Einnahmen sind Sie normalerweise auf angenommene Werte angewiesen. Machen Sie sich in diesem Punkt nicht zu viele Illusionen, bleiben Sie realistisch! Legen Sie dar, warum Sie mit welchen Einnahmen rechnen. Stellen Sie die angenommenen Einnahmen in den verschiedenen Phasen den geplanten Ausgaben gegenüber. Daraus ergibt sich, wieviel Kapital zum Betrieb der Firma zum jeweiligen Zeitpunkt zugeschossen werden muß, bis der Breakeven, also der Punkt an dem Einnahmen und Ausgaben ausgeglichen sind, erreicht wird.

Anhand einer Tabelle sollten Sie eine Finanzplanung über 2 bis 5 Jahre, je nach Art Ihres Projekts, darstellen. Dieser Plan stellt Ertrag und Aufwand gegenüber und gibt Auskunft über das zu erwartende Betriebsergebnis. Naturgemäß wird dieser Plan Anfangs Verluste ausweisen. Nur wenn der Gewinn in einem überschaubaren Zeitraum den anfänglichen Verlust deutlich übersteigt, ist Ihr Konzept rentabel d. h. Ihre Geschäftsidee kann für Ihren Lebensunterhalt sorgen.

Beteiligung eines Investors

Wenn Sie eine Beteiligung eines Investors planen, müssen an den Businessplan noch wesentlich höher Anforderungen gestellt werden.
Es ginge zu weit hier jetzt darauf genau einzugehen, unter dem Suchbegriff Businessplan finden sie im Internet ausführliche Information dazu.

Öffentliche Fördermittel

Öffentliche Fördermittel für Existenzgründer in Spanien wurden bisher aus EU Geldern bereitgestellt. In den Genuß einer Starthilfe für den Sprung in die Selbständigkeit bekommt man allerdings nur, wenn man zuvor in Spanien beim INEM, also dem spanischen Arbeitsamt, mindestens drei Monate arbeitslos gemeldet war. Zudem bekam man auch nur dann Geld, wenn der dafür vorgesehene Posten nicht schon aufgebraucht war. Also ein Glücksspiel, mit sehr viel Aufwand um alle geforderten Papiere beizubringen. Die Papiere kann man auch nur dann erhalten, wenn das Geschäft schon offiziell angemeldet, also eröffnet ist. Ein vorab Finanzhilfe gibt es also auf keinen Fall.

Für Männer wurden im Jahr 2004 5000 Euro gewährt, Frauen die den Sprung in die Selbständigkeit wagten bekamen sogar 7500 Euro. Das von Antragstellung bis zur Auszahlung schon mal 1 Jahr vergeht ist fast normal.

Wie zukünftige Hilfen ausfallen ist noch unklar, Spanien hat einerseits eine neue Regierung, andererseits werden in 2005 die EU Hilfen stark zurückgefahren. Man sollte sich also nicht allzu große Hoffnungen auf einen Geldsegen machen, aber beim INEM kann man sich ja gleich bei Anmelden nach solchen Hilfen erkundigen.

Vielleicht klappt's ja doch !
Hier erfahren Sie mehr über EU-Finanzhilfen, die einschlägigen Vorschriften und Verfahren: http://europa.eu.int/grants/index_de.htm

Grundsätzliches für Selbständige

Für die staatliche Krankenversicherung und für die Rentenversicherung müssen als Selbständiger monatlich rund 210 Euro abgeführt werden - egal, wieviel man verdient. Auch der Abschluß einer privaten Krankenversicherung befreit nicht von dieser Last.

Freier Mitarbeiter

Wer in Spanien lebt und mit einer Firma eine freie Mitarbeit vereinbart, hat den Status eines *autónomo*. Es gelten dieselben Vorschriften wie für Selbständige.

Niederlassungsrecht

Als Selbständiger d.h. nicht abhängig Beschäftigte haben Sie ein Niederlassungsrecht, also das Recht eine gewerbliche Tätigkeit in einem anderen Mitgliedstaat der Union befristet oder unbefristet auszuüben. Entweder indem Sie den Schwerpunkt Ihrer Geschäfts- bzw. gewerblichen Tätigkeit nach Spanien verlegen bzw. dort neu aufbauen, oder indem Sie in Spanien eine feste Zweigniederlassung errichten. Bei der Ausübung Ihrer Tätigkeit unterliegen Sie den gleichen Vorschriften wie Inländer.

Dienstleistungsfreiheit

Auch ohne sich ständig niederzulassen, haben Sie grundsätzlich Anspruch auf Anerkennung Ihrer Eignung als Dienstleistungsanbieter in allen Ländern der Union, sofern Sie die Berufs- und Standesregeln in Ihrem Herkunftsland einhalten. Sie dürfen sich zur Erbringung Ihrer Dienstleistung zu Ihren Kunden in andere Mitgliedstaaten begeben oder diese von Ihrer Niederlassung aus erbringen, ohne dafür ins Ausland zu fahren (z.B. Beratung oder Übermittlung von Studien oder Gutachten per Fax, Post oder Telefon).

Gründung eines eigenen Unternehmens

Die Wege zur Unternehmensgründung als natürliche oder juristische Person sind vielfältig und berühren verschiedene Bereiche (behördliche Genehmigungen, Sozialversicherung, Steuerwesen u.a.).

Wer länger als ein halbes Jahr in Spanien leben möchte, braucht nicht mehr die „*tarjeta de residencia*“ (Aufenthaltskarte), wer aber ein eigenes Unternehmen gründen will sollte sich die Tarjeta auf jeden Fall holen, es vereinfacht die zu erledigenden Behördengänge enorm.

Für Selbstständige in jedem Fall notwendig: eine N.I.E./ N.I.F.-Nr. (Ausländer-Nr./ Steuer-Nr.). Tarjeta de residencia und N.I.E. werden beim

Ausländeramt (*Jefatura de Policía - Oficina de Extranjeros*) beantragt. Die Steuer-Nr. N.I.F. gibt es bei der „*hacienda*"(Finanzamt). Nächster wichtiger Schritt ist die Anmeldung bei der Sozialversicherung.

Alle drei Monate muß dann gegebenenfalls IVA (Mehrwertsteuer) abgeführt werden. Außerdem müssen Selbständige Einkommensteuervorauszahlungen leisten, jeweils 20% der letzten Jahres-Steuerabrechnung bzw. ein Schätzwert.

Die Einstellung und Mentalität der spanischen Steuerbehörden ist weit aus liberaler als man es aus Deutschland kennt. Durch den hohen bürokratischen Aufwand wirkt es Anfangs so als wären spanische Behörden strenger, aber wenn der Papierkram erst einmal erledigt ist und man seinen Verpflichtungen nachkommt wird man eigentlich in Ruhe gelassen. Eine „Spürhund- oder Kontrolliermentalität" gibt es nicht.

Noch ein paar Hinweise zu den Betriebskosten: Grundsätzlich ist alles absetzbar, was der Erzielung von Einkünften dient - Telefon und Pkw allerdings nur, wenn eine ausschließlich berufliche Nutzung nachgewiesen werden kann. Wer sein Büro in der Privatwohnung hat, kann die Telefonkosten beispielsweise nicht in private und geschäftliche Nutzung aufteilen. Wer sein Auto als Geschäftsfahrzeug geltend machen will, muß mindestens einen zweiten privaten Wagen besitzen.

Die wichtigsten Behördengänge für Unternehmensgründer

(Einzelunternehmer heißt auf Spanisch *autónomo*,
der deutschen GmbH entspricht die *Sociedad Limitada*, SL):

1. Beim Ausländeramt (*Jefatura de Policía - Oficina de Extranjeros*) die N.I.E., die Identifikationsnummer für Ausländer beantragen! Wer sich selbständig macht sollte außerdem die „*tarjeta de residencia*", Aufenthaltskarte beantragen. Obwohl keine Pflicht mehr, erleichtert sie immer noch einiges bei den Behörden.
2. Sich mit der N.I.E. beim Finanzamt (*Ministerio de Economía y Hacienda*) registrieren lassen: Anmeldung des Unternehmens (Steuernummer), Gewerbesteueranmeldung, Anmeldung der Mehrwertsteuer (bei mehrwertsteuerpflichtigen Tätigkeiten muß nach Abschluß jedes Quartals -wie auch in Deutschland - eine Erklärung abgegeben werden, außerdem muß ein Einkommensteuerabschlag gezahlt werden - Deadline für die Jahressteuererklärung ist der 30. Juni des Folgejahres)
3. Bevor man Miet- oder gar Kaufverträge für Geschäftsräume unterzeichnet, sollte unbedingt im Rathaus (*Ayuntamiento*) der jeweiligen Gemeinde nachgefragt werden, ob der Standort des Geschäfts mit dem „*Plan de Ordinación Urbana*" (vorgesehene Nutzung der entsprechenden Zone) harmonisiert. Wenn ja, läßt man einen Ingenieur/ Architekten feststellen, ob das Ladenlokal/ Büro den Bestimmungen entspricht oder ob Änderungen nötig sind. Geplante Änderungen werden in einem *proyecto técnico* (Plan zur technischen Durchführung) festgehalten und eingereicht. Gegebenenfalls muß eine Umbaugenehmigung (*licencia de obras*) beantragt werden.

Wenn alles abgeschlossen ist, steht der „*licencia de actividad*“ und der „*licencia de apertura*“ (Geschäfts- und Eröffnungslizenz) nichts mehr im Wege.

4. Spätestens nach einem Monat muß das Unternehmen mit seinen Angestellten bei der Sozialversicherungsbehörde (*Tesorería General de la Seguridad Social*) angemeldet werden.
5. Für die Ausgabe und Stempelung von Personalbüchern ist das Arbeitsministerium (*Ministerio de Trabajo*) zuständig.
6. Beim Handelsregister (*Registro Mercantil*) werden die offiziellen Unternehmens-Bücher legalisiert.

Tip: Wer sich unnötigen Ärger und Streß ersparen möchte, nimmt zur Erledigung der bürokratischen Formalitäten eine vertrauenswürdige Gestoria in Anspruch! Besonders mit Geschäftsverkäufen und Aushandeln von Genehmigungen wird viel Schindluder getrieben. Renommierte Gestorias bewahren ihre Kunden vor Betrügereien.

Für weitere Informationen können Sie sich an das IPYME (Institut für Mittlere und Kleine Unternehmen), Área de Información, Paseo de la Castellana 162, 28046 Madrid wenden, gebührenfreie Telefonnummer 900 190 092.

Traspaso - Geschäftsübernahme

Traspaso bedeutet das ein aktueller Mieter oder Pächter eines Geschäftes oder Geschäftsraumes sein Lokal mit allem was dazugehört auf den Geschäftsübernehmer überträgt. Dazu wird ein Übernahmevertrag geschlossen.

Jedes Jahr werden in Spanien hunderte Restaurants „traspasiert“. Ein mit vielen Risiken verbundener Vorgang, vor allem für den Übernehmer, mitunter auch für den Geschäftsübergeber.

Als eine erste Belastung für den neuen Pächter kommt eine Miet- oder Pachtzinsvorauszahlung, ein Jahr ist hier nicht unüblich.

Der typische Traspasopreis für Bars und Restaurants bewegt sich in der Größenordnung zwischen 20.000 und 80.000 Euro. Maßgeblich ist hierbei, welche Einrichtungsgegenstände mit welcher aktuellen Gebrauchsqualität vom bisherigen Verpächter übernommen werden.

Die **entscheidende Frage** in diesem Zusammenhang ist vor allem:
Gehören diese Gegenstände tatsächlich dem bisherigen Verpächter ?
Es kann sich hier nämlich um geleaste oder auf Kredit gekaufte Gegenstände handeln, oder aber manche Gegenstände gehören zum Pachtvertrag mit dem Eigentümer.
Für den Übernahmeinteressierten heißt dies, sich zur Absicherung die entsprechenden Rechnungen oder sonstige Belege und den Pachtvertrag zu fordern und diese genau zu prüfen.

Traspasorecht

Auch ohne eine vertragliche Regelung besteht Traspasorecht !

Das spanische Recht regelte im Mietgesetz von 1964 das Traspasorecht im Detail.

Nach der Mietrechtsreform 1995 ist die gesetzliche Regelung des Traspaso in der ursprünglichen Form zwar nicht mehr vorgesehen. Trotzdem ist ohne entgegenstehende vertragliche Regelung (gemäß Art. 32.1 LAU = neues spanisches Mietgesetz) dem Geschäftsraummieter die Unter- und gerade auch die Weitervermietung im Rahmen einer Geschäftsübertragung möglich, dies unter gesetzlichem Ausschluß einer Genehmigungsnotwendigkeit durch den Vermieter.

Allerdings hat dann der Vermieter gemäß Artikel 32.2 LAU das Recht eine bis zu 20%ige Mieterhöhung gegenüber dem Geschäftsübernehmer geltend zu machen, nach Erhalt der vorgeschriebenen Benachrichtigung.

Sinn des Traspasorechtes

Man muß wissen, daß in Spanien grundsätzlich keine eingerichteten Geschäftsbetriebe vom Eigentümer „verpachtet" werden, sondern 4 Seitenwände, eine Decke und ein Boden zur Verfügung gestellt werden, wobei es mitunter noch Sache des Pächters ist, für entsprechende Anschlüsse der Versorgungseinrichtungen zu sorgen.

Wer eine Bar oder ein Restaurant pachtet, der muß also erst einmal ordentlich Investieren. Diesen Wert will der Investor natürlich rechtlich absichern.

Gefahren für den Geschäftsübernehmer

In vielen Fällen beginnt die Spanieninvestition mit einer Überschätzung der Wirtschaftlichkeit. Es wird von zu hohen Umsatzzahlen ausgegangen oder nicht beachtet, daß die Saison lediglich 6 oder 8 Monate umfaßt oder der angebliche Kundenstamm tatsächlich nicht vorhanden ist.

Oft ergänzen sich hier mehr oder weniger gezielte Falschangaben dessen der das Objekt loswerden will und Gutgläubigkeit und Wunschdenken des Übernehmers.

Oft wird aus einer Ferienlaune heraus investiert, eine eingehende Überprüfung der Zahlen wird nicht vorgenommen.

Ein begeisterter, auf ein bestimmtes Objekt fixierter Übernehmer begibt sich in einen Zeitdruck – die Saison beginnt ! – und vernachlässigt sämtliche Vorsichtsmaßnahmen.

Manchmal läßt sich durch das Befragen von Nachbarn, früheren Geschäftsinhabern, früheren Angestellten oder aktuellen Lieferanten ein klareres Bild der Lage erstellen !

Mancher wagt in Spanien den Eintritt in einen branchenfremden Geschäftsbereich, an den er sich im Heimatland kaum heranwagen würde.

Die Überprüfung der Verträge ist schwierig oder teuer, mitunter ist der auf spanisch verfaßte Vertrag für den Übernehmer rein sprachlich nur teilweise nachvollziehbar.

Auch das Vorhandensein der erforderlichen Genehmigungen wird oft nicht oder nur nachlässig überprüft. Vielleicht ist bei dem Vorbesitzer hier und da ein Auge zugedrückt worden, vielleicht hatte er ja schon Probleme mit den Behörden. Bei einem neuen Pächter wird dann alles noch mal genau überprüft !

Welch ein böses Erwachen wenn die große Dachterrasse des Lokals plötzlich wegen (vermuteter) Lärmbelästigung zur besten Geschäftszeit um 23 Uhr geschlossen werden muß ! Statt sich hier auf mündliche Zusagen zu verlassen, empfiehlt es sich, eine spezialisierte Gestoria einzuschalten. Weitere wichtige Punkte:

* Bei bestehen Altschulden des Vorpächters kann es zu einer rechtlichen Schuldübernahme kommen, wenn der Firmenname weiter verwandt wird.
* Häufig besteht eine Übernahmepflicht betreffend Lieferantenverbindlichkeiten oder Verbindlichkeiten des Vorpächters mit Versorgungsunternehmen (E- Werk, Wasser, Gemeinschaftsabgaben...). Diese könnten bei Nichtausgleich ihrer Forderung die Betriebsweiterführung praktisch unmöglich machen.
* Die Inhalte des Miet- oder Pachtvertrages sollten mit dem Eigentümer des Lokals analysiert werden.
* Wichtig ist auch eine ausreichend lange weitere Miet- oder Pachtvertragslaufzeit, vorzugsweise entsprechende Optionszeiten.
* Weiterhin darf die Möglichkeit des Traspaso, der Weiter- oder Untervermietung nach Möglichkeit nicht vertraglich ausgeschlossen sein.

Was vom Geschäftsübergeber zu beachten ist

Für ihn ist wichtig, daß er nach Geschäftsübergabe keinen weiteren Haftungsrisiken, etwa für die Fortzahlung des Miet- oder Pachtzinses ausgesetzt ist.

Der Traspasopreis sollte nach Möglichkeit mit Vertragsabschluß der Geschäftsübernahme komplett beglichen sein.

Mentalitätsunterschiede und unterschiedliche rechtliche Auffassungen

Für Mitteleuropäer, insbesondere Deutsche, ist die Geschäftsübernahme durch Traspaso in mancher Hinsicht ungewöhnlich. Gemeinhin noch nachvollziehbar ist die Tatsache, daß im Falle eines Traspaso dem Verpächter ein gewisses Mieterhöhungsrecht zusteht.

Schwerlicher nachvollziehbar sind miet- und pachtvertragliche Regelungen, denen zufolge die vom Pächter angebrachten Installationen und Einrichtungsgegenstände ohne Entgeltzahlungspflicht dem Eigentümer bei Beendigung des Pachtvertrages zufallen oder ein Anteil am Traspasoerlös, also am Verkauf vom Mieter angeschaffter Einrichtungsgegenstände. Man fragt sich hier, warum soll der Eigentümer wertmäßig an Investitionen teilhaben, zu denen er keinerlei finanziellen Beitrag geleistet hat ?

Die Alternative

Direkterwerbs eines Geschäftslokals

Wer über die entsprechenden finanziellen Mittel verfügt, sollte ernsthaft überlegen, ob er nicht direkt die Geschäftsimmobilie erwirbt, in welcher er das Geschäft zu betreiben gedenkt. In der Praxis ist dies in aller Regel deshalb nicht einfach, weil die Eigentümer – meist Spanier – das Geschäftslokal als zukunftsträchtige Einnahmequelle ansehen und nur selten zu einem angemessenen Preis zum Verkauf bereit sind.

Fehlerquellen

Als Unternehmer im Ausland sind schon viele gescheitert. Um Erfolgreich zu sein sollten Sie folgendes beachten:
Dauerhaft gute Geschäfte wird man in Spanien ohne ausreichende Spanischkenntnisse nicht machen. Selbst in Regionen, in denen viele Deutsche leben, bleiben Sie ohne „Spanisch“ immer Außenseiter. Das geht auf Dauer nicht gut.

Fehlende persönliche Fertigkeiten bzw. Branchenkenntnisse sind ein großes Problem. Sie können weder in Deutschland noch in Spanien erfolgreich etwas tun, wovon Sie eigentlich keine oder nur sehr wenig Ahnung haben.

Oder würden Sie hier zu Lande es wagen, z.B. ein Malergeschäft ohne einen „blassen Dunst“ vom Job zu eröffnen? Eine handwerkliche Ausbildung oder zumindest gute Kenntnisse als Hobby-Anstreicher sind auch in Spanien für eine solche Tätigkeit die Grundvoraussetzung.

Ohne Startkapital werden Sie ebenfalls in Spanien vermutlich mit Ihrer Geschäftsidee über kurz oder lang scheitern. Dabei dürfen Sie als Jungunternehmen nicht nur die Investitionen für den Aufbau Ihrer kleinen Firma sehen. Denken Sie daran, daß Sie von Ihrem Startkapital unter Umständen ein Jahr oder länger auch leben müssen.

Auch die Steuern, Vertragskosten und hohe Nebenkosten - beispielsweise für Genehmigungen, die in Spanien oft teurer sind als in Deutschland, weil sich über diese Einnahmen auch die Kommunen finanzieren - müssen bedacht werden. Planen Sie daher auch die Kosten für einen guten Steuerberater und Rechtsanwalt ein.

Nobody is perfect

Diese Volksweisheit gilt natürlich auch für Existenzgründer. Doch mit der richtigen Vorbereitung und Information sollte es eigentlich klappen.
Dennoch: Als Gründer und später als Unternehmer werden Sie Fehler machen. Wichtig ist bei einer Unternehmensgründung nicht, keine Fehler zu machen, sondern aus seinen Fehlern zu lernen.

Folgende Fehler kommen bei der Existenzgründung immer wieder vor:

* Falsche berufliche, fachliche oder persönliche Qualifikation des Gründers
* Falsches Unternehmenskonzept
* Fehlende Marktkenntnisse
* Falsche Betriebsstätte
* Unzureichende und fehlerhafte Finanzierung
* Falsche oder fehlende Kostenrechnung und Kalkulation
* Nachlässige Ermittlung des laufenden Kapitalbedarfs
* Fehlende Planung
* Schlechte Organisation
* Überschätzung der Ertragskraft
* Häufiger Mitarbeiterwechsel
* Mangelnde Buchführung
* Computereinsatz ohne Vorbereitung

* Nichtbeachtung der steuerlichen Pflichten
* Falsche Gestaltung der Miet-, Pacht-, Kauf-, Arbeits- und Gesellschaftsverträge
* Falsche Rechtsform
* Über- und Unterversicherung
* Nichtbeachtung der Gründungsformalitäten
* Fehlende oder zu späte Beratung
* Fehler bei der Betriebsübernahmen

Die richtige Gesellschaftsform

Neben der Einzelfirma, die aus haftungsrechtlichen Gründen in vielen Fällen bedenklich ist, empfehlen sich die Rechtsformen der GmbH (*Sociedad Limitada*, abgekürzt: SL) oder die der Aktiengesellschaft (*Sociedad Anonima*, abgekürzt: SA).

Die spanische S.L.

Die GmbH / S.L. ist die am häufigsten vorkommende Gesellschaftsform in Spanien, sie ist individuell so gestaltbar, daß sie recht einfach auf die speziellen Bedürfnisse des oder der Gesellschafter zugeschnitten werden kann.

Mit 3006 Euro Mindestkapital, mit dem die Gesellschaft im Extremfall haftet, ist die spanische GmbH eine auch für den kleineren Geldbeutel erreichbare Gesellschaftsform, zudem kann das Kapital nach Gründung der Gesellschaft wieder vom Konto abgezogen werden.

Firmen in Spanien müssen erst ab 1 Millionen € Gewinn pro Jahr Gewerbesteuer bezahlen (I.A.E). Durch die vielfältigen, liberalen Abschreibungsmöglichkeiten gibt es kaum ein mittleres Unternehmen das diese Steuer zahlt.

Das neue spanische GmbH-Gesetz aus dem Jahr 1995 gestattet auch die Einmanngesellschaft, d.h. die Gesellschaft mit nur einem einzigen Gesellschafter. Die hohe Transparenz der Einmann- bzw. Einfrau-GmbH schafft aber zahlreiche Besonderheiten, daher empfiehlt es sich, eine GmbH mit mindestens zwei Gesellschaftern zu gründen, ein Gesellschafter braucht lediglich eine symbolische Beteiligung zu halten.

Die Gesellschaft wird durch den oder die Verwalter (*administrador*) vertreten; auch ist es zulässig, einen Verwaltungsrat zu installieren. Grundsätzlich hat jedoch eine kleinere Gesellschaft lediglich einen oder zwei Verwalter, wobei je nach dem Willen der Gesellschafter diese einzeln oder gemeinschaftlich vertretungsberechtigt sind.

Die Gründung erfolgt durch notariellen Vertrag (*Escritura Publica de Constitucion de Sociedad*). Hierin wird die Satzung der Gesellschaft festgelegt. Vor der notariellen Beurkundung muß beim Zentralen spanischen Handelsregister (*Registro Mercantil Central*) geprüft werden, ob der betreffende Firmenname frei ist. Üblicherweise gibt man drei Namensvorschläge an

Die von einem Rechtsanwalt niedergeschreibene Satzung (*estatutos*) regelt alle wesentlichen Einzelheiten der Gesellschaft, wobei natürlich auf das spanische GmbH-Gesetz mit seinen 129 Artikeln zurückgegriffen werden muß.

Anders als bei der S.A. muß das gesamte Gesellschaftskapital bereits bei der Gründung der S.L. voll aufgebracht sein. Das muß durch Bankbescheinigung nachgewiesen werden. Ein Anwalt berechnet ca. 2500 Euro Beratungskosten für eine Gesellschaftsgründung, aber es gibt auch gute Gestorias die diesen Service für wesentlich weniger bieten. Dazu kommen die Notar- und Eintragungskosten im Handelsregister. Die Steuer beträgt 1% des Gesellschaftskapitals.

Die so genannten „*Impuesto sobre Trasmisiones Patrimoniales* (ITP)" und „*Actos Jurídicos Documentados* (AJD)" sind zwei Steuern, die bei Gründung eines Unternehmens ans zuständigen Finanzamt bezahlt werden müssen.

Eine Betriebsunfallversicherung gegen Betriebsunfälle oder berufsbedingte Krankheiten der Arbeitnehmer abzuschließen ist Pflicht, abhängig von Geschäftstätigkeit und Arbeitsbereichen der Firma wird die Prämie festgesetzt. Auf o.g. Steuern und die Unfallversicherung hier im Detail einzugehen ginge zu weit, Ihr Gestor sollte sich da auskennen.

Mit der notariellen Eintragung der Gesellschaft im Handelsregister wird diese rechtsfähig. Trotzdem darf die Gesellschaft bei entsprechender Beschlußfassung bereits vor der Eintragung handeln, obwohl die beschränkte Haftung der neuen Rechtspersönlichkeit der spanischen GmbH erst mit der Eintragung ins Registro Mercantil beginnt.

Mehr über die spanischen Gesellschaftsformen: http://www.firma-ausland.de/ oder www.euroconsulting-sl.com

Aktiengesellschaft - S.A.

Wer firmenmäßig „größer" einsteigen will, für den erscheint die Rechtsform der Aktiengesellschaft (S.A.) adäquater. Hier ist allerdings ein Mindestkapital von 60.100,00 Euro erforderlich, wobei bei der Gründung lediglich 15.000,00 Euro zu zahlen sind.

Sacheinlagen sind sowohl bei der spanischen GmbH als auch bei der S.A. zulässig, wobei für die S.A. die Expertise eines Sachverständigen erforderlich ist.

Auch die Aktiengesellschaft kann als Einmanngesellschaft gegründet werden und ebenfalls nur einen Verwalter haben, so wie es bei der GmbH der Fall ist. Dieser kann gleichzeitig natürlich auch Gesellschafter sein.

Umwandlung später möglich

Möglich ist es auch, zunächst eine S.L. zu gründen und diese später in eine S.A. umzuwandeln.

Hat eine Firma erst einmal eine gewisse Größe und Bedeutung als S.L. erreicht, wird gerne aus Gründen des höheren Prestiges eine Umwandlung in eine S.A. vorgenommen.

Steuerlich gesehen empfiehlt sich häufig die Gründung einer Aktiengesellschaft, weil auf diese Weise beispielsweise der Verwalter, der Mitgesellschafter sein sollte, solche Kosten eher als Betriebskosten geltend machen kann, die bei einer Einzelfirma häufig dem privaten Bereich zugerechnet würden.
Für eine Aktiengesellschaft spricht auch die Möglichkeit, die Firma durch Abtretung ihrer Anteile zu einem späteren Zeitpunkt an interessierte Dritte zu übertragen.

Arbeitsrechtliche Aspekte

Auch in Spanien ist der Sozialversicherung das Thema der Scheinselbständigkeit bestens bekannt. Daher wird stichprobenartig nach nicht angemeldeten Arbeitsverhältnisse gesucht und anhand eines Indizienkatalogs werden Beschäftigungsverhältnisse nachträglich als abhängige Arbeitsverhältnissen qualifiziert. In solchen Fällen winken Nachzahlungen und enorme Geldstrafen.

Die Gesellschaft muß mindestens eine Person unter Vertrag haben, die bei der Sozialversicherung in der Gruppe I (leitende Angestellte) anzumelden ist, selbst wenn sie nur teilzeitbeschäftigt ist. Ein Verwalter, ein Vorstandsmitglied, Gesellschafter oder Aktionär kann gleichzeitig auch Angestellter der Gesellschaft sein, wenn ein wirkliches Arbeitsverhältnis besteht. Leitende Angestellte, die gleichzeitig Verwaltungsratsmitglied (Präsident, Sekretär, Beisitzer) oder Alleinverwalter sind, haben keinen Anspruch auf Arbeitslosenunterstützung. Die Arbeitslosenunterstützung wird auch leitenden Angestellten verweigert, die gleichzeitig Mehrheitsgesellschafter sind, unabhängig davon, ob sie Verwalter sind oder nicht.
Daher sind leitende Angestellte, die gleichzeitig Verwalter oder Mehrheitsgesellschafter sind, nicht im allgemeinen Sozialversicherungssystem versichert sondern müssen sich als Selbständige (*autonomos*) versichern lassen. Der oder die Verwalter haften den Gesellschaftern und Dritten gegenüber für Schäden aus gesetzwidrigen Handlungen.

Steuerliche Gesichtspunkte

Die S.L. sowie die S.A. müssen eine geordnete Buchführung haben und einmal jährlich den Jahresabschluß beim spanischen Handelsregister hinterlegen, einer Pflicht, der in Deutschland kaum eine GmbH wirklich nachkommt. In Spanien gibt es bei Unterlassung und verspäteter Hinterlegung drastische Geldstrafen.

Kapitalgesellschaften, also GmbHs und Aktiengesellschaften, werden aufgrund des spanischen Körperschaftssteuergesetzes mit bis zu 35 % ihrer Gewinne besteuert.
Hierbei können aufgrund des 95er Körperschaftssteuergesetzes während eines Zeitraumes von sieben Jahren Gewinne mit Verlusten kompensiert werden.

Die Gesellschaften unterliegen auch der spanischen Gewerbesteuer *Impuesto sobre Actividades Economicas* (IAE). Es handelt sich hierbei um einen festen jährlichen Steuerbetrag, der abhängig ist von der Gesellschaftstätigkeit und dem Ort der Gesellschaft. Die Steuernummer der Gesellschaft CIF sollte gleich nach ihrer Gründung beantragt werden.

Heimische Insolvenz und Firmengründung in Spanien

Wer in Deutschland geschäftlich einmal Schiffbruch erlitten hat, kann mit einer spanischen S. L. von vorn beginnen, ohne Gläubigerzugriff auf das Vermögen der S. L. Der Ablauf würde sich wie folgt gestalten:

- Gründung einer spanischen S. L. mit Treuhandführenden Gesellschaftern, reales Domizil in Spanien (keine Briefkastenfirma !), Bankkonto der S. L. in Spanien
- Schuldner wird Repräsentant/Niederlassungsleiter der S. L.., bzw. ist bei der S. L. angestellt
- Geschäfte werden ausschließlich über die S. L. getätigt
- Der pfändbare Anteil z. B. Ihres Honorars als Repräsentant fließt im Rahmen der Wohlverhaltensperiode an den Insolvenzverwalter

Merkpunkte für Firmengründer in Spanien

1. **Firmenname**

   Bei Existenzgründungen kann bereits der Name der Firma ein wichtiger Faktor für den Geschäftserfolg sein. Ob bestimmte Firmenbezeichnungen zulässig und verwendbar sind, sollte vorab durch eine Anfrage beim spanischen Zentralen Handelsregister in Madrid geprüft werden.

2. **Traspaso bzw. cesion**

   Wird ein eingerichteter Geschäftsbetrieb übernommen, so sollte die Haftungsfrage für eventuelle Geschäftsschulden des Vorgängers, steuerliche Verpflichtungen etc. rechtlich einwandfrei geklärt werden.

   Auch sollten mit dem Eigentümer des Geschäftslokals klare Vereinbarungen über den Mietvertrag und seine Dauer geschlossen werden.

3. **Richtiger Standort**

   Die Frage des richtigen Standortes, z. B. Vorhandensein von Publikumsverkehr, Verkehrsanbindung etc. kann je nach Unternehmensbranche existentiell sein.

4. **Unternehmensform**

   Statt einer Einzelfirma kommt in vielen Fällen auch die Einmann-Kapitalgesellschaft in Betracht. Die häufigste Gesellschaftsform in Spanien ist die *Sociedad Limitada*, die bereits mit einem Gesellschaftskapital von 3.006,00 Euro gegründet werden kann. Auch sind Sacheinlagen statt oder neben einer Geldeinlage zulässig. Der Gesellschafter-Verwalter (*administrador*) führt in den meisten Fällen einer kleineren oder mittleren Gesellschaft die Geschäfte.

   Für die Aktiengesellschaft ist ein Mindestkapital von 60.100,00 Euro zu zeichnen. Diese Gesellschaftsform kommt eher für mittlere oder größere Unternehmen in Betracht. Die beschränkte Haftung setzt die vorherige Eintragung der Gesellschaft im Handelsregister voraus.

5. **Satzung der Gesellschaft**
   Die Gesellschaftssatzung kann individuell ausgestaltet sein, je nach den Bedürfnissen der Gesellschafter und der Branche. Die Gründung der Gesellschaft erfolgt in notarieller Form.

6. **Residencia und representante fiscal**
   Der Verwalter einer spanischen S.L. kann seinen Wohnsitz im Ausland haben. Er hat allerdings einen steuerlichen Vertreter (*representante fiscal*) zu benennen.

7. **Steueranmeldung**
   Die Firma muß bei der zuständigen Steuerbehörde, der *Delegacion de Hacienda*, angemeldet werden und erhält eine eigene Steuernummer. Die Gewerbesteueranmeldung (*Impuesto sobre Actividades Economicas*, abgekürzt: IAE) ist ebenso vorzunehmen wie die Mehrwertsteueranmeldung (*Impuesto sobre el Valor Anadido*, abgekürzt: IVA).

8. **Gewerbeerlaubnis**
   Bei der Gemeinde (*Ayuntamiento*) ist die erforderliche Gewerbeerlaubnis (*licencia de apertura*) zu beantragen.

9. **Sozialversicherung**
   Die Gesellschaft muß mindestens eine Person unter Vertrag haben, die bei der Sozialversicherung in der Gruppe I (leitende Angestellte) anzumelden ist, selbst wenn diese nur Teilzeit beschäftigt ist.

Checkliste: Geschäftsidee

1. Gründer

   Sind Sie fachlich qualifiziert ?

   Haben Sie Branchenerfahrung ?

   Haben Sie kaufmännische Erfahrung ?

   Welches sind Ihre Stärken ?

   Welches sind Ihre Defizite ?

   Gründen Sie im Team?

   Können Teammitglieder Ihre Defizite ausgleichen?

2. Geschäftsidee

Haben Sie eine Marktlücke entdeckt?

Haben Sie ein erfolgreiches Konzept kopiert?

Wollen Sie mit einer neuen Idee in einer alternativen Branche starten?

Ist Ihre Geschäftsidee innovativ?

Haben Sie ein Alleinstellungsmerkmal?

Ist Ihr Produkt/ Dienstleistung marktreif?

Gibt es Verbesserungsmöglichkeiten?

Haben Sie noch weitere Produkte in der Entwicklung?

Läßt sich Ihre Geschäftsidee leicht nachahmen?

Kann Ihre Innovation patentrechtlich geschützt werden?

Kann Ihr Produkt andere Patente verletzten?

Wollen Sie in einer Wachstumsbranche starten?

Bringen Kooperationen mit etablierten Unternehmen für Sie Vorteile?

Haben Sie Ihre Geschäftsidee schon ausformuliert?

3. Markt

Kennen Sie Ihren Markt?

Wie groß ist dieser Markt?

Welchen Marktanteil streben Sie an?

Kennen Sie den Kundennutzen Ihres Produkt / Ihrer Dienstleistung?

Haben Sie mit möglichen Kunden gesprochen?

Kennen Sie mögliche Referenzkunden?

Waren Sie auf Fachmessen / Kongressen etc.?

Kennen Sie Ihre Konkurrenten?

Nennen Sie mind. 3 Konkurrenten!

Warum sind Sie besser als diese?

Haben Sie bereits Ihre Kosten und Preise kalkuliert?

Sind ihre Preise marktüblich?

Arbeitet ihr Unternehmen bei marktüblichen Preisen rentabel?

Haben Sie Vorstellungen, wie die Rendite gesteigert werden könnte?

Haben Sie ein Konzept für die Kundenansprache?

Haben Sie ein Konzept für die Distribution?

4. Finanzierung

Steht Ihre Finanzierung für die nächsten drei Jahre?

Haben Sie alle Finanzierungsquellen erschlossen?

Können unvorhergesehene Kosten auftauchen?

Gibt es auch ein Worst-Case-Szenario?

Wann können Sie von den Erträgen leben?

Haben Sie auch an Ihre private Absicherung gedacht?

Haben Sie genug finanzielle Rücklagen?

5. Gründungsvorbereitung

Haben Sie mit Ihrer Familie / Partner alles besprochen?

Haben Sie Ihren privaten finanziellen Bedarf kalkuliert?

Haben Sie sich von unabhängiger Seite beraten lassen?

Haben Sie einen Businessplan erstellt?

Sind Gesellschafterverträge erstellt?

Gibt es noch Unklarheiten bei den Zuständigkeiten?

Haben Sie eine für Sie geeignete Rechtsform gewählt?

Haben Sie mit Ihrem Steuerberater / Ihrer Bank gesprochen?

Haben Sie an alle Gründungsformalitäten gedacht?

Brauchen Sie eine Genehmigung in ihrer Branche?

Ist Ihr Unternehmensname oder Markenname geschützt?

Haben Sie schon Briefpapier, Visitenkarten etc.?

Brauchen Sie Geschäftsräume, haben Sie diese bereits gefunden?

Haben Sie sich bereits um deren Ausstattung gekümmert?

Wann wollen Sie starten?

Immobilienkauf

Die meisten Käufer haben den Traum mit dem Kauf einer spanischen Immobilie ein „Plätzchen an der Sonne" zu kaufen, daher übereilen sie vor lauter Euphorie oft ihre Entscheidungen. Der Kauf eines Grundstückes oder eines Hauses in Spanien ist heutzutage kein Risiko mehr. Allerdings gilt der Satz „Andere Länder, andere Gesetze" nach wie vor.

Spanien hat ein anderes Rechtssystem als Deutschland. Es ist also Jedem anzuraten, sich beim Kauf einer spanischen Immobilie fachgerecht beraten zu lassen. Das Thema Immobilienkauf ist so umfassend, daß es für ein eigenes Buch reicht.

Die nachfolgenden Tips und Informationen sollen Ihnen helfen sich in dem rechtlichen Wirrwarr zu orientieren und vor allem nicht böse auf die Nase zu fallen. Nicht alle Bauträgerfirmen und Immobilienmakler in Spanien arbeiten seriös. Deshalb ist unbedingt davon abzuraten, ohne fachkundigen Beistand den Eigentumserwerb in Spanien selbsttätig vorzunehmen.

Boom der Immobilien in Spanien

Beim Haus- oder Wohnungskauf sollte man sich genaue Gedanken über seine Bedürfnisse machen, damit man später nicht enttäuscht ist und sich in seinem Eigenheim auch langfristig wohl fühlen kann. Aber vor allem: Errechnen Sie genau Ihre finanziellen Möglichkeiten und vergessen Sie dabei nicht eine Reserve zu berücksichtigen, für unvorhergesehene Kosten. Andererseits: Nicht immer ist das scheinbare Schnäppchen auch wirklich das langfristig gesehen günstigste Angebot.

Lassen Sie sich Zeit bei der Auswahl, wenn der Makler oder Besitzer drängt und behauptet er hätte noch andere Interessenten, kann das auch ein Trick sein, um ein überteuertes oder mit sonstigen Haken versehenes Objekt endlich loszuwerden. Testen Sie wie der Verkäufer reagiert, wenn Sie sich für vergleichbare Immobilien aus seinem Angebot interessieren.

Es gilt ähnlich wie in Deutschland: wer günstig einkaufen will, sucht sich Verkäufer die schon lange auf ihrem Objekt sitzen, geht zu Banken und informiert sich über Objekte, die schon lange zum Verkauf stehen. Dort ist in der Regel der Verhandlungsspielraum groß.

Versuchen Sie besser nicht über einen deutschen Makler etwas zu finden. Schon um die hohen Betriebskosten zu decken (Flugreise usw.), sind über deutsche Makler vermittelte Spanien-Objekte zwangsläufig teurer als die von örtlichen Maklern angebotenen. Wenn für Sie allerdings 10.000 € oder auch 20.000 € mehr keine große Rolle spielen ...

Beim Kauf von Wohneigentum muß ein Notar für den Abschluß des Geschäfts hinzugezogen werden. Jede Bank oder Sparkasse informiert über die Kosten von Hypotheken und die Kaufverfahren.

Die spanische Schätzungsgesellschaft (*Sociedad de Tasación*) veröffentlicht halbjährlich einen Bericht, in dem durchschnittliche Wohnungspreise, Statistiken zur Preisentwicklung und voraussichtliche Entwicklungen nachzulesen sind.

Die Preise für Immobilien sind in Spanien selbstverständlich niedriger als in Deutschland. Allerdings sollten Sie nicht mit falschen Vorstellungen nach Spanien kommen. Die Zeiten, in denen Sie für den Preis eines Apartments in Deutschland eine freistehende Villa in Spanien erwerben konnten, sind längst vorbei.

Kein Land Europas hat in den letzten Jahren einen vergleichbaren Immobilienboom erlebt wie Spanien. Das Angebot neuer sowie alter Immobilien ist im ganzen Land breit und vielfältig. In den letzten Jahren sind die Preise für Neu- und Altbauwohnungen in den Städten des Landes stark angestiegen. Über 5 Milliarden Euro werden jedes Jahr von Ausländern in spanische Immobilien investiert.

Seit 2000 betragen die jährlichen Erhöhungen 15 % und mehr. Im Jahr 2004 macht sich jedoch eine Lockerung dieses Anstiegs bemerkbar. Dies ist eine logische Konsequenz auf den Kaufboom von Immobilien der letzten Jahre. Dazu mehr im Kapitel Immobiliencrash, S. 122.

Wer die attraktiven Hypothekarsätze nutzen will und kann um sich im attraktivsten Klima Europas niederzulassen, sollte wissen das der spanische Immobilienmarkt sich von den deutschsprachigen Märkten grundsätzlich unterscheidet. Sie brauchen keine Infos 1 Jahr (oder länger) vorher einzuholen, denn der Markt in Spanien ist so schnelllebig, daß Sie enttäuscht sind, wenn die Immobilie nicht mehr da ist, wenn die Preise plötzlich gestiegen sind usw. Also Infos erst anfordern, wenn man wirklich kaufen möchte. Z.B. innerhalb der kommenden max. 6Monate. Sie sollten in jedem Fall über 10% des Kaufpreises sofort verfügen können, damit Sie sich Ihre Immobilie per Vertrag sichern können. Für den Fall das was schief geht, muß der Verkäufer dann das doppelte zurückzahlen.

Spanische Besonderheiten

Die Unterschiede zwischen einer deutschen und einer spanischen Immobilie sind mitunter enorm und sollten in Relation zum Kaufpreis gesetzt werden.
Drei wesentliche Dinge unterscheiden eine spanische Immobilie alter Bauart von einer deutschen. Achten Sie auf folgende Punkte:

- fehlender Keller
- Leichtbauweise und dünne Wände
- Schlechte Ausstattung

Treppenhäuser, Terrassen, Dachschrägen, alle in Deutschland üblichen Berechnungsgrundlagen können Sie in Spanien vergessen. Natürlich sollten Haus bzw. Wohnung in etwa den angegebenen m2 entsprechen, aber das ist zweitrangig.

Andere Punkte sollten für Sie wichtiger sein. Preis, Anzahl der Schlafzimmer, Anzahl der Bäder, baulicher Zustand, Lage. Wenn Sie Ihr ideales Haus gefunden haben und es hat z.B. eine Fläche laut Makler (der hat die Zahlen meist vom Verkäufer) von 150 m2, und Sie messen nach und es sind nur 140m2, dann handelt man nicht den Preis runter. Sie können unabhängig davon immer ein Angebot machen, manche lassen handeln, andere nicht. Aber wird das Haus wegen der fehlenden m2 schlechter?

In Spanien sind in den angegebenen m2 fast immer auch überdachte Terrassen, Aufgänge, Abstellräume usw. mit einbezogen. Makler an der Küste kennen die Deutschen und schreiben meist konstruierte Fläche und nicht Wohnfläche. Im Hinterland dagegen wird oft einfach nur das Haus außen gemessen, die daraus entstehende m2 Zahl wird mit den Etagen multipliziert. Speziell im Hinterland sind Anbauten offiziell in keinem Papier erwähnt, da man sonst auch darauf Steuern zahlen müßte. Wenn Sie ein Haus kaufen möchten und es wesentlich zuwenig m2 angegeben hat, sollten Sie in Ruhe darüber nachdenken, sich mit Ihrem Anwalt und auch mit dem Makler beraten.

Wissen sollten Sie auch, daß ein gepflegter Garten z.B. viel Arbeit macht in Spanien. Man verursacht Mengenweise Abfall, ist man nicht da, benötigt man einen Gärtner. Sicher haben Sie noch nie so schnell wachsendes Unkraut gesehen, Hecken verschneiden ist ein Thema, Palmen müssen geschält werden ... Ein Pool muß ebenfalls gereinigt und gepflegt werden, wenn man es selber nicht kann (ist erlernbar) dann braucht man auch dafür jemanden. Pools und Gärten in Gemeinschaftsanlagen werden von Profis versorgt und man bezahlt anteilig.

Im Küstenbereich sind die Preise in den letzten Jahren so angestiegen, daß man sie leicht mit deutschen Großstädten vergleichen kann. Schönheit hat halt ihren Preis. Den Traum vom Haus mit Meerblick oder gar in der ersten Reihe am Strand werden sich also nur noch die wenigsten erfüllen können. Besonders die Preise für solche Objekte sind in den letzten Jahren explosionsartig gestiegen.

Sind Sie ggf. bereit, Ihre Ansprüche den Verhältnissen anzupassen? Ist die Küste Ihnen soviel wert, daß Sie auch in einer eher gesichtslosen Urbanisation in der dritten oder vierten „Reihe" hinter der Küste leben könnten? Oder wäre nicht gleich ein individuellerer Wohnsitz im Landesinneren die bessere Alternative?

Mit 10 - 20 Minuten Autofahrt zur Küste bzw. in die Stadt kann man zur Not auch ganz gut leben. Je spanischer die Gegend, desto billiger wird es, so könnte auch ein Stadthaus interessant sein, diese werden oft unterschätzt, sowohl von der Größe, als auch von der Ausstattung.

Rechtsanwalt

Weil nach spanischem Recht Immobilienkaufverträge rechtswirksam auch ohne notarielle Beurkundung abgeschlossen werden können, lauern hier viele Gefahren. Häufig meinen Kaufvertragsparteien, ihren Vertrag ohne rechtskundigen Rat abschließen zu können. Aus Kostenersparnisgründen werden in solchen Fällen oft grobe Fehler begangen, die dazu führen können, daß der Käufer sein Eigentum nicht oder nur unter großen Schwierigkeiten erhält.

Vorvertrag

Wer meint ein Vorvertrag über ein Grundstück, ein Apartment oder ein Haus in Spanien sei unverbindlich, kann sich täuschen. In manchen Fällen ist es für den Käufer fast unmöglich aus dem Vertragsverhältnis herauszukommen, wenn der Vorvertrag dem spanischen Recht unterworfen ist.

Vorsicht ! Mündliche Verträge können nach spanischem Recht ebenfalls gültig sein! Bereits vorgefertigte Formularverträge sind zwar leicht auszufüllen, bedeuten aber meist nur Gutes für den Vertragspartner, der das Formular entworfen hat.

Sie sollten mit dieser Art der Vertragsform vorsichtig umgehen und evtl. auf eine Individualvereinbarung zurückgreifen, die genau die, für Ihren Vertrag wichtigen Punkte berücksichtigt.

Da es nicht zwingend notwendig ist für den Abschluß eines Kaufvertrages einen Notar einzuschalten, verführt dies mitunter die Vertragsparteien dazu, ohne Einsichtnahme in das Grundbuch (*Registro de la Propiedad*) einen Kaufvertrag abzuschließen. Tun Sie das auf keinen Fall!

Nicht weil der Verkäufer vielleicht arglistig handelt; so kann er beispielsweise als Erbe durchaus zum Verkauf berechtigt sein. Wenn er aber noch nicht im Grundbuch eingetragen ist, bedeutet dies für den Käufer einen unendlichen Papierkrieg mit vielen Behörden, Steuerzahlungen und möglicherweise auch Säumniszuschläge.

Grundbuch - „*Registro de la Propiedad*“

Das Wichtigste ist der Erwerb der *Escritura* (Grundbucheintrag), ohne Klärung der Eigentumsverhältnisse kann der Vertrag nachträglich ungültig sein.
Man vermeidet Mehrfachverkäufe der Immobilie, weitere Haftungen für Schulden des Verkäufers und ein Wiederverkauf wird erleichtert. Der Grundsatz des guten Glaubens gilt - wie beim deutschen Grundbuch auch - beim spanischen *Registro de la Propiedad*. Das bedeutet, daß der Käufer, der sich nicht umgehend mit der *Escritura* das Recht auf Eigentumseintrag im Grundbuch sichert, böse auf die Nase fallen kann und ihm sein gerade erst gekauftes Haus ohne sein Wissen an jemand anderes verkauft werden kann. Warum? Sein Verkäufer - vorausgesetzt natürlich, er steht im Grundbuch - kann jedem jederzeit beweisen, daß er der Eigentümer ist ...

Grundstücksschenkungsverträge müssen immer vor einer Urkundsperson (Notar oder Konsul) abgeschlossen werden, um rechtswirksam zu sein.

Man muß auf jeden Fall vor Vertragsabschluß das Grundbuch einsehen oder einen Grundbuchauszug anfordern (*Nota simple informativa*). Ganz wichtig, denn man sollte sich vor einem Kaufvertragsabschluß schließlich danach erkundigen, ob der Verkäufer auch wirklich als Eigentümer im Grundbuch eingetragen ist.

Das ist nicht immer der Fall, da die Eintragung des Eigentumsrechts im spanischen Grundbuch rechtlich nicht von Belang ist. Es kann also sein, daß der tatsächliche Eigentümer nicht der ist, der im Grundbuch eingetragenen ist. Falls der Verkäufer nicht der Eigentümer ist, ist unbedingt die Vollmacht zu prüfen. Ist der Eigentümer allein verkaufsberechtigt oder fehlt zur Wirksamkeit des Vertrages die Zustimmung seines Ehegatten, Bruder, etc.?

Bei Hauskauf mit Grundstück prüfen Sie, ob das Haus auch im Grundbuch eingetragen ist. Wer als Privatmensch ein Stück Land irgendwo erwirbt, sollte sich sofort - und nicht erst bei Hausfertigstellung - als Eigentümer im Grundbuch eintragen lassen.

Denn alles, was auf dem Grundstück gebaut und gepflanzt wird, gehört demjenigen, in dessen Besitz sich das Grundstück befindet. Auch wenn Sie eine Parzelle in einer Urbanisation kaufen, sollten Sie darauf bestehen.

Um über ein bestimmtes Grundstück eine Auskunft zu bekommen, wenden Sie sich an das zuständige Grundbuchamt und geben Sie die genaue Grundbuchbezeichnung, also die Grundstücksnummer, Grundbuchzahl, Band und Seite des Grundbuchs an. In jedem notariellen Kaufvertrag; der *Escritura Publica*, sollte die genaue Grundbuchbezeichnung notiert sein.

Das deutsche Grundbuch besteht aus drei übersichtliche Abteilungen, in die jeweils nur ganz bestimmte Rechte eingetragen werden dürfen. Das spanische Grundbuch dagegen hat keine speziellen Abteilungen und man muß schon viel Erfahrung haben, um Eigentumsrechte, Vorrechte, Hypotheken, und Belastungen zu erkennen. Alle Eintragungen werden der zeitlichen Abfolge entsprechend eingetragen, es gilt die Regel: "Den letzten beißen die Hunde ...„ . Wenn also eine Hypothek um 11.00 Uhr im Grundbuch eingetragen wird, eine Andere danach um 12.00 Uhr, so hat der zweite Gläubiger das Nachsehen, auch wenn ihm das Recht zeitlich vorher zugestanden worden war.

Kaufvertrag

Sie als Käufer sollten unbedingt auf umgehenden Abschluß eines notariellen Kaufvertrages und Ihrer Eintragung als Eigentümer im Grundbuch bestehen. Schwierig wenn Ratenzahlung vereinbart worden ist, dennoch bestehen Sie darauf! Sie sollten max. 20% vor dem Notartermin anzahlen.

Anscheinend nebensächliche Zusicherungen und offensichtliche Selbstverständlichkeiten sollte man trotzdem schriftlich vom Vertragspartner bestätigen lassen.

Informieren Sie sich sich über die mit der Transaktion verbundenen Kosten und Steuern. Bis zu 4 % des notariellen Kaufpreises betragen die Zusatzkosten eines Immobilienkaufs für Notar, Grundbuchamt und Rechtsanwalt.

Dazu kommen dann noch je nach Vertragsart 6 % für die Grunderwerbsteuer oder 7 % bzw. 16 % Mehrwertsteuer. Wenn der Verkäufer nicht in Spanien ansässig ist, sollten Sie sich informieren, bevor Sie den vollständiger Kaufpreis zahlen, ob der Steuereinbehalt in Höhe von 5 % vorgenommen werden muß oder nicht.

Ziehen sie einen möglichst ortsansässigen, erfahrenen Berater hinzu. Die Kosten für einen solchen Berater rechnen sich, bevor durch einen betrügerischen Vertragspartner oder einen mangelhaften Vertrag wesentlich höhere Kosten entstehen.

Bei Kauf einer Wohnung sollte man klären, ob der Verkäufer seinen steuerlichen Verpflichtungen und denen gegenüber der Eigentümergemeinschaft (Wohnungsgeld) nachgekommen ist. Sonst übernimmt der Käufer diese Kosten!

Bauland

Vorsicht bei offensichtlich zu günstigen Angeboten von Bauland ! Achten Sie darauf, daß Sie nicht ein Grundstück kaufen, das unter Naturschutz steht, oder außerhalb einer Urbanisation liegt und nicht die notwendige Größe (meist 10.000 qm außerhalb der Urbanisation) für die Baugenehmigung hat.

Einige Gemeinden haben sich dazu verleiten lassen, Baugenehmigungen an den staatlichen Bauvorschriften vorbei zu vergeben, so daß nicht jede Baulizenz wirklich legal ist. So ist dringend zu empfehlen, vor jedem Grundstückserwerb mit dem Grundstücksplan zur Gemeindeverwaltung zu gehen, um abzuklären, ob die Baurechte, Grenzen und tatsächliche Größe für das Grundstück klargestellt sind oder nicht.

Außerdem sollte man vor jedem Kauf ein schriftliches Gutachten von der Gemeinde fordern, damit man für alle Fälle einen Nachweis hat.

Finca

Viele träumen davon eine alte *Finca* (Bauernhaus) zu kaufen und zu renovieren. Das ist allerdings mit sehr viel Arbeit und vor allem mit Gefahren beim Kauf der Finca verbunden.

Finca nennt sich ein Stück Land, das landwirtschaftlich genutzt wird. Auf solch einem Grundstück befinden sich normalerweise alte Bauernhäuser, die in einem mehr oder weniger guten Zustand sind.

Diese Bauernhäuser, die als Wirtschafts-, oder Wohngebäude genutzt werden bzw. wurden, bezeichnet man heutzutage als Fincas. Ganz korrekt ist das nicht, denn eine Finca ist eigentlich nur ein spanisches Landgut, dort befindet meistens, aber nicht immer, ein Gebäude.

Die Fincas liegen meistens im Hinterland von Spanien. Im Grundbuch werden diese Ländereien als *‚rústico‘* (landwirtschaftlich) gekennzeichnet. Es ist also ausdrücklich kein Bauland (*„suelo no urbanizable‘*).

In Einzelfällen besteht die Möglichkeit, gemäß der Satzung der Gemeinde und der Vorgabe der Provinz-Regierung, ein Einfamilienhaus zu erstellen, gegebenenfalls auch zu vergrößern, oder auszubauen.

In vielen Gebieten ist es nicht möglich, ein auf einer Finca bestehendes Gebäude zu erweitern. Eine Genehmigung für die Renovierung des Gebäudes zu bekommen ist aber meist kein Problem.

Man sollte auf keinen Fall eine Finca ohne Hilfe eines Experten kaufen Es gibt sehr viele Punkte die zu beachten sind, damit der Traum einer Finca nicht zum Alptraum wird. Allerdings lohnt es sich, einige Probleme in Kauf zu nehmen, da sich einige Fincas in wirklich traumhaften Lagen befinden.

Im folgenden die wichtigsten Punkte, die Sie beachten sollten:

1. Fordern Sie unbedingt den Grundbuchauszug des Grundstückes an. Ist das Grundstück katastermäßig erfaßt, welches sind die genauen Grenzen des Landgutes, hat es tatsächlich die angegebene Fläche ?
2. Ist in irgend einer Weise eine landwirtschaftliche Nutzung vorgeschrieben?

3. Erkundigen Sie sich, ob es für das Gebiet einen neuen Bauplan oder einen allgemeinen Baustopp (Naturschutzgebiet, archäologische Funde ...) gibt.
4. Hat der Voreigentümer/Verkäufer schon eine Baugenehmigung beantragt und ist diese bereits genehmigt bzw. abgelehnt worden?
5. Ein altes Gebäude bzw. eine Ruine darf renoviert oder wiederaufgebaut werden, lassen Sie sich bescheinigen welche Aus-, Um-, oder Neubaumaßnahmen oder Erweiterungsbauten erlaubt sind.
6. Ist es möglich, auf dem Landgut noch ein weiteres Haus zu bauen? Welche Grenzabstände müssen eingehalten werden?
7. Gibt es einen Wasser- und einen Stromanschluß?
8. Wenn kein Wasseranschluß vorhanden ist, kann man gegebenenfalls ein Bohrrecht bekommen? Erkundigen Sie sich, ob das Landgut Wasserrechte hat.
9. Hat das Grundstück eine Zufahrt über einen öffentlichen Weg, oder über einen Privatweg?
10. Gibt es ein Wegerecht eines Nachbarn über das Landgutes?
11. Möchten Sie die Finca von einem größeren Grundstück abtrennen? Liegt hierfür die Zustimmung des Bürgermeisteramts vor?
12. Hat der Verkäufer die spanische Residencia, oder ist er Nichtresident?
13. War der Verkäufer per Ende 1996 schon zehn Jahre Eigentümer der Finca?

Um eine Bauerlaubnis auf einer Finca zu erlangen, muß eine Mindestgröße der Parzelle vorliegen. Diese Mindestgröße ist abhängig von dem Gebiet, bzw. von dem zuständigen Bauamt. In der Regel, können Sie davon ausgehen, daß Sie für die Bauerlaubnis eines Einfamilienhauses auf Trockenland (‚*secano*‘) eine Mindestgrösse zwischen 25.000 und 30.000 m² und auf bewässertem Land (‚*regadío*‘) zwischen 5.000 und 10.000 m² benötigen. Es existieren auch generelle Bau- und Erweiterungsverbote, z.B. in Landschaftsschutzgebieten. Immer bei dem Bauamt der Gemeinde anfragen! ACHTUNG: Wird die Mindestparzellengröße nicht erreicht, so gibt keine Baugenehmigung. Für eine Trennungsgenehmigung des Baugrundstückes von der Mutterparzelle müssen ebenfalls die Mindestgrößen eingehalten werden. Es werden etliche Fincas angeboten, auf denen bereits ohne Baugenehmigung ein Haus errichtet worden ist und diese Mindestgröße nicht vorliegt. Im Grundbuch wurde dann vielleicht nur ein Schuppen eingetragen. Falls Sie so eine Finca kaufen, können Sie nicht legal aus-, um-, oder gar neubauen. Bei einen etwaigen Besuch des Bauamtes droht Ihnen sogar den Abriß des Gebäudes, oder Sie müssen eine saftige Geldbuße zahlen!

Grundsteuer

Die Zahlungsbelege für die Grundsteuer (IBI - *Impuesto sobre Bienes Inmuebles*) der letzten vier Jahre sollten vorgelegt werden. So erhalten Sie Angaben über die Höhe der künftig von Ihnen zu entrichtenden Grundsteuer.

Spanische SL für Immobilien

In Spanien ist der Kauf einer Immobilie über eine spanische SL sehr beliebt. Hierfür gibt es einige gute Gründe. In erster Linie geht es um Steuerersparnis:

- Einkommensteuer
Eigentümer einer Immobilie als Privatperson müssen für die Immobilie Einkommensteuer bezahlen. Das spanische Finanzamt geht dabei von einem fiktiven Einkommen aus, das durch Vermietung der Immobilie erzielt werden könnte. Als „Einkommen"wird hierbei 2% des Immobilienwertes festgelegt.

Von diesem werden die Gemeindesteuern abgezogen und der Restbetrag mit 25% versteuert. Gesellschaften müssen in Spanien keine Einkommensteuer auf Immobilien bezahlen.

-Vermögensteuer
Im Gegensatz zu Deutschland müssen in Spanien Eigentümer einer Immobilie Vermögensteuer bezahlen. Eine spanische Gesellschaft ist nicht vermögensteuerpflichtig.

-Erbschaftssteuer
Wird eine spanische Immobilie vererbt, muß der Erbe, resident oder nicht resident, die Erbschaft in Spanien versteuern. Die zu zahlende Erbschaftssteuer kann unter Umständen sehr hoch sein, da die Freibeträge bei Erbschaften in Spanien sehr gering sind. Eine Gesellschaft hingegen „stirbt nicht" und muß so auch keine Erbschaftssteuer entrichten. Wichtig ist nur wer die Gesellschaftsanteile hält, ist auch Eigentümer der Immobilie.

- Beim späteren Verkauf der Immobilie gibt es weitere Vorteile.
Es werden ganz einfach die Gesellschaftsanteile an den neuen Eigentümer verkauft bzw. übertragen. Wer im Besitz der Gesellschaftsanteile ist, dem gehört auch die Immobilie.

Verkauft eine Privatperson ihre Immobilie, so muß der Wertzuwachs und der Verkaufserlös der Immobilie versteuert werde. Dies entfällt bei einem Verkauf einer Immobilie über eine S.L., da die Gesellschaftsanteile der S.L. und nicht die Immobilie verkauft werden.

Außerdem muß bei einem Immobilienverkauf der Käufer je nach Provinz 6% bzw. 7% Grunderwerbsteuer an das Finanzamt bezahlen. Diese Steuer entfällt wenn man die S.L., die Eigentümer der Immobilie ist, verkauft.

In Deutschland ist das anders, wird eine Gesellschaft, die Grundbesitz hat verkauft, so muß der deutsche Notar den Grundbesitz vermerken. So weiß das Finanzamt bescheid und die Grunderwerbsteuer wird fällig. In Spanien dagegen hält der Notar lediglich den Verkauf der Gesellschaft fest, der Grundbesitz ist uninteressant.

Sollten Sie aus irgendeinem Grund bei einem späteren Verkauf der Immobilie nicht mehr in Spanien resident sein, müßten 5% der Kaufsumme direkt an das spanische Finanzamt abgeführt werden. Dieses Geld behält das Finanzamt zur Deckung der Spekulationssteuer und eventueller bestehenden Steuerlasten. Anschließen wird errechnet, welchen genauen Betrag der Verkäufer zu bezahlen hat und je nachdem bekommt der Verkäufer Geld zurückbezahlt oder muß eventuell noch nachzahlen. Dieser Abzug entfällt, wenn nicht die Immobilie, sondern die S.L. verkauft wird.

Die Notarkosten sind beim Verkauf einer S.L. deutlich geringer als beim Verkauf einer Immobilie. Die Notarkosten werden bei Urkunden nach dem Gegenstandswert gemäß Gebührentabelle abgerechnet. Klar, daß beim Verkauf einer S.L. mit Stammkapital von 3006,- € wesentlich geringere Notarkosten anfallen als beim Verkauf einer Immobilie.

Etliche Käufer möchten beim Kauf einer Immobilie im Hintergrund bleiben. D.h. im Grundbuch ist als Eigentümer der Name der Gesellschaft, die Registernummer, Steuernummer der S.L., der ursprüngliche Gründer, sowie der Geschäftsführer eingetragen. Nicht eingetragen ist der aktuelle Besitzer der Gesellschaftsanteile, also der tatsächliche Eigentümer. Kauft eine Privatperson eine Immobilie, so stehen im Grundbuch alle persönlichen Daten, wie der Name des Käufers, Personalausweisnummer, persönliche Anschrift, Bankkonten sowie der Kaufpreis.

Wer also den Weg des Immobilienkaufs über eine S.L. einschlagen will, sollte erst die Firma gründen um mit dieser die Immobilie zu kaufen. Es ist entscheidend, daß die Immobilie von einer Firma und nicht von Ihnen als Privatperson gekauft wurde. Ansonsten stehen Sie als Eigentümer im Grundbuch, außerdem fallen bei späterer Einbringung einer Immobilie in eine S.L. noch Transaktionskosten an.

Für den Immobilienerwerb empfiehlt sich eine „ruhende Gesellschaft“. Eine S.L., die keine Geschäftstätigkeit hat, also inaktiv ist, heißt ruhende Gesellschaft. Besitzt eine ruhende Gesellschaft eine Immobilie oder sonstige Vermögenswerte spricht man von einer Holding. Mit einer Holding, die eine Immobilie besitzt, sollte man aus Risikoschutz auf keinen Fall andere Geschäfte tätigen. Buchführung und Bilanzierung sind stark vereinfacht, es muß nur einmal jährlich eine Abschlußerklärung vorgelegt werden

Quellennachweis

[1] Europäische Kommission

[2] Konsulat der Bundesrepublik Deutschland

[3] Bundesagentur für Arbeit

[4] Momentaufnahme vom 1. September 2004, 02:00 Uhr des Artikels Die 17 Autonomen Regionen der freien Enzyklopädie Wikipedia.

[5] ddp/Bild Der Wissenschaft – Oliver Schmid www.wissenschaft.de

[6] EU/ EURES Information für Arbeitnehmer

[7] Momentaufnahme v. 1. 9. 2004, 02:00 Uhr
des Artikels Andalusischer Dialekt aus der freien Enzyklopädie Wikipedia.
Folgende Autoren haben daran mitgearbeitet: Plasmagunman, Tomte.

Links

Hier einige Links zu Webseiten die noch nicht im vorstehenden Text genannt wurden.

Allgemeines

http://www.deutsche-in-spanien.de/

http://www.spanien-anzeiger.com/

www.auswandern.com

http://www.konsulate.de/zahlen_und_fakten/daten_und_fakten_spanien.php

http://www.paginasamarillas.es/ (Spanische Gelbe Seiten)

http://www.spanisch-lehrbuch.de/ (Online Spanisch Sprachkurs)

www. cambalache.es (Spanisches Suchen und Finden)

http://www.xenomos.de/ (Spanische Gesetze 2sprachig)

http://www.meinrechtinspanien.de/ (Rechtanwälte)

http://www.carookee.com/forum/Auswanderer-Forum/

http://www.tierversuchsgegner.org/texte/aussteiger.html

http://www.spanienimmobilienabc.de/SpanienImmobilien44.htm

Spanien Datenbank Magazin
http://www.abc-search-net.de/abc-search/redaktion/revista/200210.html

Andalusienforum
http://www.tina-sommer.de/board/viewtopic.php?t=1378&view=previous

http://www.spanieninfo.biz/de/categories/137.html

http://www.costa-luz.de

http://www.selberhandeln.de

Arbeitssuche

Internationale Vermittlung des Arbeitsamtes
Eine umfangreiche Seite rund um Arbeiten und Jobben im Ausland vom Arbeitsamt-Online. Zahlreiche Informationen zu Auslandsjobs erleichtern die Orientierung bei der Jobsuche in der EU und anderen Ländern
http://www.arbeitsamt.de/hst/international/

http://www.arbeitsagentur.de/content/de_DE/hauptstelle/a-04/importierter_inhalt/pdf/BewerbungsstrategienEuropa.pdf

http://www.arbeitsagentur.de/content/de_DE/hauptstelle/a-03/importierter_inhalt/pdf/fl_01_europaservice.pdf

http://www.arbeitsagentur.de/content/de_DE/hauptstelle/a-04/importierter_inhalt/pdf/ArbeitenSpanien.pdf

http://www.arbeitsagentur.de/content/de_DE/hauptstelle/a-02/importierter_inhalt/pdf/E_Bewerben.pdf

http://www.arbeitsagentur.de/content/de_DE/hauptstelle/a-02/importierter_inhalt/pdf/E_Links.pdf

EURES-Internetportal Stellenangebote
http://www.europa.eu.int/eures

Europaservice der Bundesanstalt für Arbeit
http://www.europaserviceba.de

http://195.185.214.165/europa_kommt/countries/E/arbeit/content.html
Hier finden Sie hilfreiche allgemeine Informationen zum Thema Arbeiten, Löhne, Bewerbung, Arbeitsvertrag etc. in Spanien.

EURES - das europäische Portal zur beruflichen Mobilität. Hier finden Sie leicht und schnell Informationen über Stellen- und Ausbildungsangebote in Europa.
http://www.europa.eu.int/eures/home.jsp?lang=de

Spanisches Arbeitsamt
Instituto National de Empleo
Stellenmarkt für Spanien
Sprachen: Englisch, Spanisch, Französisch, Deutsch
http://www.inem.es/

Die Spanische Industrie- und Handelskammer
http://www.camaramadrid.es/

oder die Deutsche Handelskammer in Spanien
http://www.ccape.es/
bieten eine Vermittlung - allerdings gegen eine gewisse Gebühr - an spanische Firmen an.

http://www.recruitspain.com/
ist eine Recruiting-Firma für Jobs im südlichen Spanien.

http://www.infojobs.net/index.htm
ist eine spanische Jobsuchmaschine, in der man ebenfalls nach einem Job suchen kann.

Arbeiten in Spanien
http://www.cervantes-muenchen.de/06_bibliothek/links/index_links.html

Bewerber ABC
http://www.focus.de/D/DB/DBV/dbv.htm

Jobs ohne Grenzen
http://www.focus.de/D/DB/DBH/DBHC/dbhc.htm

Jobs international
http://www.stepstone.de/start.php3?menu=1-1

Angebote von spanischen Firmen

Oficina de Empleo de España
http://www.oficinaempleo.com

Eines der besten Portale im Web, um Arbeit zu finden
http://www.infojobs.net

Anfragen und Angebote aus der Arbeitswelt
http://www.trabajo.org

Bolsa de Trabajo
http://www.bolsatrabajo.com/

Ein Führer für Arbeitssuche im Web
http://www.opcionempleo.com

http://www.VIANDO.de
Jobbörse für Berater:

Empleo.com
http://www.empleo.com/

http://www.jobmonitor.com/

Die besten Adressen, um in Spanien Arbeit zu finden
Focus Online - Arbeiten im Ausland
Jobchancen trotz bürokratischer Hürden. Hier erfahren Sie alles über Arbeitsmärkte, Gehaltsniveaus und Bewerbungstipps für Ihren Traumjob. Eine sehr informative Seite.
http://focus.msn.de/D/DB/DBZ/dbz.htm

Arbeiten im Ausland - Spanien
Formale und fachliche Voraussetzungen, Lohn- und Arbeitsmarktsituation und viele weitere hilfreiche Informationen zur Arbeitssuche in Spanien sind auf dieser Seite kurz und knapp gelistet.
http://www.hotelier.de/landinfo/land1/spanien.htm

IFA - Arbeitssuche im Ausland
Das Institut für Auslandsbeziehungen bietet Beratung und Information über Arbeiten im Ausland und dazu eine Linkliste mit Jobbörsen und Kontakten.
http://www.ifa.de/links/ausland/darbeit.htm

Bei http://www.arbeiten-in-spanien.de/
gibt es ausgesuchte Jobangebote mit genauer Arbeitsplatzbeschreibung und eine Möglichkeit zum direkten Bewerben!

www.Deutsche-in-Spanien.de - Community
für alle, die in Spanien leben oder leben möchten!
Forum: „Arbeitsmarkt“

Umfangreiche Arbeitsmarktinfo Spanien
Die Datenbank Lebens- und Arbeitsbedingungen enthält Daten zu einer Reihe wichtiger Fragen wie Wohnungssuche, Schule, Steuern, Lebenshaltungskosten, Gesundheit, Sozialgesetzgebung, Vergleichbarkeit von Qualifikationen usw.
http://www.europa.eu.int/eures/main.jsp?catId=57&level=1&acro=lmi&lang=de&parentId=0&countryId=ES

Krankenversicherung Ausland
Umfassende Infos und Merkblätter, nach Ländern geordnet: Deutsche Verbindungsstelle Krankenversicherung Ausland, Tel.: 0228/ 953 00,
www.dvka.de

Rente Ausland
Die Broschüre "Versicherung im Ausland - Rente ins Ausland" gibt es übers Internet beim Verband Deutscher Rentenversicherungsträger in Frankfurt,
www.vdr.de

Datenbank für Spanien
http://www.abc-search-net.de/abc-search/redaktion/abc02-index.html

http://www.europa.eu.int/index_de.htm
Portal der EU

Beantwortet hunderte von speziellen Fragen zu Lebens- und Arbeitsbedingungen in Spanien:
http://www.europa.eu.int/eures/main.jsp?catId=38&level=1&acro=living&lang=de&parentId=0&countryId=ES